此心安处是吾乡

苏轼

梁玉梅◎著

千古人物

中国书籍出版社
China Book Press

图书在版编目（CIP）数据

此心安处是吾乡：苏轼 / 梁玉梅著. -- 北京：中国书籍出版社, 2023.10

ISBN 978-7-5068-9402-9

Ⅰ. ①此… Ⅱ. ①梁… Ⅲ. ①苏轼（1036–1101）–传记 Ⅳ. ①K825.6

中国国家版本馆CIP数据核字（2023）第080194号

此心安处是吾乡：苏轼

梁玉梅　著

责任编辑　王志刚
责任印制　孙马飞　马　芝
封面设计　东方美迪
出版发行　中国书籍出版社
地　　址　北京市丰台区三路居路 97 号（邮编：100073）
电　　话　（010）52257143（总编室）　（010）52257140（发行部）
电子邮箱　eo@chinabp.com.cn
经　　销　全国新华书店
印　　厂　北京睿和名扬印刷有限公司
开　　本　700毫米×1000毫米　1/16
印　　张　25.75
字　　数　310千字
版　　次　2023 年 10 月第 1 版　2023 年 10 月第 1 次印刷
书　　号　ISBN 978-7-5068-9402-9
定　　价　58.00元

前　言

在北宋历史上，苏轼绝对是独一无二的传奇存在。林语堂曾评价他为“不可无一，难能有二”。

苏轼出生于宋仁宗景祐三年（1036 年）十二月十九日，仁宗是宋朝最好的皇帝，在位的 43 年是宋朝政和景明的时期。当时可谓群星璀璨，政坛上活跃着范仲淹、司马光、欧阳修、王安石等一大批重量级人物。

苏轼在宋仁宗年间长大，在神宗年间做官，在哲宗时期遭受贬谪，在徽宗即位后离世。

综观苏轼的一生，政治上，他曾高居宰相之位，一生勤政爱民；文学上，他是“唐宋八大家”之一，写下了《赤壁赋》《后赤壁赋》《赤壁怀古》等千古名篇；他也是书画家，一幅《枯木怪石图》，后世拍出 4.5 亿元的天价，他的书法作品《寒食帖》，与王羲之的《兰亭集序》齐名，被后世誉为“天下三大行书”之一；他又是不折不扣的“吃货”，自创了东坡饼、东坡肉、东坡肘子、东坡鱼等六十多道美食，可以一人撑起一桌菜；他还是一位水利专家，元祐四年（1089 年），在杭州做知州时，他疏浚西湖，利用挖出的淤泥筑成堤坝，让一条长堤贯通整个湖面的南北两侧，横卧在碧波之上，成了西湖一道妩媚的风景线。杭州人为了纪念他治理西湖，造福百姓的功绩，称堤坝为“苏公堤”，简称“苏堤”。经后世修护演变，“苏堤春晓”成为今天的“西湖十景”之一。其实，自南宋以来，“苏堤春晓”就是“西湖十景”之首，元代又称其为“六桥烟柳”。恐怕连苏轼自己也没有想到，他的一项水利工程建设会流芳千古，让现代的杭州人还享受着他带来的福利。

苏轼出生的四川眉山，可谓人杰地灵，整个两宋就出了 886 个进士，是著名的“人文第一州”。苏轼小时候，父亲苏洵外出游学，他跟从母亲读书。母亲读《后汉书·范滂传》时慨然叹息。苏轼问：“若孩儿学范滂，母亲大人同意否？”母亲程氏答道：“你能做范滂，我还不能做范滂的母亲吗？”古语说，三岁看老，苏轼对圣门之道的尊崇，从小时就埋下了种子，并且坚持一生，至死未改初心。十一岁时，他写下了《黠鼠赋》，“人能碎千金之璧而不能无失声于破釜，能搏猛虎不能无变色于蜂虿”。小小年纪就对人性做了深刻的解读。

才华超绝的苏轼二十一岁金榜题名。科考时，他的一篇《刑赏忠厚之至论》文采斐然，令当时的主考官、文坛领袖欧阳修大呼“后生可畏”，并说：“如此英才，老夫当避路，放他出一头地也。”成语“出人头地”由此而来。

按说，这样的苏轼，人生应该是一帆风顺的，然而，一切却因王安石变法而改变。从王安石变法开始，朝中大臣能退隐的退隐，能辞官不干的就不干了，只有苏轼不合时宜地上书皇帝，反对王安石“疾风扫落叶”般的变法行为。最后，因为自己的意见没有被采纳，秉性耿直的苏轼向皇上请辞，离开都城汴梁去杭州做通判。岂料，他想远离，人家却不想放过他，偏有人要置他于死地。宋神宗元丰二年（1079年），苏轼在湖州知州任上给皇帝写了一封《湖州谢表》，被奸佞小人利用。他们诬陷苏轼对朝廷不满、对皇帝不恭，从苏轼的诗作中挑出大量他们认为含有讽刺意味的句子，上任刚刚三个月的苏轼因此被下了大狱，这就是北宋历史上著名的“乌台诗案”。当时很多元老，包括变法派的有识之士都纷纷上书，劝谏神宗不要杀苏轼。就在苏轼自己都为自己准备了毒药，以为命将不保时，已经退休金陵的王安石给皇帝上书说：“安有圣世而杀才士乎？”众人的努力，王安石的进谏，最终令苏轼得以免去死罪，从轻发落，被贬到黄州（今湖北黄冈）做团练副使。至此，开启了他足迹遍布大江南北、颠沛流离的一生。

苏轼的一生高开低走，起起落落，从政四十年，有三十三年是在被贬的路上。四十五岁被贬黄州，五十九岁被贬惠州，六十二岁被贬儋州。在黄州做团练副使时没有俸禄，他就带领家人开荒种地，并自号“东坡居士”，写下了：“寄蜉蝣于天地，渺沧海之一粟。哀吾生之须臾，羡长江之无穷。挟飞仙以遨游，抱明月而长终。”此时的他正处于人生低谷，却能有如此气魄，令他人只能望其项背。

苏轼作为“北宋第一才子”，令后世敬仰的才华横溢的大文豪，他反对新法的弊病，也抨击旧党的腐败，使得新旧两党都不待见他。他多舛的命运，他的不得志，与他刚直不阿、不同流合污、不合时宜的性格不无关系。但即使在被贬中求生存，他也依然保持着豁达乐观，从未向邪恶低头。“竹杖芒鞋轻胜马。谁怕？一蓑烟雨任平生。”也只有他能以如此从容坦荡的襟怀傲然尘寰。

林语堂评价苏轼说：苏东坡在中国历史上的特殊地位，一则是由于他对自己的主张原则始终坚定不移，二则是由于他诗文书

画艺术上的卓绝之美。他的人品道德构成了他名气的骨干，他的风格文章之美则构成了他精神之美的骨肉。我不相信我们会从内心爱慕一个品格低劣无耻的作家，他的文字再富有才华，也终归无用。

林先生的话，道出了一千多年来，为什么历朝历代，上至皇帝太后、王公大臣，下至平民百姓都对苏轼热爱有加。他才华上多才多艺，生活上多姿多彩，性格上豁达乐观，政治上刚正不阿，为人处事上诙谐率真。苏轼一生从未谋一己私利，即便他反对王安石的新法，在朝堂上与之针锋相对，下朝后却仍可以吟诗作对，讨论文章。在王安石罢官后，他跋山涉水前去慰问。他大度大爱，本性自然。他也曾想忘却营营，驾一叶扁舟远离人间的纷纷扰扰，江海寄余生。但是，他又体恤百姓，热爱人民，只好心甘情愿地经历人生的艰难困苦。他曾对弟弟苏辙说：“吾上可陪玉皇大帝，下可以陪卑田院乞儿。眼前见天下无一个不好人。”

回首苏轼的一生，磨难多于喜乐，二十一岁出仕，二十二岁丧母，二十八岁丧妻，二十九岁丧父，四十三岁入狱，四十七岁丧子，五十岁后一贬再贬，直至贬无可贬，但他却无所畏惧，活得光明磊落。建中靖国元年（1101 年），在他去世前两个月总结自己一生时，写下了：“问汝平生功业，黄州惠州儋州。”看似平常的诗句，却道尽了一生的苦难。

建中靖国元年（1101 年）七月二十八日，六十四岁的苏轼于北归途中，在常州（今属江苏）病逝，一代文豪如流星般陨落异乡。宋高宗即位后，追赠苏轼为太师；宋孝宗时，追谥“文忠”。

目录

Contents

第一章　纵横诗酒趁年华

01. 眉山苏氏

沿长江逆流而上，越汉口，过三峡，便进入四川地界。再溯江而上，就会看到江边高耸入云的倚悬崖峭壁雕刻而成的乐山大佛。乐山位于四川西部，宋仁宗时称为嘉州，岷江在此流入长江。眉山位于岷江中部，乐山以北四十里处，因在四川省会成都与乐山之间，所以要想从乐山乘船去省会必须经过眉山，古称眉州。

自古蜀地多才俊，而眉山素有“千载诗书城”“人文第一州”的美誉，在宋朝曾是我国三大雕版印刷中心之一。两宋年间，眉山就出了 886 名进士，史称“八百进士”。而真正让这座小城闻名遐迩的，是我国文学史上著名的文学世家——眉山“三苏”。

眉山“三苏”，即父亲苏洵、长子苏轼、次子苏辙。三人在唐宋散文八大家中独占三席，而其中又以苏轼的名气最为响亮。

宋仁宗景祐三年（1036 年）12 月 19 日，伴着初升的朝阳，一声响亮的婴儿啼哭划破眉山城纱縠巷一座小院的上空。接生婆告诉一直焦急守候在外的男人说，是个相公，男人赶紧到堂屋正中挂着的张果老[1]画像前焚香礼拜。这个男人就是二十七岁的苏洵，自从第一个儿子夭折后，他便买来这张画像，每天早晨都要向画像祷告，盼望再生个儿子。婴儿的顺利降生让他如愿以偿，这个给他带来欢喜的婴儿，便是日后大名鼎鼎的苏轼。传说苏轼出生那天，原本郁郁葱葱的眉山，突然之间草木皆枯。两年后，苏轼的弟弟苏辙降生。多年后，当苏洵、苏轼、苏辙父子三人名震天下时，人们相互传说“眉州出三苏，草木为之枯”。

苏家在当地虽不显赫，却也衣食不愁，有自己的田产，祖上早有为官之人。后来，苏氏父子能成名，苏家在当地能兴起，绝非偶然。苏洵在《苏氏族谱》中写道：“苏氏出于高阳，而蔓延于天下，唐神龙初，长史味道刺眉州，卒于官。一子留于眉。眉之有苏氏自是始。”苏洵是个极为慎重的人，修族谱花费了很多功夫。对他精心研究的成果，苏轼兄弟都相当认可。苏味道[2]作为眉山苏氏血脉唯一的线索，是“三苏”父子认同这位祖先的确凿理由。他们在诗文书画上乐意称自己为“赵郡”人，也是缘于此。

据说，苏味道一千三百多年前出生于河北赵郡栾城（今河北省石家庄市栾城区南赵村），是有名的神童。他才思敏捷，九岁能文，其诗与李峤齐名，号称“苏李”。其文与李峤、崔融、杜审言（杜甫的祖父）齐名，称“文章四友”，《唐诗三百首》收有他的诗作，大凡稍有文史知识的人，没有不知道他的。武则天时期他很受器重，做过宰相，是名声响亮的政治家和文学家。武则天逊位后，他被贬到偏远的四川眉山当刺史，后调任成都长史，还未赴任就因病

---

① 张果老，中国古代神话传说八仙之一，在中国民间有广泛影响。

② 苏味道（648-705 年），字守真，赵州栾城人。唐朝宰相、诗人。

离世。

苏味道做过高官，文名又盛，后世子孙当然引以为荣，苏氏父子认同他为先祖也在情理之中。沿着苏味道这一线索追溯至汉代，一个叫苏章[①]的刺史，其子孙家于河北赵县，即后来的赵郡，繁衍开来。由苏章到苏味道，这一条脉络是清晰的。刺史、宰相这样的家世，也是令子孙脸上有光的。有那样的祖先，所以才有眉山“三苏”这样的子孙，就顺理成章了。

只是在“三苏”父子之前，眉山一脉貌似已经寂寂无闻多世。因为没有显赫的地位，更没有任何记录在案的功绩。苏洵追寻祖先踪影，到高祖一代，已经历历可见。高祖、曾祖、祖父三代虽没什么显赫的地位，却为子孙留下很多的事迹。

苏洵在《苏氏族谱》中记载：高祖苏釿，“娶黄氏，以侠气闻于乡闾”。曾祖苏祜，“最少最贤，以才干精敏见称”。“侠气”“才干精敏”作为遗传基因，在苏轼兄弟身上都很突出，算是苏氏基因之一。苏祜“生于唐哀帝之天祐二年，而殁于周世宗之显德五年，盖与五代相终始。殁之一年，而吾太祖始受命”。据此可以推算，苏祜当是生于905年，卒于958年。“与五代相终始”，正好经历了五代。他去世的时候，宋太祖赵匡胤尚未建立宋朝。

苏祜娶妻李氏。据苏洵考证，这位曾祖母的来历很不一般：唐太宗子曹王李明有一后代，叫李瑜，任遂州长江尉，“失官，家于眉之丹棱”。李氏即为李瑜后人。“祖母严毅，居家肃然，多才略，犹有窦太后、柴氏主之遗烈。”严毅，肃然，多才略，可比窦太后、柴氏主，这样优秀的基因不可能对后代没有影响。

① 苏章，字儒文，东汉扶风平陵（今属陕西咸阳西北）人，家居赵郡。

苏祜有五个儿子，其中苏杲即是苏洵祖父。

苏杲“最好善，事父母极于孝，与兄弟笃于爱，与朋友笃于信，乡闾之人，无亲疏皆敬爱之。娶宋氏夫人，事上甚孝谨，而御下甚严”。从“最好善”的祖父身上，便能看到高祖“侠气”的遗传。侠气必与好善相连，唯侠气、好善者才能极孝，笃爱，忠信，令周围无论亲疏之人皆爱戴。而这些血液中的纯正因子，似乎也在苏东坡兄弟身上得到充分体现。

苏杲“善治生，有余财”，但余财绝不是发昧心财。苏杲人很智慧：“时蜀新破，其达官争弃其田宅以入觐，吾父独不肯取，曰：‘吾恐累吾子。’终其身田不满二顷，屋弊陋不葺也。”蜀地的达官贵人竞相贱卖田宅逃离蜀地的时候，苏杲完全可以趁机购置田产，大发横财，但是，他没有这样做。作为一位知足常乐、有远见的先辈，他懂得财多会累及子孙，对子孙不利的事他绝不去做。苏杲离世时，田不满二顷，房屋也破旧不堪，显示出其精明的一面，他的父母皆精明干练，基因遗传实在不可思议。

苏杲“好施与”，但他和一般的乐善好施者还不一样。很多人在施与的同时，也想留下善名，苏杲奉行的却是“施而尤恶使人知之”。他说：“多财而不施，吾恐他人谋我，然施而使人知之，人将以我为好名。”不图名，唯求平安自足，这就是苏杲。

苏杲考虑问题有远见，他有一个同族兄弟叫苏玩，因事陷入重狱。苏玩担心自己被处死后，妻子儿女无人照顾，就托付给了苏杲。苏杲一直毫无怨言地给苏玩送吃的，后来苏玩没事出狱了，对苏杲说：我兄弟有的是，可要说能生死相托的兄弟，也只有你了！这件事充分说明了苏杲的“侠气”和重情重义。但是，苏杲本人遇事时却从不劳烦别人。他临终时，妻子宋氏想把唯一活下来的儿子苏序托付给他的兄弟，遭到了他的反对，说：“而子贤，虽非吾兄弟，亦将与之；不贤，虽吾兄弟，亦将弃之。属之何益？善教之而已。”如果说这个孩子有出息，就算不是我兄弟也会帮助他；如果他品行不好，就算是我兄弟，也会厌弃他。所以，没有必要托付，好好教育他就行了。这就是有远见、有智慧的苏杲。这样的血脉基因，又怎能会对后代没有裨益呢！

根据苏洵推测，苏杲生于后晋开运元年（944 年），卒于宋太宗淳化五年（994 年）。苏釿、苏祜、苏杲，“三世不仕，皆有隐德”（苏轼《苏廷评行状》）。有隐德的先祖们为何不出仕呢？一个原因可能是本身没有做官的愿望，宁肯自由自在。另外，苏洵在解释蜀人不好出仕时曾说：“是时王氏、孟氏相继据蜀，蜀之高才大人皆不肯出仕，曰：不足辅。仕于蜀者皆其年少轻锐之士，故蜀以再亡。”这段话道出了蜀人对唐以后、宋以前的蜀地政权并不认同，“不足辅”，所以不出来为官。蜀无老成睿智之士，所以又亡了。苏洵是在叙说曾祖苏祜“最少最贤，以才干精敏见称”时说这番话的，言外之意就是，曾祖要出来做官也是绰绰有余的，只是不愿做罢了。苏东坡在《苏廷评行状》中也有类似表述：“自五代崩乱，蜀之学者衰少，又皆怀慕亲戚乡党，不肯出仕。”“学者衰少”是客观原因，“怀慕亲戚乡党”才是主观原因，“不肯”当是主观上的，这才是主要原因。“怀慕亲戚乡党”，说明眼里根本没有你那顶乌纱帽，这显示了蜀人的精明和超然。节俭、仁爱、睿智、超然，便是苏氏三世祖先的品行。在这之后的苏序（973—1047 年）出生于开宝六年，是苏轼的祖父。他从小性格就比较顽皮，不喜欢读书，长大后容貌英伟，为人慷慨，乐善好施，却从不求回报。

苏轼是大文豪，但是他的祖父苏序却不是，即便年长了，在文学上也没有什么成就。可是老了突然来了兴趣，开始努力读书，最终成了一位诗人。

苏序是苏杲的第七子，也是九个儿子中唯一活下来的人，人称苏七君。苏序居住在乡下，靠种田为生，本就有限的田地，他全拿来种稻谷。秋收后，将稻谷储藏起来，甚至拿米来交换稻谷，渐渐地存下三四千石的稻谷。人们很是不理解，直到后来遇到灾年，苏序将储藏的稻谷拿出来分给族人和妻子的娘家人，又分给佃户和穷人，使大家都平安地度过灾岁，人们才恍然大悟，不得不佩服苏序的远见卓识。

苏序娶妻史氏，是眉州大家族的女儿。史氏为人仁慈宽厚，亲朋邻里无不赞赏，就连比较严厉的苏序的母亲宋氏都十分喜欢她。苏序二十二岁时正遇见李顺造反，叛军攻打眉州，城中的人惊慌无比，而苏序则十分平静，他勇敢地拿起兵器去守城。也是这个时候，苏序的父亲苏杲去世，叛军的进攻更加激烈，大家都抱头痛哭，觉得死期已到。面对这种情况，苏序十分镇定，他像个没事儿人一样，按照礼节操办丧事，还要分出心思去安慰惊慌的母亲，表示朝廷一定不会抛弃他们，贼子很快就会被消灭。

苏序交友广泛，是一个非常注重礼节的人。他结交朋友并不在乎贵贱，和每个人都能说得上话，都能交上朋友。在面对士大夫的时候，苏序表示得十分恭敬，许多人批评他趋附权贵，但是后来面对乡野之人时，苏序亦是一样的态度，大家这才知道错怪了他。

苏序出行从不骑马，都靠两条腿，人们对此很奇怪，因为苏序有条件骑马。苏序则说，每次出去的时候，有一些比他年老的人都以步行出入，如果我骑马出入，实在不好见人。苏序喜欢喝酒，喝醉了不免会闹点儿笑话。他有三个儿子，苏澹、苏涣、苏洵。有一年次子苏涣科举得中，报喜的人来时苏序正喝得酩酊大醉。他大声宣读喜报，随后将喜报放在布袋中，将喝的酒和正在吃的牛肉也一起放到布袋中，让村童背着，自己则骑着驴，引得城中人围观大笑。苏序年老的时候算是一个诗人，据苏洵说，苏序写诗都比较通俗，虽然不算工整，但是从诗中可以看出他心胸开阔，表里如一。几十年下来，苏序写了大概有几千首诗，可惜一首都没有传下来。

仁宗庆历七年（1047年），苏序在家中去世，享年七十四岁。

苏序性格豁达乐观，处事疾恶如仇，这些在苏轼身上多有体现。

02. 言传身教

苏轼出生时，他的祖父苏序还健在。因其次子苏涣即苏轼的伯父在京城做官，苏序也父凭子贵，被朝廷授予大理评事，后人称其为“苏廷评”。此等官爵只是荣誉性的象征，便于别的官员称呼，并不是真实的官职。在宋朝，这种生前求得或死后获赠的头衔，与真正的职务毫无关系，只是一种荣誉。此时，苏轼的伯父在做官，两个姑姑也都嫁给了做官的，他祖父拥有这样一个官衔实属正常。

苏轼成名后，官居翰林学士知制诰[①]之职，家也从乡下搬到了

① 知制诰，古代官名。唐翰林学士加知制诰者起草诏令，余仅备顾问。宋除翰林学士，他官加知制诰者亦起草诏令，称为外制，翰林学士虽皆起草诏令而亦带知制诰衔，称为内制。

开封①。有一天，朋友们去看他，正好赶上那天是他祖父的诞辰日，他便笑着向来访的朋友讲起了这位怪老头的趣事。老人虽目不识丁，却深藏智慧才华，人品不凡。他开阔的胸襟气度，过人的精力智慧，都在苏轼身上得到了完美的展现。苏轼的酒量虽不是从祖父那里继承来的，可他的酒趣则完全是得自祖父。祖父在文学上对苏轼并没什么影响，倒是他名字里的“序”字，让苏轼一生在作文写序时，只能用“引”字来代替。在中国古代，君王、祖宗、父母的名字是不能称用的，否则就是对他们最大的不敬。

苏轼的父亲苏洵是苏序的第三个儿子，出生于北宋大中祥符二年（1009 年），字明允，自号老泉。他个性鲜明，继承了父亲苏序爽朗洒脱、不拘小节的性格，亦喜欢结交各路朋友，终日呼朋唤友，游山玩水。因为除了父亲，他上面还有两位哥哥，所以他从不去想顶门立户过日子的生计问题，也不知道靠求学上进取得功名，来光耀门楣。但是，即便苏洵倔强古怪，整日游手好闲不思正用，他的父亲苏序也不肯管教于他。有人问苏序为什么不管，苏序则说：“这个我不发愁。”他的话透出了坚信儿子终有一天会醒悟，会痛改前非的坚定不移的态度。后来的事实也证明了他是对的。

苏洵继承了苏氏家族禀赋聪颖、特立独行、作风严谨的强大基因，直到二十七岁才开始发奋读书，最终与两个儿子一起取得了功名。后来，苏洵的故事被写入《三字经》：“苏老泉，二十七。始发奋，读书籍。”直至今日，仍是大人们用来激励孩子好好读书、勤勉努力取得成功的范例。

---

① 开封，简称“汴”，古称汴州、汴梁、汴京。

苏轼的成长，与其父亲苏洵的教育和影响密不可分。苏洵擅长散文，尤其擅长政论。他议论明畅，笔势雄健，著有《嘉祐集》二十卷，及《谥法》三卷，皆与《宋史本传》同传于世。同时，他还是一位艺术鉴赏家。平日里对吃穿用度无什么特殊的要求，唯独爱好收藏。为了求得一件艺术珍品，他会不惜一切代价，甚至会为了一幅画，用自己随身佩戴的玉佩去交换。他也常为了一件玉石珍品，当掉自己值钱的衣服。

苏轼在父亲身边长期的耳濡目染，也对艺术产生了浓厚的兴趣。他琴棋书画样样精通，为日后艺术上的登峰造极奠定了良好的基础，并且苏轼因为从小就眼界开阔，所以早就有了超强的适应能力，能于艰辛处发现生机。这份从小就培养起来的能力，从他为官被贬后，在艰难岁月里仍能苦中作乐，寻得清欢中可见一斑。

苏洵推崇先秦两汉的古文和韩愈的文章，他曾经用八年的时间专心研读这些先贤著作。他坚持文风的淳朴自然，反对沉溺于雕琢粉饰、卖弄辞藻、晦涩难懂的浮华文章。他的这些思想主张，对苏轼、苏辙两兄弟都产生了直接的影响，也与当时礼部尚书欧阳修正在酝酿发动的改革文风运动不谋而合。

正是在父亲苏洵的指导下，苏轼与弟弟苏辙熟读了大量的文学经典。当他们高声诵读时，父亲倚床倾听，在抑扬顿挫的琅琅书声里，校正儿子们读音的错误，也坚定日后他们兄弟二人求取功名成功的希望和自己继续努力的信心。

良好的家庭氛围，丰富的藏书，宽严有度的家教，让苏轼一起步就站在了一个比较高的起点。

儿时的苏轼不是一个能坐住板凳，只会死记硬背的孩子，他跟别的孩子一样，天性活泼贪玩。好在苏洵辅导儿子的方法与州县书院有所不同，他因材施教，按他们兄弟俩的习性量身定制功课。他要儿子熟读《战国策》《史记》《汉书》《后汉书》《三国志》，并且每天都有具体安排。他会限定时间让孩子们读完某一部著作，或者完成某一个选题的文章，在规定的时间内如果完不成，就要受到惩罚。虽然苏洵自己不擅长诗词，对诗词上的艺术雅趣、精巧工稳的措辞心生厌烦，却在教儿子写诗作词上一点儿都不含糊，为日后苏轼、苏辙两兄弟在诗词歌赋上的卓越成就，打下了坚实的基础。

与此同时，苏洵自己也在发愤努力，不断地撰写文章，《战国策》和“前四史”中的很多传略，他都和两个儿子一起背诵。他还要求儿子，在背书时一定要注重文章的内容，注意文字措辞，要牢记典故的出处，这样注重措辞与善用典故的诗文可令饱学之士读起来感到高雅不凡。

除了教授儿子文化知识外，苏洵还不忘引导兄弟俩开阔视野，增长见识。他早年间遍游名山大川，足迹遍布各地，后来又四处游学，因而见多识广。如今，他将自己的游历见闻和各地的风土人情、风俗习惯、文化特色等讲给两个儿子，让他们小小年纪就能熟知外面的世界，对他们日后的成长大有裨益。

苏轼有一位严慈相济的父亲，还有一位知书达理的母亲。

宋仁宗天圣六年（1028 年），十九岁的苏洵迎娶了眉山名门望族程家十八岁的小姐程氏。程氏的祖父和兄弟都在朝为官，苏轼的舅舅程濬与苏轼的二伯父苏涣为同年进士。程家在眉山权势显赫，富甲一方，苏轼的外公大理寺丞程文应是当地首富。虽然此时苏家与程家的财富地位不相匹配，但两家联姻却绝非偶然。苏氏家族无论从学问积累还是到精神气质，仍高于一般乡绅士族。

虽然苏洵年轻时个性强烈，不服管教，但若说他根本没读书写字做文章，恐怕也不属实。因为地位显赫的程家能将女儿嫁给他，说明他一定给程家留下了很好的印象。

程氏是集富贵于一身、受过良好教育的名门千金，却没有千金小姐的骄奢。她深明大义，安心于夫家的粗茶淡饭、素衣淡妆。婚后，她收起珠宝首饰，绫罗绸缎，开始料理家务、侍奉公婆、照顾幼小，毫无怨言。她的父亲曾叹息着对她说："家资万贯，你却如此节俭，真是辜负了自己的富贵命。"程氏则调皮地对她的父亲说："做个豪门贫小姐，岂不更有乐趣？"

程氏从小就喜欢读书，琴棋书画样样精通，对写诗作文更是情有独钟。她上得了厅堂，下得了厨房，任何事情在她那里都能得到妥善的解决。苏洵年过七旬的祖母性情乖戾，家中老小她都看不上眼，大家也乐得对她敬而远之。唯有程氏毫不嫌弃，每日端茶送水，嘘寒问暖，把老太太侍奉得舒舒服服，逢人就夸孙媳妇的好。公婆见这位豪门千金如此明理懂事，恭俭孝顺，更是喜不自胜，对这个儿媳妇怎么看怎么顺眼。

此时的苏洵还在四处游荡，他们婚后的生活一度十分艰难。因为忙于操持家务，程氏婚后很少回家。有一天，她娘家的好姐妹来苏家看望她，见她一身布衣，里里外外忙活着操持家务，很是心疼，就对她说："你家里那么有钱，你随便从娘家要点钱财，就够你生活的了，何必让自己这么辛苦。"苏轼的母亲很严肃地说道："我跟娘家要点儿钱财是没什么困难，只是我怕娘家人会因此讥笑我丈夫没有本事养家糊口，从而看不起他。为了丈夫的尊严，我不能这么做。"这话传到苏洵和他父母的耳朵里，苏洵惭愧得无地自容，也让公公婆婆对她更加刮目相看。

也许是得了儿子，自己的态度也端正严肃了，也许是程氏用心良苦的劝诫起了作用，苏洵看到自己的哥哥和大舅哥，还有两个姐夫都在科考中取得了功名，终于觉悟了。他对程氏说，觉得自己决心读书还来得及。程氏为了支持他专心于学问，独自撑起家务。她变卖了嫁妆，开始“治生”，而且相当成功，几年间就将苏家操持得极为富有。

苏洵能够收心努力读书，程氏极为高兴。她在苏洵读书以及出外游学期间，不仅兼主内外，而且亲自教育苏轼和苏辙两兄弟。苏辙曾记述母亲“生而志节不群，好读书，通古今，知其治乱得失之故”。

程氏对苏轼的一生，影响非常大。

03. 少年立志

苏轼从小就显示出过人的才华，六岁时被父母送入私塾，跟随道人张易简读书。

在私塾学习期间，苏轼的聪明伶俐深得道士的喜欢，他与其中一个叫陈太初的孩子常常被张易简夸奖。陈太初后来在科举考试中也取得了功名，只是他一心要修道成仙，终归抛却红尘，出家做了道士。

苏轼从小跟随张易简学习，受道教的熏染很深，这在他后来被贬时乐观的对待中都有体现。苏轼对张易简的感情，在其诗作《众妙堂》里有所记述。他在诗的“题记”中写道：

眉山道士张易简，教小学，常百人，予从之三年。谪居南海，以日，梦至七处，其徒诵《老子》曰："玄之又玄，众妙之门。"余曰："妙一而已，容可众乎？"道士笑曰："一已陋矣！何妙之有？若审妙也，虽众可也。"

"题记"中提到苏轼被贬海南时，有一次梦到了老师张易简，梦中他和小伙伴们一起坐在私塾里，听张易简讲解《道德经》，这件事从侧面反映了苏轼和张易简深厚的感情，以及儿时习诵的《道德经》，在他记忆中潜移默化的影响。

三年的私塾学习，让苏轼的学业有了很大长进。加上父母因材施教，因势利导，教育有方，苏轼又特别聪明勤奋，他的优秀已经崭露头角。

儿时的苏轼，除了读书，也和别的孩子一样喜欢玩耍，喜欢窥探鸟窝。母亲程氏对此十分小心，一再告诫他，鸟雀跟人一样，也在过自己的生活，不能捕捉它们。母亲的严格管教，让苏轼懂得了尊重生命，也更加明事理。以至于多年后，苏家庭院里鸟雀成群，有的鸟雀就在低处的树枝上筑巢，小孩子们抬头就可以望得见。

那时，苏轼的叔叔已经在朝廷为官，有官员经过眉山时，常到家中拜访。为了招待客人，家里杀鸡宰羊、烧火择菜置办宴席，要忙乱一阵子。苏轼就和弟弟跟在仆人身后各处跑，一会儿到园子里摘菜，一会儿到厨房取东西，乐此不疲地享受着那份热闹。平日里，他还带着弟弟苏辙去村中的集市上赶集，去家里的菜园挖土。一次，苏轼和孩子们在地里挖出一块晶莹光亮的石板，上面有绿色的条纹，看上去十分精美，敲击之下，能发出清脆的响声。

别的孩子只知道石片好看，苏轼翻过来掉过去地看，觉得很适合做一个砚台。

砚台可不是什么石头都能做的，必须是有气孔、能够吸收潮湿并善于保存潮湿的石头。因为一方好的砚台，对书法的书写十分重要，上品砚台往往被文人视若珍宝。苏轼将石头拿给父亲苏洵看，父亲连连夸赞“真是一方天赐的好砚台”。后来，苏洵将石片制成砚台，刻上字后给了苏轼。当时十二岁的苏轼很激动，一直把砚台带在身边保存，直到长大成人。儿时的激励，成为苏轼一生纵横文坛的起点，也为他后来赏砚、藏砚、刻砚、赠砚，成为具有代表性的“砚痴”打下了基础。

苏轼八岁的时候，正是父亲苏洵科举不第，长期在外游学之时，他的启蒙教育，基本上是由母亲程氏完成的。

母亲程氏读《后汉书·范滂传》时，不免慨然长叹。苏轼上前询问，母亲说：“我是为范滂那样耿直廉洁的好官不能发挥才能、得以善终而惋惜啊！”苏轼就让母亲将范滂的故事讲给他听，当他得知范滂作为东汉刚正不阿的官员，因反对宦官把持朝政、为非作歹而遭到追捕通缉，为了不连累奉命办案的官差和家中的老母亲，主动到县衙去投案，并谢绝了县令要私下放其走的好意，县令郭揖无奈，只好一边把范滂下大狱，一边派人去接范滂的家人时，苏轼紧紧攥起了小拳头。当程氏讲到范母见到范滂后说：

> 汝今得与李杜（指李膺、杜密，是当时正直的名士，为正义而死）齐名，死亦何恨！既有令名，复求寿考，可兼得乎？

苏轼仰头问母亲：“要是我学习范滂，做个正直勇敢的人，母亲会不会高兴？”

程氏搂过儿子，很干脆地说：“你要是能做范滂，难道我就不能做范滂的母亲吗？”为了维护正直正义，范滂三十三岁就离开了人世。程氏的鼓励，对苏轼后来在官场上能成为一个正直清廉的好官，产生了很大的影响。

苏轼父母对孩子循循善诱、宽严有度的教育，在他们的成长、性格和行事风格的养成中，都起到了积极的作用。据说，苏轼十岁时就能写出寓哲理于物中的短文《黠鼠赋》（北宋《东坡全集卷三十三》），他用诙谐的叙述，给人带来有益的启示。

苏子夜坐，有鼠方啮。拊床而止之，既止复作。使童子烛之，有橐中空。嘐嘐聱聱，声在橐中。曰：“噫！此鼠之见闭而不得去者也。”发而视之，寂无所有，举烛而索，中有死鼠。童子惊曰：“是方啮也，而遽死也？向为何声，岂其鬼耶？”覆而出之，堕地乃走，虽有敏者，莫措其手。

苏子叹曰：“异哉，是鼠之黠也！闭于橐中，橐坚而不可穴也。故不啮而啮，以声致人；不死而死，以形求脱也。吾闻有生，莫智于人。扰龙伐蛟，登龟狩麟，役万物而君之，卒见使于一鼠，堕此虫之计中，惊脱兔于处女，乌在其为智也？”

坐而假寐，私念其故。若有告余者，曰：“汝为多学而识之，望道而未见也，不一于汝而二于物，故一鼠之啮而为之变也。人能碎千金之壁而不能无失声于破釜，能搏猛虎不能无变色于蜂虿，此不一之患也。言出于汝而忘之耶！”余俯而笑，仰而觉。使童子执笔，记余之作。

苏轼的这篇短文，讲述了一只狡黠的小老鼠掉进袋子里后，用装死的方式骗过人，等人把袋子打开倒过来后，没等人反应过来就极速逃掉的事。少年苏轼，就一只老鼠在人面前施展诡计逃脱讲了一个道理：人做事，要专心致志，才不会被突然发生的变故所左右。这篇文章表面看是讲黠鼠利用人的疏忽乘机脱逃的日常小事，其实，苏轼真正要说明的是：人应该将自身与自然万物合一，避免将两者区分开来，而游于万物之外。

苏轼小时候，正是宋朝最贤明的君主仁宗统治时期，国内太平，与北方和西北的游牧民族政权辽、西夏等也都相安无事。在这种政和景明的氛围下，社会经济迅速发展，文化艺术空前繁荣，贤臣居位，才华出众的杰出人士都受到了皇帝的恩宠和重用。苏轼也是这时从老师读的诗里知道了欧阳修、范仲淹等一批朝廷上著名的学者，并深受他们的鼓舞。

苏轼读书不但能够很快掌握要点，领会意趣，而且对历史表现出浓厚的兴趣。十一岁时，他跟弟弟苏辙一起进入书院学习，为科举考试做准备。书院与私塾不同，相当于进入了中等学校。老师名叫刘巨，在眉山一带很有名气。刘巨懂美术，擅长书法，苏轼羡慕钦佩老师的才华，非常喜欢他。后来，苏轼在书法、美术上的造诣，都得益于刘巨老师教授时打下的良好基础。

为了应付考试，书院里的学生必须读经史诗文，并要能够背诵其中的经典古籍。背书时，不但要注意文章的内容、知识，就连文字和措辞都不能忽略，因为做文章用的词汇就是这么学来的。这种背诵记忆的方法，其实是很费力的苦差事，有时得背一本书，甚至将书全部抄写一遍来加深印象。

苏轼曾经将长达 120 卷的《汉书》手抄两遍，一边加深记忆，一边又练习了书法。这种博闻强记的方法令他受用终身，后来，苏轼在翰林院任职时，起草公文，不但史料典故信手拈来，运用自如，而且文辞华美。

有一次苏洵读欧阳修的一个谢表，看见苏轼站在旁边，有意考考儿子，就让苏轼也模仿着写一篇谢表。苏轼铺纸研墨，只一会儿就交了作业。当苏洵看到其中“匪（非）伊垂之带有余，非敢后也马不进”的句子时，禁不住露出惊喜的神色。在随后的日子里，苏洵又以《夏侯太初论》为题，让苏轼作文。谁知苏轼不到一个时辰又交了作业。苏洵读着洋洋洒洒、文辞优美的文章，脸上露出了喜悦之色，对文章赞赏不已。

夏侯太初是三国时魏国的重臣，名玄，太初是他的字。由于司马师任大将军时独断专行，夏侯太初与人密谋，想推翻司马师。后来事情败露，夏侯太初被捕入狱，临刑前，夏侯太初淡定自若，面无惧色。苏轼在文章中就这件事表述了自己的观点，不但有理有据，而且条理清晰，充分展现了他的机智敏锐和雄辩才华。当苏洵读到其中的“人能碎千金之璧，不能无失声于破釜；能博猛虎，不能无变色于蜂虿”一句时，连连称赞叫好。

父亲的肯定和众人的夸奖，让苏轼滋生了骄傲心理，开始目空一切。一天，苏轼得意扬扬地将自己写的一副对联贴在书房门口：识遍天下字，读尽人间书。正好村中一位老者从门前走过，看到对联，连连摇头。转天老者拿本书来找苏轼，说自己才疏学浅，特来向苏轼请教。苏轼不以为然地接过书一看，一个字都不认识，顿时满脸羞愧。老者看他无地自容的样子，什么也没说，摇摇头拿着书走了。这件事对苏轼的刺激很大，让他明白了学无止境，天外有天，人外有人。他回屋取来毛笔，在对联前各加上两个字：

发奋识遍天下字，立志读尽人间书。从此，苏轼变得更加谦虚了。

儿子聪明伶俐又悟性极高，苏洵深感欣慰和自豪。但同时，他也发现了苏轼豪放不羁、锋芒毕露的性格，担心会为他日后人生之路带来致命的伤害。为了警示两个儿子，苏洵特意写了一篇《名二子说》，来告诫他们要低调做人做事。

苏洵在文中说：一辆车有车轮、辐条、车盖、车轸等很多部件，它们各司其职，只有车轼看上去好像没什么实际用处，可要是去掉了车轼，就不是一部完整的车了。我之所以给你取名“轼”，就是希望你不要太锋芒外露，要懂得掩藏自己。而“辙”是车辙的意思，天下的车都要沿着车辙走，却没有人说车的功劳跟车辙有什么关系。同理，若不幸遭遇什么事故，跟车辙也没什么干系，所以，“辙”是能保全自我的最佳选择。

知子莫若父。苏洵的担心不是多余的，苏轼不仅秉正刚直，而且才华外露，口无遮拦，后来确实为自己招来很多祸端，吃了很多亏。苏辙则个性沉稳，秉性敦厚，正符合父亲起名的初衷。日后的事实证明，苏辙也的确做到了父亲希望的样子，保全自己，免于灾祸。

庆历三年（1043 年 ），从京城来一位名士，拿着石守道作的《庆历盛德诗》，给书院的老师看。苏轼当时站在老师的背后，忍不住好奇，踮脚张望。看到精彩处，他不禁脱口吟诵起来。老师见到后问苏轼，知道这些人不？苏轼说，不知道，正想向老师请教呢。老师摆摆手说：“你一个小孩子，不知道也罢。”苏轼闻言回答说：“他们不是跟我们一样的人吗，为什么我不能知道呢？”老师看苏轼很严肃的样子，觉得他说得也有道理，就告诉他说：“这书中的作者是韩琦、范仲淹、富弼、欧阳修四人，他们都是朝中重臣，也是人中豪杰。”苏轼虽然还不能完全懂这四个人的地位到底有多高多重，却将这四个人的名字牢牢地记在了心里，并暗暗发誓，自己将来一定要成为他们那样的人。后来，苏轼每次读到这四个人的作品时，都会更加仔细地研读、揣摩。

04. 娶妻王弗

苏轼和弟弟苏辙经过书院的学习，很快到了赶考应试的年纪。在当时，他们若是未婚进京，如果考中了，必然会有官宦贵胄人家为适龄女儿前来提亲。宋朝有求婚的风俗，每每科举放榜之时，也是婚姻大事最为活跃的时候。新登科而又未婚的举子[①]，成了最受欢迎的人。

苏轼父母不希望自己儿子的婚姻大事，也像其他举子一样被求婚所左右。他们还是倾向于在本地找一个知根知底、善良本分的女孩儿做苏家的儿媳。因此，苏轼兄弟二人的婚事就在赶考前被提上了日程。

苏洵夫妇经过细心观察打探，最后为苏轼订下了眉山青神县瑞草桥乡贡进士王方的女儿王弗。王弗性格“敏而谨，慧而谦”。因为出身进士之家，王弗生得端庄秀丽，知书达理，聪慧睿智，婚后深得苏洵夫妇的欢心。

苏洵夫妇之所以对苏轼的婚姻如此谨慎，完全是因为他们女

---

① 举子，科举时代被推荐参加考试的读书人。

儿八娘的惨死。

苏轼与姐姐八娘感情甚笃。八娘天资聪慧，才华过人，对两个弟弟也关爱有加。她不但照顾两个弟弟的日常生活，还能辅导他们读书学习。姐弟三人手足相助，其乐融融。

皇祐二年（1050 年），苏轼的姐姐八娘奉父母之命，嫁给了她并不爱的表哥，就是程夫人的侄子程之才。八娘的婚姻是不幸的，嫁到程家后，不但公婆不喜欢她，连自己的丈夫也经常虐待她。两年后，八娘在生产时落下病根，可程家却不给她请大夫医治，苏轼的父母只好把八娘接回娘家医治。等八娘的病情刚刚有所好转，她的公公婆婆就打上门来兴师问罪，不但责备八娘不尽媳妇孝道，还抢走了她的孩子。八娘禁不住这种打击，结果导致旧病复发，小小年纪就含恨而死。

苏轼与苏辙两兄弟失去了最爱他们的姐姐，悲伤、愤怒让他们把程之才恨到了骨头里。苏洵夫妇痛失爱女，在悲愤的同时也更加后悔和自责。苏洵曾当着全族人的面谴责妻子的兄长一家为富不仁，行如强盗。从此，苏家与程家彻底断绝往来。八娘用生命的代价给两位弟弟今后自主选择婚姻开了路，苏洵夫妇痛失爱女后，决不忍心再去逼迫爱子与他所不爱的人成婚了。

眉山青神县位于岷江之滨，这里山清水秀，人杰地灵。《蜀中名胜记》① 记载：“县之名胜在乎三岩。三岩者，上岩、中岩、下岩也。今惟称中岩焉。”中岩是王弗的父亲王方设立书院的地方。这里风景秀美，是青神著名的风景名胜区。王方在当地是学富五

① 《蜀中名胜记》：叙述和研究古代四川掌故的重要历史、地理著作。明·曹学佺撰。30 卷。

车的文化名人，周围很多有志为学的青少年都来跟他学习，其中就有苏轼。

在众多学子中，苏轼总是脱颖而出，表现一直都非常优秀。对这个相貌堂堂、聪明上进、一表人才的学生，王方是看在眼里，喜在心上。有时回到家，说起书院的事，不免就提到苏轼。王方说得多了，女儿王弗就上了心，记住了书院里有个优秀的学生叫苏轼。正值豆蔻年华的王弗，一遍遍在心里描画着苏轼的样子。

中岩有一座寺庙，方丈与王方是好友。因寺院陡峭的岩壁下有一汪清泉，泉水喷涌成池，清澈见底。方丈想给水池取一个雅致的名字，就来书院找王方。王方得知方丈的来意后，一口应承下来。因为他也正想找机会探探学子们的虚实，看看他们的才气到底如何。

转天，王方将学子们带到水池旁，讲明方丈的意思，让每个人为水池起个名字，写在纸上交给他。很快，学子们就将写好名字的纸条交了上去，只有苏轼一个人还没写，还在围着水池转圈。他边走边看边感叹，情不自禁地击掌叹息：这一池清水，竟见不到一条鱼。谁知他这一拍，躲在石缝里的鱼闻声游了出来，在水里摇头摆尾。苏轼脑子里灵光乍现，赶紧提笔写下了“唤鱼池”三个字交了上去。

王方将纸条逐一打开，只见上面五花八门，写得最多的是“钓鱼池”“看鱼池”“观鱼池”“喂鱼池”等，当他想打开苏轼的字条时，王弗的贴身婢女正好奉命给王方送来小姐为水池取名的字条。于是，王方将两张纸条一起打开。看到字时不觉一愣，也太巧了，苏轼与王弗的字条上都写着“唤鱼池”三个字。

方丈在众多的名字中选中了“唤鱼池”，并决定将这一高雅的名字凿刻在岩壁上。他再次来到书院找王方，王方和上次起名字时一样，叫每名学子写一幅字交上去，然后，邀请青神县的名家前来点评。

待到点评那天，寺院的水池边挂出几十幅书法作品，内容就三个字"唤鱼池"。大家八仙过海各显神通，行草隶篆，令人目不暇接。青神县的有识之士尽数到场，看热闹的老百姓也是趋之若鹜，王弗带着婢女也来了。

经过认真挑选，仔细品评，大家一致认为苏轼写的字形神兼备，最具神韵。两轮评选过后，苏轼的字仍稳居第一名。隐在人群中的王弗听到有人喊苏轼，眼睛就盯上移不开了。知女莫若父。女儿正是青春妙龄，情窦初开，苏轼又是多才多艺、风度翩翩的少年，自古美女爱英雄，两个人竟然能想到"唤鱼池"同一个名字，这岂不是天意。王方有意将女儿许配给苏轼为妻。

不久之后，恰逢王方生日，苏轼与几位同学到瑞草桥为他祝寿。生性豪放的苏轼，因席间多饮了几杯酒，醉倒在王方家中。半夜醒来后，才发现同来的同学都回书院了。睡不着觉的苏轼走出屋子，不知不觉来到翠竹掩映的后院。此时，王弗也因想着苏轼而不能入眠，正临窗望月。当苏轼与王弗四目相对时，两个人也就住进了彼此的心里。

王家有意，苏家有心，郎才女貌，于是成就了一段千古佳缘。

至和元年（1054 年），经由父母之命，媒妁之言，十九岁的苏轼正式迎娶了十六岁的王弗，人们将这段姻缘称为"唤鱼联姻"。两人郎才女貌，举案齐眉，伉俪情深。婚姻生活伊始，王弗并没有告诉苏轼自己读过诗书。每次苏轼伏案苦读，她都会待在旁边作陪。苏轼有什么想不起来的，她都及时给予提示。时间一长，苏轼察觉出不对劲了，他想试探一下王弗，就故意问她一些正在读的书中没有的知识和问题，王弗都能对答如流。苏轼明白了，自己的媳妇不是一般女子，不仅人长得漂亮，还聪明内敛，他又惊又喜，从此对王弗更是刮目相看。

王弗嫁入苏家，孝敬公婆，体贴丈夫，成了苏轼最好的知音和贤内助。两人琴瑟和鸣，夫唱妇随，生活得幸福美满。苏轼在王弗的陪伴照料下，学业上也突飞猛进，为参加科举考试高中打下了坚实的基础。

05. 进京应试

苏轼大婚，了却了苏洵夫妻俩的心愿，接下来他们又忙着张罗苏辙的婚姻大事。仁宗至和二年（1055 年），十七岁的苏辙奉父母之命，迎娶了同里史瞿家年方十五岁的女儿。虽然苏家兄弟的婚姻大事都是经媒妁之言，由父母做主，但他们的婚姻却都很美满，婚后都过着幸福的生活。

两个儿子成婚后，父子三人就准备启程赴京都参加科举考试。

宋仁宗嘉祐元年（1056 年）春三月，苏洵父子三人辞别家人及众多亲朋好友，踏上了去往开封的旅途。

第一次出门远行，对苏轼、苏辙来说，一切都是新鲜的。兄弟俩如小鸟飞向广阔的天空般激动、兴奋，对自己的前途和未来充满憧憬和期待。

在当时，学子科考前都要拜谒一些有名望的大官，以期得到他们的推荐或提携，苏洵父子也没能例外。苏洵带着两个第一次离家出门的儿子，首先来到成都，拜见了益州知州张方平。益州知州是成都的长官，也是朝廷的重臣。

张方平，字安道，应天府宋城（今河南商丘市睢阳区）人。出身于官宦世家，曾“诸书一览辄通，罕复再阅”，也是少年天才。张方平在政治上十分有远见，不与任何人结党，尤其在熙宁变法时期，他既不受司马光等保守派的欢迎，也不受王安石等变法派的欢迎。但他也不是那种见风使舵的墙头草和两面派。他对苏洵、苏轼父子有知遇之恩，在以后的“乌台诗案”中，更是对苏轼有救命之恩。他的行为对苏轼的品格影响很大。

张方平见苏洵父子来拜见，便以国士之礼招待苏洵父子，与苏轼更是一见如故。在后来的交往中，更是对苏轼情如父子。

此时，年已四十七岁的苏洵，虽然之前在科考中名落孙山，但他一直苦读不辍，希望自己还能求个一官半职，而且在这期间，苏洵已经写出了一部以论为政之道、战争与和平为主的著作。这部作品对苏洵来说非常重要，因为它可以让人们对他刮目相看，只要有人推荐，朝廷就可以给他一官半职。苏洵拜见张方平，恭恭敬敬地呈上自己的著作。张方平看后大加赞赏，他觉得苏洵为人沉静，称赞苏洵的文章：“左丘明国语、司马迁善叙事、贾谊之明王道，君兼之矣。”张方平马上就想任命苏洵做成都书院的老师。可是，苏洵觉得老师不是自己的最终目标，便婉言谢绝了。古道热肠的张方平无奈之下，只好给当时的文坛泰斗欧阳修写了一封推荐信。而苏洵的另一个姓雷的朋友，也给梅尧臣写了一封推荐信，在信中赞美了苏洵的“王佐之才”。

父子三人怀揣两封推荐信，千里迢迢，经阆中、走金牛古道、穿剑阁、出褒斜栈道、过秦岭，一路奔赴京都。苏轼、苏辙毕竟年轻，一路上兄弟二人欣赏着风景，探讨着文章，心早已飞到了京都。两个月后，风尘仆仆的父子三人终于到达了京都开封。他们借宿在一座寺院中，安顿好住宿后，父子三人一边积极准备秋季礼部的初试，一边欣赏京都的繁华美景。

宋朝的科举考试制度分作三步，也就是学子们要经过三场考试，过三道关。三场考试即乡试[①]、省试[②]和殿试[③]。第一场"乡试"苏轼兄弟二人已轻松过关，接下来礼部秋季的"省试"考过后，就是第二年春季皇帝亲自监考的"殿试"了。虽然苏家兄弟第一关轻松取胜，但他们丝毫不敢放松，继续为下一轮的省试做着准备。

在备考的同时，苏洵揣着张方平的推荐信，带着两个儿子去拜见了翰林院大学士欧阳修。欧阳修当时作为朝廷大员、文坛泰斗，不仅学识渊博，深受人们的爱戴，而且为人谦和，常以求才育才为己任。他热情地接待了苏氏父子，苏洵同样将自己的著作和苏轼兄弟二人的文章呈给德高望重的欧阳修审阅。欧阳修对苏氏父子三人的文章大加赞赏，并介绍了韩琦等京都的高官显宦给

---

① 乡试，也称乡贡、解试，由各地州、府主持本地人参加考试，考试一般在八月举行，故又称秋闱。

② 省试，也称礼部试、礼部贡举、会试，在京城举行，由尚书省的礼部主持，每三年一次，一般安排在二三月进行，因此又称春试。考试合格称贡士，第一名称会元。

③ 殿试，又称"御试""廷试""廷对"等，是唐、宋、元、明、清时期科举考试之一。殿试由内阁预拟，然后呈请皇帝选定。会试中选者始得参与。目的是对会试合格进行区别、选拔官员等。殿试为科举考试中的最高阶段。

苏洵父子。一时间，开封的公卿士大夫间争相传诵苏洵父子的文章，还未考完试，父子三人就已经名震京都，被人们称为眉州“三苏”了。

因为准备充分，礼部的初试结束后，由眉州来京参加科考的四十五名考生中，苏轼和苏辙在考中的十三名之内，这个结果令父子三人十分高兴，等于苏氏兄弟俩取得了殿试的通行证。父子三人一边继续读书，在京都等待第二年春天的殿试，一边拜访社会上的名人雅士，参加各种社交活动。

转眼间到了第二年正月，各地的考生已经齐聚京城，准备参加殿试。据说，有一天，魏国公韩琦和朋友们在一起交谈，忽然很惊讶地问他们：“今年有眉州二苏在，怎么还有那么多的考生敢来同场竞技？”此言可见，苏轼、苏辙兄弟二人当时在京城的名声之大。

06. 金榜题名

北宋嘉祐二年（1057 年）春，宋仁宗亲自主持殿试，并任命欧阳修为主考官，

宰相王珪、参知政事韩绛等为副主考官，国子监[①]直讲梅尧臣为阅卷老师。

苏轼、苏辙兄弟二人与众位考生一起，半夜就起身前往皇宫

① 国子监，也称国子学，是当时的最高学府，专门招收七品以上官员的子弟入学，国子监生也称生徒，在监内考试合格后，可荐名礼部，参加春闱之选。国子监的生徒和州试合格选送的贡生，是科举考生的两大来源。

外等候。考试过程中，每个考生被单独关闭在一个格子间，外面有皇宫的侍卫把守。朝廷用这种极为严厉的规定，来防止考生行贿或考官徇私舞弊。在考生考完被放出考场后，考官则进行封闭阅卷，不能与外界有任何接触，直到阅卷完毕呈送给皇帝为止。

科举史上的殿试最初是由武则天创造发明的，到宋朝正式成为制度，明、清也一直沿用。宋朝初期，殿试还属于淘汰性考试，因为淘汰的具体比例不固定，出现了很多弊端，朝廷也认识到了殿试实行淘汰制确实不好。宋仁宗特别重视为国家选取优秀人才，对科举考试也极为关注。到了苏轼科考这一年，宋仁宗不但亲自主持殿试，还亲自出了考试题目《刑赏忠厚之至论》，并宣布殿试不再淘汰考生，凡是参加殿试者一律录取。对于各地的考生来说，这无疑是一个天大的喜讯。

这一年参加殿试的388名诸科举人全部被录取。也是从这一年开始，“殿试不淘汰”，只根据考生考试成绩来排名，成为殿试的定制。但这样一来，殿试的名次对考生将来步入仕途和官职的升迁就具有非常重要的意义和影响了。因此，考生们对殿试的排名也极为重视。

欧阳修时任礼部侍郎（礼部的副长官）、翰林侍读学士（给皇帝讲书的侍从官），他一直反对当时文坛盛行的有名无实、矫揉造作、奇诡空虚的文风，并与一批有识之士联合，发起了抵御堆砌词藻等浮夸文风的诗文改革运动，致力于改变文坛积弊，弘扬简约质朴、抒写真情实感的自然文风。

殿试对读书人来说，是一生最为紧要的关头。一想到过去十多年间苦读勤耕，翻遍“四书五经”、秉烛夜读只为了金榜题名这一刻，苏轼兄弟俩不敢大意。兄弟两人在父母的言传身教下，自幼就熟读先秦两汉的古文和韩愈、柳宗元的文章，作文时更是以他们为楷模，所以秉承了先辈们朴实、真挚、自然流畅的文风。

当苏轼拿过卷子看到文题后，稍加思忖，便奋笔疾书，洋洋洒洒地写出了自己“以仁治国”的政治思想：

尧、舜、禹、汤、文、武、成、康之际，何其爱民之深，忧民之切，而待天下以君子长者之道也。有一善，从而赏之，又从而咏歌嗟叹之，所以乐其始而勉其终。有一不善，从而罚之，又从而哀矜惩创之，所以弃其旧而开其新。故其吁俞之声，欢忻惨戚，见于虞、夏、商、周之书。成、康既没，穆王立，而周道始衰，然犹命其臣吕侯，而告之以祥刑。其言忧而不伤，威而不怒，慈爱而能断，恻然有哀怜无辜之心，故孔子犹有取焉。

《传》曰：“赏疑从与，所以广恩也；罚疑从去，所以慎刑也。当尧之时，皋陶为士。将杀人，皋陶曰“杀之”三，尧曰“宥之”三。故天下畏皋陶执法之坚，而乐尧用刑之宽。四岳曰“鲧可用”，尧曰“不可，鲧方命圮族”，既而曰“试之”。何尧之不听皋陶之杀人，而从四岳之用鲧也？然则圣人之意，盖亦可见矣。

《书》曰：“罪疑惟轻，功疑惟重。与其杀不辜，宁失不经。”呜呼，尽之矣。可以赏，可以无赏，赏之过乎仁；可以罚，可以无罚，罚之过乎义。过乎仁，不失为君子；过乎义，则流而入于忍人。故仁可过也，义不可过也。古者赏不以爵禄，刑不以刀锯。赏之以爵禄，是赏之道行于爵禄之所加，而不行于爵禄之所不加也。刑之以刀锯，是刑之威施于刀锯之所及，而不施于刀锯之所不及也。先王知天下之善不胜赏，而爵禄不足以劝也；知天下之恶不胜刑，而刀锯不足以裁也。是故疑则举而归之于仁，以君子长者之道待天下，使天下相率而归于君子长者之道。故曰：忠厚之至也。

《诗》曰：“君子如祉，乱庶遄已。君子如怒，乱庶遄沮。”夫君子之已乱，岂有异术哉？时其喜怒，而无失乎仁而已矣。《春秋》之义，立法贵严，而责人贵宽。因其褒贬之义，以制赏罚，亦忠厚之至也。

这篇六百余字的应试文章，文辞简练，结构严谨，说理通透。苏轼在文中以忠厚立论，列举了古代尧、舜等仁君在施行刑赏时，常以忠厚为本的范例，阐述了儒家的仁政思想。

当苏轼满意地放下笔，坦然地走出考场时，他根本就不会想到，自己的这篇文章会在考官中间掀起一股热潮；他更没有想到，这篇应试之作会被后世千古传诵。

可是，就是这样一篇可以称得上是极上乘的作品，却因为主考官认识上的偏差，而无缘第一。

当时的阅卷官梅尧臣在阅卷的时候，被一份试卷深深吸引。他认为试卷上的文章有“孟轲之风”，是篇难得的佳作。于是，他挑出来呈给主考官欧阳修亲自评阅。欧阳修看了卷子后，赞赏不已，连连称好，又将文章拿给其他几位考官传阅。大家一致认为文章立论高远、层次分明，文风清新洒脱，是一篇上品佳作，此番殿试“第一”非他莫属。

但欧阳修反复阅读后，觉得文章好像是自己的学生曾巩写的。为了避免被人说考官与学生间营私舞弊，他忍痛割爱，给了文章第二的名次。

曾巩，字子固，江西人，是“唐宋八大家”之一。曾巩比苏轼大十八岁，是欧阳修最得意的门生，也参加了此次殿试。

在当时，考生的试卷在呈送到考官手里之前，先要由其他人重新抄写一遍，以防止通过笔迹认出试卷。在重新抄写试卷的过程中，会去掉考生的姓名，另存在档案里。

等到发榜之日，一切才真相大白。欧阳修没想到，自己和众位考官一致夸赞不已的文章，竟是出自苏轼之手。于是，他向仁宗举荐了这位来自川蜀之地的优秀人才。随后，苏轼在礼部的复试中，以一篇《春秋对义》再次夺魁。与苏轼一同考中的，还有苏辙和曾巩。

苏轼、苏辙兄弟同科金榜题名，令人羡慕不已。他们才华出众，相貌清雅，为人谦和有礼，受到了欧阳修等人的极力称赞，并将兄弟二人作为人才举荐给仁宗皇帝。

苏轼以第二名的成绩考中进士[1]，和弟弟苏辙同科中举，最高兴的还是父亲苏洵。苏洵作为“唐宋八大家”之一，他的散文论点鲜明，笔力雄健，语言纵横恣肆，有很强的说服力。欧阳修称赞他“博辩宏伟”，“纵横上下，出入驰骤，必造于深微而后止”（《故霸州文安县主簿苏君墓志铭》）。无论在当时还是后代，都获得了一致的好评。遗憾的是，苏洵一生未能进士及第，好在他有苏轼、苏辙两个争气的儿子，他的理想在儿子身上得以实现。当得知兄弟俩同时高中时，苏洵百感交集，写下了四句打油诗：莫道登科易，老夫如登天。莫道登科难，小儿如拾芥。

---

① 进士，中国古代科举制度中，通过最后一级朝廷考试者，称为进士。是古代科举殿试及第者之称。此称始见于《礼记·王制》。

07. 得遇良师

宋仁宗嘉祐二年（1057 年）四月，二十岁的苏轼考中进士，在 388 人中名列前茅，令天下赶考的举子艳羡不已。按照当时的惯例，考生金榜题名高中后，就与主考官之间有了师生的名分。能成为欧阳修门下的学生是苏轼从小的夙愿，没想到终于如愿以偿，这让苏轼无比兴奋和激动。

欧阳修于景德四年六月二十一日（1007 年 8 月 1 日）出生于绵州（今四川绵阳），父亲早亡，他从小就跟随母亲生活。十岁时，欧阳修有幸拜读了韩愈的作品《昌黎先生文集》①，便爱不释手，从此一发不可收。欧阳修继承了韩愈的道统和文风，作为北宋著名的政治家和文学家，深受文人的推崇和爱戴。苏轼从父亲那里耳濡目染，从小就熟读范仲淹、欧阳修等名家的文章和诗作。在他的心目中，欧阳修就是他的偶像，甚至在心里一直把欧阳修当作自己的老师。苏轼没想到，这次进京能够拜访欧阳修，与心中的偶像如此近距离地接触。他更没想到，欧阳修做了他殿试的主考官，真成了他的老师。

为了表达自己对欧阳修知遇之恩的感谢之情，苏轼给欧阳修呈递了《谢欧阳内翰书》：

轼窃以天下之事，难于改为。自昔五代之余，文教衰落，

① 《昌黎先生集》，唐代文学家、哲学家韩愈创作的文集。韩愈，字退之，世称韩昌黎，因官吏部侍郎，又称韩吏部，谥号“文”，又称韩文公。

风俗靡靡，日以涂地。圣上慨然太息，思有以澄其源，疏其流，明诏天下，晓谕厥旨。于是招来雄俊魁伟敦厚朴直之士，罢去浮巧轻媚丛错采绣之文，将以追两汉之余，而渐复三代之故。士大夫不深明天子之心，用意过当，求深者或至于迂，务奇者怪僻而不可读，余风未殄，新弊复作。大者镂之金石，以传久远；小者转相摹写，号称古文。纷纷肆行，莫之或禁。盖唐之古文，自韩愈始。其后学韩而不至者为皇甫。学皇甫而不至者为孙樵。自樵以降，无足观矣。伏惟内翰执事，天之所付以收拾先王之遗文，天下之所待以觉悟学者。恭承王命，亲执文柄，意其必得天下之奇士以塞明诏。轼也远方之鄙人，家居碌碌，无所称道，及来京师，久不知名，将治行西归，不意执事擢在第二。惟其素所蓄积，无以慰士大夫之心，是以群嘲而聚骂者，动满千百。亦惟恃有执事之知，与众君子之议论，故恬然不以动其心。犹幸御试不为有司之所排，使得匔跪起，谢恩于门下。闻之古人，士无贤愚，惟其所遇。盖乐毅去燕，不复一战，而范蠡去越，亦终不能有所为。轼愿长在下风，与宾客之末，使其区区之心，长有所发。夫岂惟轼之幸，亦执事将有取一二焉。不宣。

在苏轼不足五百字的谢师表中，涉及了五代及有宋以来文学的发展和演变，并做出了精辟的剖析：“自昔五代之余，文教衰落，风俗靡靡，日以涂地。”自宋以来，已改革此风：“招来雄俊魁伟敦厚朴直之士，罢去浮巧轻媚丛错采绣之文，将以追两汉之余，而渐复三代之故。”而反观在扭转浮华文风的变革中，一些学子却“用意过当，求深者或至于迂，务奇者怪僻而不可读，余风未殄，新弊复作。大者镂之金石，以传久远，小者转相摹写，号称古文。纷纷肆行，莫之或禁”。

苏轼有理有据地论述了五代至宋初以浮华为尚的“西昆体”[①]的弊端，这正是欧阳修与梅尧臣等志同道合的文人极力反对的“西昆体”之风。欧阳修主张写文作诗要学习韩愈、柳宗元，他强调文道统一、道先于文的观点，倡导学习先秦时的质朴自由，不受格式拘束，有利于反映现实生活、表达思想的优秀作品，主张“文以载道”。苏轼陈述了众人在力倡诗文革新中，矫枉过正，走入了另一个极端的现象。

苏轼的这篇文章，可谓言简意赅、高屋建瓴。欧阳修读后拍案叫绝，在《与梅圣俞》中说：“读轼书，不觉汗出。快哉！快哉！老夫当避此人，放出一头地也。可喜！可喜！”成语“出人头地”就来源于此。

一天，师生谈话间提起了《刑赏忠厚之至论》，欧阳修想起其中“皋陶为士，将杀人。皋陶曰‘杀之’三，尧曰‘宥之’三”这个典故，当时他和梅尧臣都颇赞赏，只是一时想不起出自何处，又不便向别人询问，怕人家笑话他们学业不精。这次苏轼在，正好问问。苏轼见老师询问，就回答说：“我是在《三国志·孔融传》的注释中引用过来的。”等苏轼走后，欧阳修赶紧将《三国志·孔融传》找来仔细翻阅，却并没能找到这个典故。等再次见到苏轼的时候，欧阳修又相询问，苏轼只好回答说：“曹操灭掉袁绍以后，

---

① 西昆体，宋初诗坛上声势最盛的一个诗歌流派，由《西昆酬唱集》而得名。《西昆酬唱集》是以杨亿为首的十七位宋初馆阁文臣互相唱和、点缀升平的诗歌总集。从总体上看，西昆体诗思想内容贫乏空虚，脱离社会现实，缺乏真情实感。

将袁绍之子袁熙的妻子送给自己的儿子曹丕。这时候，孔融对曹操说：‘从前周武王曾经将妲己送给周公。’曹操不解，忙问孔融：‘这件事出自哪一本书呢？’孔融回答说：‘并没有什么根据，只不过用现在的事实看来，应该就是这个样子的。’所以，关于尧和皋陶的事情，我个人这样推测的，何需知道出处。”

初出茅庐的苏轼就敢于在考场上杜撰典故，欧阳修听后，对苏轼的大胆豪迈、敢于创新更加欣赏，他预见说：“苏轼可谓善读书，善用书，他日文章必独步天下。”

而苏轼这种冒险行为，也幸亏遇到了欧阳修这样能慧眼识珠的主考官。欧阳修一贯反对读死书、死读书。他主张读书要活学活用。苏轼的创新精神正好与欧阳修相投。从此，欧阳修更加关注着苏轼的新作，每有作品，他都要先睹为快。

在老师欧阳修的介绍引荐下，苏轼先后拜见了宰相文彦博、富弼等一众达官贵胄、文坛领袖。这些苏轼从小就心怀崇敬的杰出人物，如今都与苏轼相交甚好，苏轼已然成为他们的座上宾。唯一的遗憾是文学泰斗范仲淹已于仁宗皇祐四年（1052 年）去世。苏轼与范仲淹虽无缘相见，但范仲淹“先天下之忧而忧，后天下之乐而乐”心怀天下的气节，却对苏轼日后为官勤政起到了潜移默化的作用，对他一生励精图治、造福于民具有深远的影响。

欧阳修曾对儿子感叹道：“记着我的话，再过三十年，人们也许只知苏轼，不会再提老夫也。”欧阳修果然有先见之明，因为在苏轼去世十年之后，无人再谈欧阳修，大家都在说苏轼，即便苏轼的著作遭到朝廷的禁阅，人们私下里还在偷偷地读。

欧阳修和苏轼同为四川人，厚重的巴蜀文化启蒙了他们。他们既是文坛好友，又是“伯乐”与“千里马”。苏轼作为才气纵横的青年才俊，深得欧阳修的欢心。他的成名、成长与成才，与欧阳修有着直接的关系，可以说欧阳修影响了苏轼的一生。对这个后起之秀，欧阳修给予了极高的评价，极力提携和推崇，这令苏轼在京城名声大振。欧阳修坦荡的胸怀、对人才的重视和培养、对后辈的热忱提携，也成为千古美谈。两个人都将彼此视为真正的知己，对于苏轼来说，欧阳修不仅是他的恩师，也是挚友，他们年龄相差三十岁，是真正的忘年交。两人相继完成了北宋文风上的革新，共同创造了北宋文学史上的辉煌，颠覆了自古文人相轻的言论，给后人留下很多的启迪。

08. 为母守孝

按宋朝的科举制度规定，苏轼、苏辙兄弟二人考取功名后，就可以被授予一定的官职。苏轼刚刚金榜题名，在恩师欧阳修的提携带领下，势头正盛地准备步入政坛和文坛中。就在兄弟俩要在仕途上有所作为，父子三人春风得意之时，噩耗从故乡传来，母亲程氏于仁宗嘉祐二年（1057 年）四月初八日仙逝。这个为苏家父子倾尽一生的女人，没能听到两个儿子高中的喜讯，就撒手人寰了。

母亲程氏是苏轼兄弟俩的第一个启蒙老师。苏轼十岁以前，父亲苏洵一直都在外游学，教育苏轼兄弟的重任都落在了程氏的肩上。程氏心地善良，笃信佛教，对世间万物皆存爱心。这种仁爱之心在苏轼的许多作品中都有所表现，后来，苏轼很多诗词作

品中所蕴藏的禅学思想和他豁达的人生观，都与母亲程氏的谆谆教诲不无关系。程氏不但知书明理，还能赚钱养家。为了养家糊口，她把结婚时娘家陪嫁的嫁妆、首饰都卖了，在眉山城南纱縠行租了一个临街的铺面，开始经营布匹生意。没几年，在她的精心操持下，苏家就开始富了起来。经商理财显示了程氏超凡的天赋，志节不群更标示了程氏卓然的气度。作为一位大家闺秀，她的品位远远超越了一般人。苏辙在《坟院记》中说，母亲程氏“生而志节不群，好读书，通古今，知其治乱得失之故”。母亲程氏的启发和教育，影响了苏轼兄弟一生。

程氏四十八岁就早逝了，这与苏洵不无关系，与女儿苏八娘的死也有关，与她的娘家更脱不了干系，因为八娘嫁到程家受尽虐待。苏洵与程氏生有三个女儿，前两个都夭折了，只有幼女八娘活了下来，年长于苏轼。据苏洵《自尤》诗自述：“女幼而好学，慷慨有过人之节，为文亦往往有可喜。”民间一直传说苏轼有个才貌双全的小妹，应该是苏八娘之误。苏八娘很有才华，喜读书，善作诗，十六岁时奉父母之命嫁到程家，十八岁病故。在苏洵看来，如果程家不虐待八娘，她就不可能早死。这件事让苏洵极为愤怒，他召集乡人，在族谱亭下当众揭露程家的无耻行径，并宣布苏家与程家从此断绝一切往来。

八娘的公公程濬是程氏的亲哥哥。苏洵宣布程濬是无耻之徒，发誓与程家断绝往来，这对程夫人是一个很大的打击。古代女子秉承在家从父，出嫁从夫，程氏必须按丈夫的意思做，从此不与娘家往来。亲情的割舍，对谁来说都是一种折磨。女儿八娘因程家而死，她已经痛不欲生，对哥哥与娘家程氏怎能没有怨气，可她又无从诉说。不与娘家人往来，割舍这份亲情，何尝不是又一种痛苦。八娘死后第五年，程氏也去世了。这五年，应是她一生中最难熬的日子。

这五年，苏洵心中装着天下，一边培养两个儿子读书，一边自己也在拼命写作。程氏最爱的三个男人，似乎都忽略了这个女人心里装着的愁苦，程氏承担着全家的重担，心中还压着一座座大山，又怎么能长久地支撑下去呢。

母亲的英年早逝，对苏轼的打击很大，让刚刚在官场上崭露头角的苏轼，不得不立即退隐回乡，为母守孝。在古代，守丧之礼是极为重要的大事，即便官居宰相之位，遇有父母离丧，也要辞官回家，守丧两年零三个月，此为丁忧[1]。只有丁忧期满才可以重新出仕，恢复官职。

因姐姐早于数年前故去，家中男人又尽在京城应试，家中除了母亲就剩两个媳妇了，苏轼父子三人即刻收拾行囊离京返乡。一路奔波，日夜兼程赶回眉州家中。母亲已驾鹤西去，家中“屋庐倒坏，篱落破漏，如逃亡人家”（苏洵《与欧阳内翰第三书》）。回想从前清新整洁的家，屋里屋外回荡的书声笑语，父子三人更觉悲从中来。

妻子程氏在世时，苏洵为了求得功名四处游学，夫妻间聚少离多。如今程氏不在人世了，苏洵才感觉她对自己来说是多么的重要。程氏不在了，让苏洵觉得自己头顶的天塌了。他从儿子金榜题名的喜悦中一下跌落谷底，加上长途奔波劳顿，身心俱疲，

① 丁忧，指遭逢父母的丧事，也称“丁艰”。后多专指官员居丧。古代，父母死后，子女按礼须守孝二十七个月，其间不得行婚嫁之事，不预吉庆之典，任官者必须离职。

整个人变得毫无精神，仿佛一夜之间苍老了几十岁。

苏轼父子三人操办完程氏的丧礼，择一个吉日，将程氏安葬在了武阳安镇山下老翁泉旁精心挑选的苏家茔地，并在泉上筑了一座亭子。传说，在有月亮的夜里，老翁泉边可以看到一个白发老翁出没。一旦有人接近，老翁就会消失在水中，因而得名“老翁泉”。

苏洵在程氏的墓边为自己预留了位置，九年后，苏洵也埋葬于此。后来苏洵的字号“苏老泉”也是因“老泉”的地名而命名。苏洵在《祭亡妻文》中写道：

> 呜呼！与子相好，相期百年。不知中道，弃我而先。我徂京师，不远当还。嗟子之去，曾不须臾。子去不返，我怀永哀。反复求思，意子复回。人亦有言，死生短长。苟皆不欲，尔避谁当？我独悲子，生逢百殃。有子六人，今谁在堂？唯轼与辙，仅存不亡。咻呴抚摩，既冠既昏。教以学问，畏其无闻。昼夜孜孜，孰知子勤？提携东去，出门迟迟。今往不捷，后何以归？二子告我：母氏劳苦。今不汲汲，奈后将悔。大寒酷热，崎岖在外。亦既荐名，试于南宫。文字炜炜，叹惊群公。二子喜跃，我知母心。非官实好，要以文称。我今西归，有以藉口。故乡千里，期母寿考。归来空堂，哭不见人。伤心故物，感涕殷勤。嗟予老矣，四海一身。自子之逝，内失良朋。孤居终日，有过谁箴？昔予少年，游荡不学，子虽不言，耿耿不乐。我知子心，忧我泯没。感叹折节，以至今日。呜呼死矣，不可再得！安镇之乡，里名可龙，隶武阳县，在州北东。有蟠其丘，惟子之坟。凿为二室，期与子同。骨肉归土，

魂无不之。我归旧庐，无不改移。魂兮未泯，不日来归。

苏洵哀悼亡妻程氏用情之深，哀痛之切，令人闻之无不动容。

由于苏轼的外祖父家是四川眉山的首富，而且苏轼的外祖父和舅舅又都在朝廷担任重要的官职，司马光为程氏撰写了墓志。司马光在墓志中赞美程氏“喜读书，皆识其大义”。

从嘉祐二年（1057 年）六月起，苏轼便丁忧在家。母亲的突然离世，打乱了他的一切计划。

在为母亲守孝期间，苏轼兄弟二人得以从科考的紧张中抽出身来，这段日子，也成了苏轼青年时期最最轻松快乐的时光。苏轼夫妻二人经常到青神的岳父母家去做客。青神地处群山之地，千里岷江穿境而过，唐朝诗仙李白曾写下“峨眉山月半轮秋，影入平羌江水流”的千古名句。潺潺的溪水，苍苍的翠竹，描画了一幅“半城山水半城竹”的天然神韵。苏轼、王弗常常与岳父家的叔伯、表兄弟游逸于山间寺庙，野餐游乐。王弗家是大家庭，家里叔伯兄弟姊妹约有三十多人。当时，有一个年仅十岁的小姐“二十七娘”，对苏轼这个才华横溢的姐夫充满崇拜。这个小女孩儿就是王弗的小堂妹王闰之，命中注定与苏轼有一段姻缘。

第二章　人生到处知何似

01. 再度出川

苏轼兄弟二人守丧期间，父亲苏洵由于欧阳修等人的举荐，正在等候朝廷的任命。古时候，丧妻和丧母不同，丧妻不必守孝三年[①]，所以，如果苏洵这时接受官职并没有什么不妥。

苏洵等了一年多，仍没有消息。好不容易盼来了圣旨，却是让他进京参加特别安排的考试。多年科考不第，已经让苏洵对考试产生了畏惧心理。于是，他给皇帝上奏折，谎称自己因丧妻心情忧郁、疾病缠身无法前去应试。

可是，苏洵在给友人的信中则是另一种说法：

仆固非求仕者，亦非固求不仕者……何苦乃以衰病之身，

① 注：守孝三年，父母去世一周年（十二个月）后，在第十三月举行小祥之祭；去世两周年（二十四个月）后，在第二十五月举行大祥之祭；然后间隔一个月，在第二十七个月举行禫祭，也就是除服之祭，守制结束。通常说“守孝三年”。

委曲以就有司之权衡，以自取轻笑哉……向者权书论衡几策，乃欧阳永叔以为可进而进之。朝廷以为其言之可信，则何所事试？苟不信其平居之所云，而其一日仓卒之言又何足信耶？

他在给梅尧臣的信里说：

惟其平生不能区区附合有司之尺度，是以至此穷困……自思少年尝举茂林，中夜起坐，裹饭携饼，待晓东华门外，逐队而入，屈就席，俯首据案。其后每思至此，即为寒心。

宋仁宗嘉祐四年（1059 年）六月，苏洵又接到朝廷的圣旨，和上次一样，内容并没有什么改变，仍是让他进京接受考试。这肯定不是苏洵所期望的，他自然不会前往。由此可见，朝廷对他之前所写的奏折并没有产生疑问，否则就不会再一次发同样的圣旨。苏洵是肯定不能像小学生一样去接受考试的。所以，他再度写奏折辞谢。他在奏折上说，自己已年近五旬，五旬之人又有什么能报效国家的呢？作为读书人，之所以还愿意为官从政，还是想以一己绵薄之力报效国家，否则，做一个穷苦的读书人就行了。如果到我这个年纪再一心想去考试为官从政，既没有机会报效朝廷，又不能安享晚年的生活。苏洵在信的最后说，现在已经是夏末了，转月，我的两个儿子就要守丧期满，到那时，我将随他们一起进京，当面向朝廷细述原委。这封信的语气，完全显示了苏洵年近五十，已无意科考为官，除非有谁能够帮助他，让他免除繁文缛节，不用再与年轻人一样接受考试。

实际上，苏洵的妻子程氏已死，他在家乡已经没有什么人可让他牵挂的了。他早就已经做好了远离家乡的准备。事实证明，苏洵是适合住在京城的。他的两个儿子已高中进士，丁忧期满，就等朝廷有空缺派他们去任职了。他只希望儿子能够谋得一官半职，对自己反倒没什么企求了。

苏轼兄弟二人居丧满期，两个月后，父子三人再次踏上了入京的征途。这一次与上次不同的是，随行的还有家眷：苏轼的妻子王弗、长子苏迈，苏辙的妻子史氏，苏轼的乳娘任采莲，苏辙的乳娘杨金婵。一行人从乐山大佛脚下的嘉州登船，由水陆出三峡，到荆州一带后再换陆路北上。

出发前，苏轼父子已经把程氏的亡灵安排妥当。苏洵找人雕了六尊菩萨塑像，安放在雕刻好的镀金佛龛中，供奉在极乐寺的如来佛殿上。六尊菩萨分别是：观世音菩萨、势至菩萨、天藏王、地藏王、解冤王者、引路王者。临走前，苏洵去佛像前焚香礼拜，并去亡妻灵前告别。他在祭文的结语里写道：

> 死者有知，或升于天，或升于四方，上下所适如意，亦若余之游于四方而无系云尔。

此次出川，父子三人已是名声显赫。这次举家东迁，不用再受长途跋涉走旱路经剑门穿越秦岭之苦，全长一千一百余里的行程，水路大约七百里，旱路大约四百里。一家人从十月启程，次年二月才能到达。

因为有女眷同行，苏轼父子并没有着急，他们从容自在地在船上饮酒玩牌，欣赏沿途美丽的风光。

王弗与史氏从没离开过四川老家，这次能与进士丈夫同游，心里特别兴奋。她们没有想到，船上的三个男人，日后就是大宋朝赫赫有名的三个散文名家，并且其中还有一个诗词巨匠。

船行三峡之上，两岸风光无限，惹得苏轼兄弟俩常常吟诗作对。古时候，大凡读书人都会吟诗作赋，用来抒发感情。与苏辙的妻子史氏相比，苏轼的妻子王弗年龄和地位都要高一些。而王弗也的确聪明能干，与史氏相处极为融洽。加上老父苏洵作为一家之长与他们同行，做晚辈的自然要恭敬孝顺，一家人一路上互尊互让，和睦相处。

在王弗眼里，丈夫与公公和小叔相比，性格外向，比较容易激动，又性格倔强，轻易不肯向别人低头。苏轼身材魁梧，颅骨高，下巴颏儿和面庞极为相配，不但英俊挺拔，而且结实健壮。相比之下，苏辙的身材就显得高挑瘦削，不像哥哥那么魁伟。

船行一个月，才到东面川楚的交界处，三峡的奇伟瑰丽景致也刚刚拉开帷幕。面对山顶上的城镇庙宇，兄弟二人浮想联翩，遂弃舟上岸，一路游览，一路感叹过去的隐士高人，能够找到如此仙境般的居所。传说从前有一个修行的道士，就是在这里白昼飞升的。苏轼少年时写的诗中，就有一首是关于传说中这个道士身边相伴的一头白鹿：

仙子已去鹿无家，孤栖怅望层城霞。
至今闻有游洞客，多来江市叫平沙。
长松千树风萧瑟，仙宫去人无几尺。
夜鸣白鹿安在兮，满山秋草无行迹。

长江三峡，常以风光壮丽而被世人所称道，却很少有人领略

过它的急流险滩，在险象环生中，小船就似一叶飘萍。急流在悬壁之间滚转出入，水下暗石隐伏，此段江流全长一百二十余里，船夫必须极具经验，技术敏捷熟练。

船行至瞿塘峡段，则更为惊险难行。水底的巨石常因季节的变换、水位的升落而变化不定。船夫要不断地注视江心岩石处水面的变化。当船行驶过长江有名的滟滪堆时，惊涛骇浪撞击着岩石，水花四溅，如美人头上的云鬟雾鬓。当江水完全淹没巨石后，即是一片暗流涌动的漩涡。当地有谚语说："滟滪大如马，瞿塘不可下。滟滪大如象，瞿塘不可上。"这两句谚语道出了瞿塘峡的行船之险。虽然三峡如此凶险，人们或为名，或为利，出川还是照样要走三峡，就像此时的苏家一样。很多人行经三峡，都要焚香礼拜，祈祷平安，出了三峡再焚香谢神灵保佑。

自然界有很多奇妙不可解的事情，三峡的险象环生、奇山峻壑正好是奇谈异闻滋生的地方。在进入瞿塘峡时有处"圣母泉"，在沿岸的岩石缝隙间，每当有游客上去向缝隙大喊："我渴了！"泉水即涌出，正好是一杯之量。要想再喝第二杯，还须再次喊叫。苏轼一家也下船向神泉祈求赐福。

此处江面变窄，船只行驶的距离不能太近，以免发生危险。这种情况下，常常是一条船往下走至少半里之后，另一条船才允许驶出。若遇官船通过时，则兵丁手持红旗，按一定的距离分立江边，待前面的船平安渡过险滩之后，挥旗发出平安信号，后面的船才能开出。苏轼曾作诗描写此处的凶险：

入峡初无路，连山忽似龛。萦迂收浩渺，蹙缩作涧潭。

风过如呼吸，云生似吐含。堕崖鸣窣窣，垂蔓绿毵毵。

冷翠多崖竹，孤生有石楠。飞泉飘乱雪，怪石走惊骖。

当苏轼一家乘船路过白帝城时，望着坐落在瞿塘峡口白帝山上的白帝庙，红墙绿树，亭台楼阁，在如锦的朝霞中，恍若人间仙境。这些历史遗迹，让苏轼感慨不已，遂作诗咏《白帝庙》：

朔风催入峡，惨惨去何之。共指苍山路，来朝白帝祠。
荒城秋草满，古树野藤垂。浩荡荆江远，凄凉蜀客悲。
迟回问风俗，涕泗悯兴衰。故国依然在，遗民岂复知。
一方称警跸，万乘拥旌旗。远略初吞汉，雄心岂在夔。
崎岖来野庙，闵默愧常时。破甑蒸山麦，长歌唱竹枝。
荆邯真壮士，吴柱本经师。失计虽无及，图王固已奇。
犹余帝王号，皎皎在门楣。

苏家乘坐的小船过了巫峡和瞿塘峡后，来到了一个叫“新滩”的地方，此处通道狭窄，又因为风雪太大，一家人在此停留了三天才得以重新起航，苏轼曾作诗记此事：

缩头多寒如冻龟，雪来惟有客先知。
江边晓起浩无际，树梢风多寒更吹。
青山有似少年子，一夕变尽沧浪髭。
方知阳气在流水，沙上盈尺江无澌。
随风颠倒纷不择，下满坑谷高陵危。
江空野阔落不见，入户但觉轻丝丝。
沾裳细看若刻镂，岂有一一天工为。

霍然一声遍九野，吁此权柄谁执持？
山夫只见压樵担，岂知带酒飘歌儿。
冻吟书生笔欲折，夜织贫女寒无帏。
高人著屐踏冷冽，飘拂巾帽真仙姿。
野僧砍路出门去，寒多满鼻清淋离。
舟中行客何所爱，愿得猎骑当风披。
草中咻咻有寒兔，孤隼下击千夫驰。
敲冰煮鹿最可乐，我虽不饮强倒卮。
楚人自古好弋猎，谁能往者我欲随。
纷纭旋转从满面，马上操笔为赋之。

长江三峡虽有说不尽的奇峰峻岭、秀美景色、历史古迹，但其急流险滩、湍流江水也令此行惊险无比，好在一家人终于有惊无险，平安地到了秭归。从秭归再往下走，就可以看见远处地平线上的山岭了。待一家人到了江陵，便弃船上岸，转由陆路乘车向京城奔去。

水陆航行结束之日，苏轼兄弟二人一路上已经作了上百首诗。为了纪念此次航行，苏轼将这些诗结集刊印，并取名为《南行集》。

不过，苏轼此行当中最好的几首诗，却是在陆地行程中写的。这些诗作，形式多变，韵律节奏极好，营造了美好的情调和气氛。在襄阳，苏轼还写了几首歌，其中《野鹰来》是为了追忆刘表而作，《上堵吟》则是为了追忆孟滔因手下的两个将领无能，丢失了土地的经过。其歌为：

台上有客吟秋风，急声萧散飘入宫。
台边有女来窃听，欲学声同意不同。
君悲竟何事，千里金城两雅子。
白马为塞风为关，山川无人空且闲。
我悲亦何苦，江水冬更深，鳊鱼冷难捕。
悠悠江上听歌人，不知我意徒悲辛。

从仁宗嘉祐四年（1059 年）十月自乐山大佛脚下出发，苏轼兄弟一家历经三个多月的跋涉，终于在嘉祐五年（1060 年）二月抵达京城开封。

02. 父子同仕

就在苏轼一家长途跋涉、风雨兼程之时，京城开封正发生着一件大事——“反对西昆体运动”。

在当时，范仲淹、欧阳修都是宋朝的名臣，亦是文坛泰斗。他们一心想要改变文坛的风气，极力排除靡丽空洞的“西昆之气”。所谓的“西昆之气”即宋初馆阁之间唱和的产物——西昆体诗歌，由以杨亿为首的馆阁士大夫在闲暇之余唱和所作，收录在一个集子《西昆酬唱集》中。西昆体诗歌刚开始是在士大夫阶层中流行，后来逐渐传到民间的文人群体中，与“白体”和“晚唐体”一起形成了宋朝初年诗坛“三足鼎立”的局面。

而以范仲淹、欧阳修等人为首的文坛领袖们，则提倡“以通经学古为高，以救时行道为贤，以犯颜纳说为忠”，这使得文坛逐渐形成一种新的风尚。“而这恰恰是与苏洵的学识、文章、性气相符合的。”（《苏轼评传》）这种改变，为后来苏氏父子名动京城铺好了道路。

苏轼一家在仁宗嘉祐五年（1060 年）二月安全到达京城开封后，苏洵先拿出积蓄，在内城的宜秋门附近买下了一栋带有花园的房子，房子位于皇宫的西南，所以称为南园。房子远离闹市和街道，四周有高大的槐树和柳树，安静恬淡的环境，很适合文人雅士居住。能够在寸土寸金的开封城中心买一座带花园的住宅，可见程氏生前经商赚钱，为苏家打下了殷实的家底。

家安顿下来后，苏轼父子三人也开始为自己的任职而奔忙。等朝廷的任命是需要时间的，在等待任职的一年多里，苏轼、苏辙兄弟二人又经过了两次考试。一次是考京都部务，兄弟俩轻轻松松就考过了。另一次是更为重要的直言极谏制科考试，制科考试与科举考试不同，每三年才举行一次，选拔非常严格。要求考生要对国家大事提出自己的政见和建议，其实就是要对朝政做出坦白的批评。这样的考试正适合苏轼兄弟，他们在父亲苏洵的教导下，常常讨论国家大事。

宋仁宗爱才惜才，求才若渴，以这种考试来激励公众舆论的正确导向，选拔真正的有才之士。这种考试，只要是有大臣推荐的读书人，凭借报送的专门著述，都可以申请参加。苏轼兄弟经欧阳修的推荐，都顺利地申请到了考试资格。考试内容对于苏轼兄弟来说驾轻就熟，其中苏轼的策论文章深得仁宗的赏识。兄弟俩不但顺利通过了考试，苏轼还被仁宗朱笔一挥，钦点为第三等。这样的等级在大宋一直是空缺，在宋朝三百多年的历史中，科举考试共选拔了 4 万多名进士，而制科考试只选拔了 41 人。制科考试成绩分第一等、第二等、第三等、第三次等、第四等、第四次等、第五等。其中第一等、第二等是虚设，第三等就是最高了。

据《宋史•选举志》中记载："自今制科入第三等，与进士第一，除大理评事、签书两使幕职官；代还，升通判；再任满，试馆职。制科入第四等，与进士第二、第三，除两使幕职官；代还，改次等京官。制科入第五等，与进士第四、第五，除试衔知县；代还，迁两使职官。"在宋朝，得制科考试第三等的只有四人，分别为吴育、苏轼、范百禄、孔文仲。其中，苏轼于宋仁宗嘉祐六年（1061 年）和治平二年（1065 年），两次参加制科考试，都获得了第三等的最高成绩。也因此，苏轼被称为"百年第一人"。苏辙这次也获得了第四等的好成绩。后来，皇后对人说，仁宗皇帝曾高兴地对她说："我今天为子孙得了两个太平宰相！"由此可见，仁宗对苏轼兄弟的喜爱至极。

欣喜不已的宋仁宗想把才高八斗的苏轼留在身边，以便随时可以召见晤对。但宰相韩琦说，苏轼这么年轻，最好还是先到下面去锻炼锻炼。善于纳谏的仁宗觉得韩琦说得也对，于是，在嘉祐六年（1061 年）的初冬，任命苏轼为八品大理评事，实职为签书凤翔府判官。这是一个从八品的官职，相当于今天的市长助理，分管司法，还要负责起草知府交办的种种文件，而且有权同知府联署奏折公文。苏辙则被任命为商州军事推官。

最值得庆幸的是，他们五十二岁的父亲苏洵，一生虽没有考取过功名，却以他的才华深得欧阳修、宰相韩琦和仁宗皇帝的赏识。经欧阳修等大臣的屡次推荐，此次没有经过考试就被任命为试秘书省校书郎，这对于惧怕考试的苏洵来说，正合本意。到嘉祐六年（1061年）七月，五十三岁的苏洵又被授霸州文安县主簿[①]一职，并以这个身份领取一份俸禄，受命与陈州项城（今河南周口项城）县令姚辟一起，编纂宋太祖建隆以来的礼书《太常因革礼》100卷。

为皇帝家写传记，是苏洵的强项，他非常乐于接受。但是，后来在具体编纂中出现了分歧。那些被立传的皇帝都是当今天子的先人，对他们的传记，须秉持一种什么态度去写呢？苏洵决定采取史家的严格写法，实事求是，不能文过饰非。直到今天，在苏洵的文集里，还保留着这样的文字：

> 洵闻臣僚上言，以为祖宗所行不能无过差，不经之事欲尽芟去，无使存录……编集故事，非曰制为礼典而使后世遵而行之也。然则洵等所编者是史书之类也，遇事而记之，不择善恶，详其曲折而使后世得知，是史之体也。若夫存其善而去其不善，则是制作之事，而非职之所及也。班固作汉志，凡汉之事悉载而无所择也。欲如之，则先世之小有过差者不足以害其大明，而可以使后事无疑之。

苏洵虽然位卑言轻，但他性格耿直，敢于直言，不怕得罪权贵。眼睛始终盯着朝廷动静，耳朵捕捉天下信息，把百姓的利益放在首位。嘉祐八年（1063年），仁宗皇帝驾崩，宰相韩琦主持修建陵园，准备盛殓厚葬。当时任霸州文安县主簿的苏洵立即上书，指出：一、仁宗素以俭德闻名天下，厚葬不合仁宗本意。二、厚

---

① 主簿，古代官名，是各级主官属下掌管文书的佐吏。魏、晋以前主簿官职广泛存在于各级官署中；隋、唐以后，主簿是部分官署与地方政府的事务官，重要性减少。

葬加重百姓负担，结怨于民。三、敬重先帝重在内心，而不在厚葬与否。对于苏洵的直言忠谏，韩琦虽然心里不高兴，但最终还是采纳了他的部分意见。

苏氏父子在京城的文名日盛，他们与当代名家相交，诗文深得士大夫的喜爱，一家父子三人皆以文坛奇才而知名于世。但年少成名有时也会成为成功的阻碍，苏轼就是最好的例子。苏轼意气风发、才气纵横，透露出征服四野八荒之势；弟弟苏辙则内向，沉默寡言；父亲苏洵深沉莫测，对事对人概不通融假借。

既然父亲在京城编书，苏轼又必须去陕西凤翔府任职，苏辙只好谢绝任命，与夫人一起在开封服侍父亲。

03. 签书凤翔

嘉祐六年（1061 年）十一月，苏轼被任命为大理评事、签书凤翔府判官，有协同太守宋选连署奏折公文的权利。

唐朝时实行地方分权之制，致使藩镇割据，叛乱频起。藩镇大员多数是皇亲国戚或朝廷分封的诸位王爷，他们手中握有重权，常陷国家于危难之中。到了宋朝，为了割除唐朝的弊政，加强中央集权，对各地的最高官员实行严格的考核，每一任任期不超过三年，官员间经常进行轮换调动。各地增设副长官连署公文奏议。

苏轼赴任在即，弟弟苏辙为了照顾鳏居的老父，只好辞谢外职留在京城。离别的日子虽不愿到来，可终究还是到了。这天，苏轼携妻子王弗带着长子苏迈踏上了去往凤翔的征途。弟弟苏辙骑马跟随数十里，为哥嫂一家送行。这是兄弟二人有生以来第一次分开，一路上，两人互相叮嘱要多多保重身体，与人交往说话办事要谨慎。兄弟情长，怎奈路短。苏辙一路随行到郑州西门外，才恋恋不舍地打马返回。那一刻，苏轼望着弟弟的背影，在旷野中忽隐忽现，直到消失得再也望不见才启程赶路。这次离别后，他寄给弟弟的第一首诗，就是《辛丑十一月十九日既与子由别于郑州西门之外马上赋诗一篇寄之》：

不饮胡为醉兀兀，此心已逐归鞍发。
归人犹自念庭闱，今我何以慰寂寞。
登高回首坡垅隔，惟见乌帽出复没。
苦寒念尔衣裘薄，独骑瘦马踏残月。
路人行歌居人乐，僮仆怪我苦凄恻。
亦知人生要有别，但恐岁月去飘忽。
寒灯相对记畴昔，夜雨何时听萧瑟。
君知此意不可忘，慎勿苦爱高官职。

在诗中，苏轼抒发了兄弟间相亲相爱、相知相惜的情缘，用兄弟俩赏读唐代诗人韦应物的诗句“宁知风雨夜，复此对床眠”一事，来完成兄弟间“风雨对床”团聚之乐的约定，也是辞官退隐后的理想生活。此后，兄弟二人又有两次在官场相遇，都互相提醒，别忘了在诗中曾有过的“风雨对床”之约。

由京城到凤翔，信函最快也要走十天才能到，兄弟俩每月都要互寄诗一首。正是那些诗函，给初入官场的苏轼带去了温暖和慰藉。兄弟二人互相唱和，有时互相约定在唱和之时要用同韵同字，这种方法，对提高写诗技巧是很好的磨炼。在苏轼写给弟弟最早的和诗之中，已经显露出他完美飘逸的才华。

苏辙回到京城家中后，回忆起五年前兄弟俩由眉州经渑池往京城时，曾访僧题壁一事，不由得感慨哥哥此番独行的寂寞，于是，给苏轼写了一首《怀渑池寄子瞻兄》：

相携话别郑原上，共道长途怕雪泥。
归骑还寻大梁陌，行人已度古崤西。
曾为县吏民知否？旧宿僧房壁共题。
遥想独游佳味少，无方骓马但鸣嘶。

苏辙在该诗的自注中写道："昔与子瞻应举，过宿县中寺舍题其老僧奉闲之壁。"苏轼收到弟弟的寄诗后，心中非常感动。他觉得兄弟间还真是心有灵犀。他在去凤翔上任的路上，果然专门去了渑池城里那座寺院。只可惜才四年多的时间，就已是物非人非。当年接待过他们的老僧奉闲已经圆寂，寺里为他修建了新塔。兄弟俩曾经题诗的墙壁，也已经坍塌没了踪影。百感交集的苏轼按规定用苏辙诗原韵做韵脚，写出了《和子由渑池怀旧》一诗：

人生到处知何似？应似飞鸿踏雪泥。
泥上偶然留指爪，鸿飞那复计东西。
老僧已死成新塔，坏壁无由见旧题。
往日崎岖还记否：路长人困蹇驴嘶。

苏辙没有想到，他的"雪泥"诗竟会引发哥哥苏轼高旷奇谲的思想。苏轼站在人生的高度，由雪泥联想到飞鸿，由飞鸿联想到心灵，进而联想到人的理想抱负和事业功名。此时的苏轼也不过二十六岁，却对人生发出了如此宏大的论述。人生就像飞鸿一样，也许会停在某一处，留下痕迹，但无论飞到哪里，它坚定不移的理想和目的都不会改变。这首诗，其实是苏轼报国、为民思想和远大抱负的真实表露。无论做什么，做一件，就要尽心竭力，在一处，就要脚踏实地。这一点，苏轼在后来做得一直很好。他为官一方，造福一方，即使被贬天涯海角，仍不忘为民着想。诗中，苏轼还回忆了当年兄弟二人骑着瘦驴，在崎岖山路上行走的情形，似乎毛驴的嘶叫声还在耳边。兄弟之间的手足亲情，更显得弥足珍贵。

凤翔在陕西的西部，离渭水很近，古称雍州，因传说“凤凰鸣于岐、翔于雍”而得名，是关中地区的咽喉要地。陕西作为中国文化的发源地，有很多的名胜古迹，其称谓都与古代历史相关。当时，西夏在今天的甘肃，离凤翔很近，是常常袭扰中原的强邻。凤翔作为宋朝与西夏交壤的重要州郡，为了抵御西夏的侵扰，消耗了大量的人力和财力，人民生活苦不堪言。年轻的苏轼来到这么重要的地方，深感肩上担子的沉重，于是，下定决心要做出一番事业来。

04. 家有贤妻

苏轼带着很高的评价和期望进入官场，不免有些许傲气。一家人在凤翔安顿下来后，苏轼开始忙于公务。

苏轼除了“签署一局，兼掌五曹文书”外，还负责“编木筏竹，东下河渭”等供应皇家用木以及集运粮米、草料等物品供给西部边防这两大要务。当时，这两项要务都是由在衙前服役的百姓来义务完成的，官府虽然给一些轻微的报酬，却不及费用的百分之一。特别是在运送的过程中，物品如有丢失，服役的老百姓还要负责赔偿。许多人家因此破产，那些无力赔偿的人则被捕入狱。一些走投无路的人只好选择远走他乡，有的甚至沦为盗贼。

苏轼刚到任上，就注意到了木筏水运带给百姓的沉重负担和灾难。于是，他开始调查走访。苏轼了解到：要是在黄河渭河未涨水之前放筏操运，时间掌握好了，损失就可以减轻不少。之所以造成今天这样的局面，全是因为官府不掌握汛情，胡乱安排。于是，苏轼立即上书朝廷，力求更改衙规，使衙前可按时令“编木筏竹”。在苏轼的力请之下，改革了之前的弊政，衙前之害得以减半。改革衙前役是苏轼步入仕途后，为民所做的第一件大事，也是他在凤翔留下美名的一件政绩。

当没有什么繁重的事情需要处理时，苏轼就经常外出去游历寻访。凤翔古城历史悠久，文化遗迹、人文景观特别多。对这些名胜古迹苏轼有着浓厚的兴趣。有时候，他去南部或东部的山区，一去就要好几天。一天，他因公务需要，要到附近各处去视察，有些亟待解决的罪案需要他去处理，有些悬而未决的囚犯也需要他同意才能释放。这种差事对苏轼来说，做起来再适合不过，很快，他就将一切处理完毕。于是，心情比较舒畅的他开始畅游太白山和黑水谷一带的寺院。

苏轼在游开元寺的时候，发现了一座石碑，经过仔细辨认，得知石碑上刻的是秦国诅咒楚国灭亡的檄文。于是，苏轼把这座石碑移回来，仔细研究，并赋诗说明石碑的来历：

峥嵘开元寺，仿佛祈年观。旧筑扫成空，古碑埋不烂。
诅书虽可读，字法嗟久换。词云秦嗣王，敢使祝用瓒。
先君穆公世，与楚约相捍。质之于巫咸，万叶期不叛。
今其后嗣王，乃敢构多难。刳胎杀无罪，亲族遭圉绊。
计其所称诉，何啻桀纣乱。吾闻古秦俗，面诈背不汗。
岂惟公子邛，社鬼亦遭谩。辽哉千载后，发我一笑粲。

后来，这座石碑经过欧阳修的重新整理和注释，引来众多文人雅士的题咏和考证，竟成为当时文坛的一大热点话题。

苏轼在凤翔任上，正是年富力强、意气风发、不安于平静的时候，也是他二十多年来第一次只与妻儿在一起独自生活。远离京城的繁华，过着无人骚扰的安静日子，让他开始觉得寂寞无味。可有时，明月升起，皎皎月华下他举杯在手，又感觉欣喜振奋。苏轼的这种反复心理，充分证明了他还不够成熟，性格还有待磨炼。此时，夫人王弗的忠言箴劝就尤显重要了。

王弗与苏轼婚后生活一直非常和谐幸福，王弗不同于苏轼，她性格稳重，温柔娴静，在务实际、明利害等方面似乎远远胜过丈夫苏轼。古语云，知夫莫若妻。王弗非常清楚苏轼耿直的个性，她担心丈夫在官场过于高调，不会跟上司搞好关系，更不懂官场上的明争暗斗。苏轼是大事明白，小事糊涂的人。但是，构成人生的往往是许多小事，大事又能有多少呢？这些都让王弗看在眼里，急在心上。有诗云“半年绿眉未曾开”，足以说明王弗的忧虑，她不仅是一位好妻子，更是苏轼事业上的好帮手。

苏轼性格豪放，喜欢结交朋友，而且对任何人都不设防，以诚相待，说话也不会拐弯抹角。苏轼的这种性格和做法，对心地善良的人自然是好事，但是对于那些心术不正的小人，就极容易被其利用了。因此，每当苏轼在家中跟客人聊天交谈时，王弗都会躲在屏风背后屏息静听，对客人提出自己的看法，发现有值得注意的人，她就记得提醒苏轼进行躲避。

一次，一个来访者走后，王弗出来对苏轼说："你费那么多工夫跟他说话干什么？以后对这个人要小心，这个人总是先问明白你的意图之后，才继续顺着说好话迎合你往下说，这不是正派人的作为。"后来的事实证明，这个人果然是一个势利小人。

王弗常常提醒、劝谏苏轼要提防那些过于坦白直率的泛泛之交，要在他认为"天下无坏人"的大前提下，提防所照顾的那些朋友。其实，苏轼的麻烦就在于看不出别人的短处。妻子王弗对他说："你要提防那些速成的交情，根本靠不住。要近贤人，远离小人。"在王弗看来，"君子之交淡如水"，水没有任何刺激的味道，但是人永远离不开水，不会对水产生厌烦。真正的朋友永远不需要特别的表白，也不必常常通信，因为彼此都对友情深信不疑，即使多年分别后再度相遇，友情依然如故。苏轼正因为听了妻子王弗的话，才避免了很多的失误。

05. 为民求雨

有的人不忙就好像少了快乐，苏轼就是这种人。

宋仁宗嘉祐七年（1062 年）春，苏轼到凤翔上任没多久，陕西出现旱象，凤翔更是久旱无雨，农民看着刚刚长出的庄稼忧心如焚。在那个年代，除去向神灵祈求降下甘霖，没有其他的办法。苏轼也认为，一定是什么地方出了毛病，不然山神不会发怒，不降滴雨。于是，他征得太守宋选的同意，带领府衙内一干人等，代表官府前去太白山祈雨。

太白峰是位于凤翔城南秦岭的最高峰，也是凤翔周边最有名的风景名胜区。唐朝诗人李白登临太白峰时，曾留下《登太白峰》一诗，其中有“举手可近月，前行若无山”的盖世名句。

太白山上有座祭祀山神的庙宇，庙前有个小池塘，无论天怎么旱，池塘都有水，很是神奇。当地人都把这个池塘里的水叫作“龙水”，说龙王爷化身小鱼，就住在这个池塘里。在当地，每当遇到旱灾，人们就要到太白山神庙来祈祷，并取“龙水”回城，希望龙王和山神能够降下喜雨。据说，太白山的神仙也真的很是灵验。军队行军至此，也要偃旗息鼓，否则一旦惊动了神灵，就会狂风肆虐、飞沙走石，引发雷霆之怒。

从前，苏轼只听说太白山很神奇，现在，他却要置身其中，亲自领略这处神奇之地了。苏轼从小受母亲程氏的熏陶，信佛敬神，经常烧香拜佛。三月初七是太白山神的生日，苏轼早就提前斋戒三天，然后带着准备好的丰厚礼品，到太白山祈雨。在他看来，祈雨就是请求神灵护佑，既然是求人家，就要体现一个“诚”字，心诚则灵。出发前，苏轼特意写了一篇情真意切的祈雨祝文《凤翔太白山祈雨祝文》，以表示自己的诚意：

维西方挺特英伟之气，结而为此山。惟山之阴威润泽之气，又聚而为湫潭。瓶罂罐勺，可以雨天下，而况于一方乎？乃者自冬徂春，雨雪不至，西民之所恃以为生者，麦禾而已。今旬不雨，即为凶岁，民食不继，盗贼且起。岂惟守土之臣所任以为忧，亦非神之所当安坐而熟视也。圣天子在上，凡所以怀柔之礼，莫不备至。下至于愚夫小民，奔走畏事者，亦岂有他哉！凡皆以为今日也。神其盍亦鉴之。上以无负圣天子之意，下以无失愚夫小民之望。尚飨。

这次祈雨，苏轼长途跋涉，翻山越岭，历经艰难，效果却不明显，只下了一点小雨，对于久旱的庄稼只是解了解渴，根本无法解除旱情。苏轼初来乍到，又年轻气盛，遇事不肯服输，决定要找到求雨不成的原因。他走访有经验的农民，查找资料，分析原因，多方寻求解决的办法。

后来，有人告诉他，不是他这次祈雨有什么不周，而是本朝有一皇上曾封太白山为侯爵，从此以后，再去祈雨就不再灵验了。苏轼回到府衙，找来《唐书》一查，发现太白山神在唐朝时被封为公爵，按照爵位高低来看，本朝的封赏实际上是降低了太白山神的地位。他知道原因出在哪里了，立刻向皇上草拟了一个奏本《乞封太白山神状》，请求恢复太白山神以前的爵位。然后，他与太守宋选斋戒沐浴，并派特使先往太白山敬告山神，说他们已为山神求得更高的封号，又派人从庙前的池塘里取回一盆“龙水”。苏轼和宋选斋戒沐浴后，更衣来到城中的真兴寺，又隆重地举行了一场祈雨仪式。

在去真兴寺的路上，天空已经是阴云密布。人们争先恐后地走出家门，准备迎接喜雨的到来。苏轼看见一团乌云在地面低低飘过，在他面前如盛开的莲花缓缓展开，赶紧从一旁农人的手中借了个篮子，用手抓了几把乌云，紧紧藏在了篮子里。祈雨回来的路上，苏轼和太守刚走到城郊，雷声就远远地滚了过来，随后，倾盆大雨应声而降。这次祈雨普降甘霖，庄稼得到了滋润，乡间田野，欢声一片。两天后，又下大雨，接连三日，枯萎的秧苗又都挺起了腰杆。见此景象，苏轼即兴又赋诗一首《攓云篇》：

余自城中还道中，云气自山中来，如群马奔突，以手掇开，笼收其中。归家，云盈笼，开而放之，作《攓云篇》：

物役会有时，星言从高驾。道逢南山云，欻吸如电过。
竟谁使令之，衮衮从空下。龙移相排拶，凤舞或颓亚。
散为东郊雾，冻作枯树稼。或飞入吾车，偪仄碍肘胯。
抟取置笥中，提携返茅舍。开缄乃放之，掣去仍变化。
云兮汝归山，无使达官怕。

这次大雨让一切重新变得生机勃勃。全城的百姓欢喜欲狂，举行了规模盛大的庆祝活动。苏轼更是欣喜万分，将家中后院刚刚建好的亭子改名为“喜雨亭”，并写下了《喜雨亭记》，命人刻在亭子上：

亭以雨名，志喜也。古者有喜，则以名物，示不忘也。周公得禾，以名其书；汉武得鼎，以名其年；叔孙胜狄，以名其子。其喜之大小不齐，其示不忘，一也。

予至扶风之明年，始治官舍。为亭于堂之北，而凿池其南，引流种木，以为休息之所。是岁之春，雨麦于岐山之阳，其占为有年。既而弥月不雨，民方以为忧。越三月，乙卯乃雨，甲子又雨，民以为未足。丁卯大雨，三日乃止。官吏相与庆于庭，商贾相与歌于市，农夫相与忭于野，忧者以乐，病者以愈，而吾亭适成。

于是举酒于亭上，以属客而告之，曰："五日不雨可乎？"曰："五日不雨则无麦。""十日不雨可乎？"曰："十日不雨则无禾。""无麦无禾，岁且荐饥，狱讼繁兴，而盗贼滋炽。则吾与二三子，虽欲优游以乐于此亭，其可得耶？今天不遗斯民，始旱而赐之以雨。使吾与二三子得相与优游以乐于此亭者，皆雨之赐也。其又可忘耶？"

既以名亭，又从而歌之，曰："使天而雨珠，寒者不得以为襦；使天而雨玉，饥者不得以为粟。一雨三日，伊谁之力？民曰太守。太守不有，归之天子。天子曰不然，归之造物。造物不自以为功，归之太空。太空冥冥，不可得而名。吾以名吾亭。"

这篇文章，无论就其使用的散文形式来看，还是就其表现的内容和给人的艺术感受来讲，都是一篇艺术精品。其文笔的洗练，很能代表苏轼的文风，又具有苏轼与民同乐的精神，是后世给学生选读苏轼文章时常选的一篇。

06. 凌虚台记

凤翔太守宋选与苏轼家是世交，两人相处得十分融洽。到凤翔后的第三年，即仁宗嘉祐八年（1063年）三月，朝廷发生了重大的变故，仁宗皇帝驾崩，英宗即位。宋选被罢免，凤翔府来了位新太守。

新太守是武将出身，名叫陈希亮，眉州青神县人，与苏轼的妻子王弗是同乡。陈希亮与之前的宋选不一样，在朝中是有名的“冷面菩萨”，平常对人不苟言笑，语言犀利，做事十分谨慎认真。陈希亮疾恶如仇，在担任长沙太守期间，他曾捕获一位与当地权贵交往密切的恶僧，并依法对这个恶僧进行了严惩，让全境百姓震惊。他在任期间，哪些寺庙暗中干那些邪污败德的事，他就拆庙。他执政不避权贵，铁面无私，但对于那些需要帮助的贫寒人家，却又乐善好施、多有恩义。

这样一位深受百姓爱戴的好官，在刚到凤翔时和苏轼相处得却不是很融洽。苏轼一向恃才傲物，受不得别人的轻视，也不把一般人放在眼里，他不喜欢在长官面前卑躬屈膝，更别说是一介武夫出身的新太守了。陈希亮却偏要挫挫这位年轻下属的锐气，两个人之间产生了许多的不愉快。

从工作上来讲，苏轼是太守的高级秘书，为他处理来往的书信、文件，两人之间的交流应该很密切。但是，陈希亮看不惯苏轼的做派，认为他自恃声名在外，不够踏实稳重，太过于跳脱，就想杀杀他的威风。

苏轼在制科考试中，是以“贤良方正能直言极谏”科被皇帝钦点为最上等的，加上他上任后为百姓办了不少实事，有人为了巴结他，就称呼他为“苏贤良”。陈希亮对此很是看不惯。在他看来，苏轼只不过是一个小文书，没有资格称为贤良。有一次，陈希亮听到一个小吏当着他的面喊苏轼为“苏贤良”，就下令责打那个小吏，让苏轼很没有面子。

陈希亮对待苏轼不但生活中如此，在工作上也是多次刁难。最令苏轼不能容忍的是，他经常对苏轼起草的公文圈圈点点，涂抹勾画，进行修改，这让苏轼很是生气，多次与他发生争执。在极度郁闷的情况下，苏轼决定找陈希亮好好谈谈，看看自己究竟哪里做得不好，让他对自己产生了这么大的成见。结果，当苏轼硬着头皮来找陈希亮时，这位太守却迟迟不肯露面，让苏轼一个人在客厅里等了很久，走也不是，留也不是。后来，苏轼专门写了一首《客位假寐》诗，来讽刺等候陈希亮的时间足可以睡一觉了。

谒入不得去，兀坐如枯株。岂惟主忘客，今我亦忘吾。

同僚不解事，愠色见髯须。虽无性命忧，且复忍须臾。

经此事后，苏轼心里更加恼火，便以不去官衙上班相抵抗。这一天，恰逢农历七月十五日中元节，按照旧制，官府要开展大型聚会活动。苏轼因为和陈希亮赌气，故意不给他面子，没有出席。结果，陈希亮竟将这件事写进奏折上报朝廷，并借机对苏轼处以罚款。苏轼觉得陈希亮让他颜面扫地，心里很不痛快，就想着寻机报复。

不久之后，陈希亮为了方便工作之余眺望四周美景，在家里的后园修了一个高台，取名“凌虚台”。台子建好后，陈希亮请苏轼来写一篇文章，以示纪念。苏轼觉得机会来了，他洋洋洒洒地写了一篇《凌虚台记》，将压抑在心中的怨气都发泄在文字当中，对陈希亮很是一番嘲讽。文章写道：

国于南山之下，宜若起居饮食与山接也。四方之山，莫高于终南；而都邑之丽山者，莫近于扶风。以至近求最高，其势必得。而太守之居，未尝知有山焉。虽非事之所以损益，而物理有不当然者。此凌虚之所为筑也。

方其未筑也，太守陈公杖履逍遥于其下。见山之出于林木之上者，累累如人之旅行于墙外而见其髻也。曰：“是必有异。”使工凿其前为方池，以其土筑台，高出于屋之檐而止。然后人之至于其上者，恍然不知台之高，而以为山之踊跃奋迅而出也。公曰：“是宜名凌虚。”以告其从事苏轼，而求文以为记。

轼复于公曰：“物之废兴成毁，不可得而知也。昔者荒草野田，霜露之所蒙翳，狐虺之所窜伏。方是时，岂知有凌虚台耶？废兴成毁，相寻于无穷，则台之复为荒草野田，皆不可知也。尝试与公登台而望，其东则秦穆之祈年、橐泉也，其南则汉武之长杨，五柞，而其北则隋之仁寿，唐之九成也。计其一时之盛，宏杰诡丽，坚固而不可动者，岂特百倍于台而已哉？然而数世之后，欲求其仿佛，而破瓦颓垣，无复存者，既已化为禾黍荆丘墟陇亩矣，而况于此台欤！夫台犹不足恃以长久，而况于人事之得丧，忽往而忽来者欤！而或者欲以夸世而自足，则过矣。盖世有足恃者，而不在乎台之存亡也。”既以言于公，退而为之记。

苏轼借《凌虚台记》来讽刺陈希亮，虽然身居高位，但也要小心谨慎，否则就会身败名裂，言语间极尽辩证唯物之哲理。苏轼本以为自己这么直言无忌会激怒陈希亮，却没想到，陈希亮这次不但没生气，反倒哈哈大笑，让人照原文一字未改地刻在了石碑之上。有人看不过去，怨陈希亮太过宽容。陈希亮则说：我也是川人，和苏家是世交，论辈分我还是苏洵的长辈，我是将苏轼当作自己的孙辈，见不得他太过于骄傲，因此想要挫挫他的锐气，让他踏实下来。

苏轼哪里知道这位一来就与自己作对的陈希亮，并不是真的不喜欢他，也不是不认可他的工作能力，之所以一而再、再而三地打击自己，完全是因为自己年纪轻轻就才华外露，为了不助长自己的傲气，所以才有这些针对自己的举动。当苏轼听了陈希亮的话后，才领悟到他的苦心，两人的关系开始转好。

陈希亮的坦荡大度，让苏轼深感羞愧，便重新写了一首《凌虚台》诗送与陈希亮，以表达自己的懊悔之意和对陈希亮豁达气度的赞美。

> 才高多感激，道直无往还。不如此台上，举酒邀青山。
> 青山虽云远，似亦识公颜。崩腾赴幽赏，披豁露天悭。
> 落日衔翠壁，暮云点烟鬟。浩歌清兴发，放意末礼删。
> 是时岁云暮，微雪洒袍斑。吏退迹如扫，宾来勇跻攀。
> 台前飞雁过，台上雕弓弯。联翩向空坠，一笑惊尘寰。

十八年后，苏轼在《陈公弼传》中写道：“轼官于凤翔，实从公二年。方是时，年少气盛，愚不更事，屡与公争议，至形于颜色，已而悔之。”后人将《凌虚台》诗加刻于凌虚台之北，一记一诗，南北呼应，为二人的故事做了一个最好的注解。

后来，二人分手后，苏轼常常回想起与陈太守相处时的点点滴滴，更加感受到他为人的正直，心中的敬意也更加深重。苏轼一生最反对“谄媚死者”，他认为写墓志铭就是这样一件事，所以，他轻易不给别人写墓志铭，哪怕是王爷相求也不答应。在他的一生中，只写过七篇墓志铭，都是有着不可推卸的特殊原因。后来，陈太守在任上因操劳过度去世，苏轼为他写了墓志铭，而且除了司马光的墓志铭，这是最长的一篇，可见苏轼对陈太守的尊敬与怀念。后来，苏轼还与陈太守的儿子陈慥成了终生好友。

07. 返京任职

宋仁宗驾崩后，苏轼受命督察由陕西西部山中运输木材，以供修建陵寝之用，这让他又忙碌了一阵子。此时，他在凤翔任职已近三年，他也颇思念家里的亲人。他以诗代柬，写信给弟弟苏辙说：

役名则已勤，徇身则已偷。我诚愚且拙，身名两无谋。始者学书判，近亦知问囚。但知今当为，敢问向所由。士方其未得，唯以不得忧，既得又忧失，此心浩难收。譬如倦行客，中路逢清流。尘埃虽未脱，暂憩得一漱。我欲走南涧，春禽始嘤呦，鞅掌久不决，尔来已徂秋。桥山日月迫，府县烦差抽。王事谁敢愬，民劳吏宜羞。中间罹旱暵，欲学唤雨鸠。千夫挽一木，十步八九休。对之食不饱，余事更遑求。劬劳幸已过，朽钝不任锼。秋风迫吹帽，西阜可纵游。聊为一日乐，慰此百日愁。

宋英宗治平元年（1064 年）腊月，苏轼在凤翔任职三年期满。凤翔的三年，苏轼为百姓做了很多实事，改革衙前之役、查决囚犯、赈济自然灾害……可以说，每一件都是可圈可点的。凤翔作为苏轼政治生涯的起点，让苏轼完成了从纸上谈兵到实际操作的历练。经过这三年的摸爬滚打，苏轼的政治主张开始走向成熟。

三年的时光，让苏轼对凤翔产生了深厚的感情。这里淳朴的民风、悠久的历史、古老的文化，还有自己倾注心血在住宅院子里精心修建的小园子，园子里三十多种花草，都让他割舍不下。

就在此时，苏轼的大舅哥从四川来到凤翔，与他们一起居住。内兄的到访，多少让苏轼落寞的心理有了些许安慰。治平二年（1065年）正月，苏轼举家返回京城。

临行前夜，家人们都在忙着收拾行李，苏轼一个人来到园子里，面对曾经熟悉的一切，不免黯然神伤。他独自举杯，回想这三年的种种，不觉心生感慨。此时酒已微酣，苏轼拿来笔墨，挥毫写下《新葺小园二首》，其中之二如是：

三年辄去岂无乡，种树穿池亦漫忙。
暂赏不须心汲汲，再来惟恐鬓苍苍。
应成庾信吟枯柳，谁记山公醉夕阳。
去后莫忧人剪伐，西邻幸许庇甘棠。

在宋朝，凡是在地方做官满三年后，朝廷就要对他的政绩进行考核，叫作“磨勘”。依据考察的结果，经推荐，再另授新职。苏轼既然届满回京，便接替弟弟苏辙照顾老父亲苏洵，苏辙不久就应朝廷征召，外放到北方的大名府去做推官，当时大名府也叫

“北京”。兄弟之间好不容易团聚，又不得不再次惜别。

新皇宋英宗早闻苏轼的大名，对他的才华十分赏识。知道苏轼返回京城后，英宗非常高兴，想要破格提拔苏轼为翰林院学士，委以知制诰（起草皇帝诏书）等事。这是一个非常重要的职位，是在皇帝身边工作，素有“内相”之称，相当于皇家的顾问兼秘书长。当宰相韩琦得知皇帝的决定后，立刻上书反对。韩琦的反对，不可不说藏有私心。在他看来，苏轼年纪轻轻就平步青云，照这样下去，用不了多久，自己这个老臣就会被他取而代之。韩琦既要反对，还不能让皇帝看出他的私心，就对英宗说，依老臣之见，像苏轼这样年轻有为的人才，应该多加培养，要从多方面培养他的能力，千万不能操之过急。英宗觉得韩琦说的也有道理，决定让苏轼掌管宫中公务的记载，就是记录皇帝的起居百事，主要工作是跟在皇帝屁股后面，记录吃喝拉撒等大小事宜。为了不影响皇帝的胃口，这职位必须是皇帝看上眼的人来担任。这个职位看似无聊，其实升迁是旦夕之间的事，英宗的意思，就是想把苏轼拉在自己身边。韩琦一听，忙说，依老臣之见，还是让苏轼先到基层去历练一下的好，这样对他的成长会有所帮助，并举荐苏轼到文化教育部门去任职。

宰相韩琦三番五次地阻挠，已经让英宗皇帝看出了他的私心，英宗皇帝虽心有不甘，可毕竟自己刚刚即位，还需要韩琦这样的老臣帮助自己巩固地位，辅佐朝政，只好强压怒火。

韩琦推荐苏轼进直史馆①，但需要走正常的程序，通过考试公

---

① 直史馆，官名。宋朝初年置，为馆职之一，任职一至二年，然后委以重任，并可超迁官阶。

开录取，说这样才能服众。英宗皇帝无奈，只好暂时放弃了提拔苏轼的想法。就这样，苏轼又不得已参加了一次选拔考试。

其实，这些考试根本难不倒苏轼，即便在韩琦的百般刁难下，苏轼仍然再次以最高“三等”的优异成绩，名正言顺地进入了直史馆。

馆阁之职，最重文才，一经入选便成为大学士，跻身社会上流之列，这个职位虽然不是实权重任，却是一般文人最为向往的要职。在直史馆任职的官员，要轮流到宫中的图书馆工作。对苏轼来讲，正好可以借职务之便饱览宫中收藏的各种珍本典籍、名人手稿、名家字画等珍品，这对于苏轼是最快乐最惬意的事。

08. 再失至亲

在苏轼任职直史馆没多久，还没等他把板凳坐热呢，不幸的事情发生了。宋英宗治平二年（1065 年）五月廿八日，苏轼年仅二十七岁的结发妻子王弗因病不治，扔下了刚刚六岁的儿子苏迈，撒手人寰，病逝于河南开封。即将而立之年的苏轼，正憧憬着美好的新生活，却痛失爱妻，想到上有年迈的老父，下有不谙世事的小儿，苏轼不禁悲从中来。这个堂堂七尺男儿，再也顾不得其他，掩面痛哭。

王弗虽然是一介女流，却有男儿的睿智和襟怀。她以自己的温柔贤良，陪伴丈夫苏轼，享受着伉俪情深的美满生活。她没有做过官，没有流传的诗文，但她以自己的聪慧睿智，帮助丈夫苏轼认清社会险恶、人心良善。在她身上没有发生过惊天动地的故事，可她却以清风明月般的美好，令后人谈起如花香沁人心脾。

王弗将自己最美好的青春年华都给予了苏轼，琴瑟和鸣的生活却只持续了短短的十一年。她的突然离世，让苏轼整个人都颓废下来，他常常在月夜临窗独自垂泪。想起夫妻间过往的种种，苏轼心如刀绞。从唤鱼池相知相识，到新婚燕尔、举案齐眉，从出川一路经历长江三峡的凶险到凤翔任上语重心长的警示劝谏，苏轼每走一步，都有王弗如影相随的陪伴。如今，当他又将开启新的人生，想施展更大的抱负之时，却失去了最为宝贵的挚爱红颜和良师诤友。苏轼不知道，今后还会有谁给他殷殷的关怀与疼爱，还会有谁跟他一起吟诗赋句，还会有谁能在他狂妄大意之时给予忠告箴言。

王弗死后，灵柩暂时停放在京城的西郊，准备日后有时间再扶柩还乡，安葬在苏轼母亲程氏的墓旁。王弗的离去，对苏轼是个极大的打击，让他一生都无法释怀。苏轼怀着无比伤痛的心情，为爱妻王弗撰写了墓志铭《亡妻王氏墓志铭》，记下了两人在一起的幸福生活和对妻子深切的怀念：

治平二年五月丁亥，赵郡苏轼之妻王氏卒于京师。六月甲午，殡于京城之西。其明年六月壬午，葬于眉之东北彭山县安镇乡可龙里，先君、先夫人墓之西北八步。轼铭其墓曰：

君讳弗，眉之青神人，乡贡进士方之女。生十有六年而归于轼，有子迈。君之未嫁，事父母；既嫁，事吾先君先夫人，皆以谨肃闻。其始，未尝自言其知书也。见轼读书，则终日不去，亦不知其能通也。其后，轼有所忘，君辄能记之。问其他书，则皆略知之，由是始知其敏而静也。

从轼官于凤翔。轼有所为于外，君未尝不问知其详。曰：“子去亲远，不可以不慎。”日以先君之所以戒轼者相语也。轼与客言于外，君立屏间听之，退必反覆其言，曰：“某人也，言辄持两端，惟子意之所向，子何用与是人言。”有来求与轼亲厚甚者，君曰：“恐不能久，其与人锐，其去人必速。”已而果然。将死之岁，其言多可听，类有识者。其死也，盖年二十有七而已。始死，先君命轼曰：“妇从汝于艰难，不可忘也。他日，汝必葬诸其姑之侧。”未期年而先君没，轼谨以遗令葬之，铭曰：

君得从先夫人于九泉，余不能。呜呼哀哉！余永无所依怙。君虽没，其有与为妇何伤乎。呜呼哀哉！

在以后的宦海沉浮中，苏轼无论走到哪里，即便身边有娇妻美眷，都无法取代王弗在他心中的位置。十年后，苏轼在山东密州任知州时，一天夜里偶做一梦，梦中妻子王弗款款向他走来。苏轼正想要上前时却惊醒，窗外明月皎洁，树影婆娑，他推窗寻觅，哪里还有王弗的影子。苏轼悲从中来，泪水潸然而下。于是，提笔写下了流传千古的名句，《江城子·乙卯正月二十日夜记梦》：

十年生死两茫茫，不思量，自难忘。千里孤坟，无处话凄凉。纵使相逢应不识，尘满面，鬓如霜。　　夜来幽梦忽还乡，小轩窗，正梳妆。相顾无言，惟有泪千行。料得年年肠断处，明月夜，短松冈。

这首词哀婉动人，深深表达了苏轼对亡妻的思念之情，闻者无不落泪。

因为王弗日常孝敬公婆，善待幼小，素以仁义孝道、温婉贤淑而深得苏氏父子的认可与赏识。她的英年早逝，不仅令丈夫苏轼深受打击，也让苏家失去了主事之人。这让公爹苏洵也深感悲痛，不久便一病不起。

当时，苏洵受命参与编写的礼记《太常因革礼》一百卷刚好完成，而他独自编撰的《易传》却还没有完成。苏洵自知自己大限已到，谆谆嘱咐儿子苏轼帮他续写成书，完成遗愿。苏轼含泪接受了父亲的遗命。

苏轼一边努力为父亲求医问药，一边派家人快马加鞭召回居官在外的苏辙。宋英宗治平三年（1066 年）四月廿五，苏辙快马赶回苏府，急忙奔到老父榻前。此时，苏洵已呼吸微弱，音容不复从前。气若游丝的他艰难地嘱咐两个儿子，不要贪恋官场，要懂得及时抽身，说完就咽下了最后一口气，享年五十八岁。

苏洵去世的消息奏闻朝廷后，英宗皇帝立即下诏，赐银一百两，绢两百匹，并准许以国丧之礼安葬。但是，苏轼婉拒了朝廷的赏赐，并奏请为父亲赠官晋爵。英宗皇帝准许了苏轼的奏请，追封苏洵为光禄寺卿[①]。同时，英宗皇帝还命官府派船只，专程护送苏洵的灵柩回四川老家安葬。

苏轼兄弟俩辞去官职，全身缟素，护送父亲的灵柩返回故乡眉州。这次他们雇船从安徽走水路，然后再顺长江逆流而上。两

① 光禄寺卿，官名。周时设膳夫上士，至北齐始置光禄寺卿，以后历代多沿设未改。

兄弟费时多日，次年四月才安全抵达故乡。苏洵的坟墓早在生前自己的营建下完成，兄弟俩将父亲的灵柩安放在母亲的墓穴旁。苏轼在眉山再次服孝两年零三个月，现在，苏轼为父守丧，又要过一段蛰居的日子了，要到神宗熙宁元年（1068 年）七月才居丧期满。

在他们回京之前，苏轼效仿父亲当年为纪念母亲而立两尊佛像的做法，在父母的墓旁盖了一座小庙，以纪念父母亲。在庙内，他悬挂父亲的遗像，另外，又挂了四张极为宝贵的吴道子画的佛像，是他在凤翔时得到的。庙的建造费用需要一千两白银，苏轼与苏辙兄弟俩共出一半，其余由和尚筹募。他还种了三千棵松树。服孝期满后不久，苏氏兄弟北上剑门，从陆路返回开封，此后，再也没有回过故乡。

第三章　长恨此身非我有

01. 续弦闰之

苏轼在回故乡为父亲守丧期间，完成了两件大事：第一件是为父母修建一座小庙；第二件就是续弦。苏轼的第二任妻子叫王闰之，是王弗的堂妹，在族中唤作“二十七娘”，王弗去世三年后，她嫁给了苏轼。

闰之从小就与苏轼十分熟识，苏轼为母亲程氏守孝期间，常与王弗去青神的岳父家与王家亲属相聚，与王弗的堂、表兄妹等畅游于山水之间。那时，闰之才是十来岁的小姑娘。作为王弗的堂妹，她亲眼见证了堂姐与苏轼夫唱妇随、恩爱美满的幸福生活，更看到了苏轼对堂姐的深挚情意。苏轼非凡的才华，从小就令王闰之仰慕不已，所以，在堂姐王弗病重将幼子苏迈和丈夫苏轼托付给她时，她和家人才没有计较与苏轼相差十一岁的年龄，毫不犹豫地就应允下来。等到苏轼为父亲守孝三年期满后，与闰之正式完婚。那年苏轼三十二岁，闰之二十一岁，在那个年代，已经属于大龄女子了。

苏轼与王闰之完婚后，又找时间与苏辙拜访了一些故乡的老友故识，然后，兄弟二人就开始收拾行囊，准备回京再次受命。苏轼带着新婚不久的妻子王闰之，与大家一起上路了。一路上，闰之不但悉心照顾苏轼的饮食起居，还将堂姐的孩子苏迈视如己出，这让苏轼很是欣慰。

闰之生性质朴，为人贤惠，是个懂得知足惜福的女人，亦是个料理家务的好手。这从苏轼第二任岳父去世时，他写的悼文《祭王君锡文》中就可以看出来。苏轼在悼文中说：

> 轼始婚媾，公之犹子。允有令德，夭阏莫遂。惟公幼女，嗣执罍篚。恩厚义重，报宜有以。（《苏轼文集》卷六十三）

“犹子”指的是侄辈，由此可知，王君锡是王弗的叔叔，闰之即是王弗的堂妹。“罍”是烧茶用的泥罐，“篚”是采桑用的竹筐，这两个字显然是苏轼的谦辞，却恰如其分地表明了闰之当时的身份：是一个擅长家务、烧茶采桑、处理居家琐碎事情的女人。

苏轼在吟诗作文中第一次向外人提起王闰之，便称赞她是个贤良的妻子。熙宁四年（1071 年）十二月初一日，苏轼去西湖边拜访朋友孤山诗僧惠思和惠勤。在《腊日游孤山访惠勤惠思二僧》里，他洒脱地写下了：

> 天欲雪，云满湖，楼台明灭山有无。
> 水清石出鱼可数，林深无人鸟相呼。
> 腊日不归对妻孥，名寻道人实自娱。

宋朝的时候，腊日是个公休的日子，皇帝在这一天会赐药给大小官员，平民百姓也可互通有无，“闾巷家家互相馈送”很生动地描述了当时的情形。那时苏轼刚到杭州，正是人生地不熟，需要和同事、邻里打好交道、处好关系的时候。但秉性耿直的苏轼根本不屑于这种做法，他放弃了人情往来，独自跑到孤山去寻僧会诗，并写下了“腊日不归对妻孥”的诗句。苏轼能心无挂碍地出去寻幽访友，吟诗赋句，说明他是完全不用操心家中事情的，家中和“闾巷”的事情，妻子王闰之完全能够处理好。

苏轼放下尘世的喧嚣，跑到清静的孤山去游山玩水，会友赏鱼，听鸟雀悦耳地鸣啼，看山花烂漫地绽放。当时，他与闰之在开封所生的儿子苏迨还不会走路；苏轼伯父苏澹的长孙又在开封病故，侄子的遗孀及两个侄孙也都需要由苏轼他们帮助抚养；奶妈此时年纪已高，十几口人的家务，全部都落在了闰之的肩上。苏轼的“洒脱”，是建立在身后有坚强的后盾基础上的。后来，苏轼在重阳节写的一首诗里，这样称呼闰之：

> 可怜吹帽狂司马，空对亲舂老孟光。——《明日重九，亦以病不赴述古会，再用前韵》

“司马”是通判的代称，“孟光”则是东汉隐士、大诗人梁鸿的妻子。《后汉书》说，梁鸿在江南给人做随从时，妻子孟光亲自舂粮，以维持生计，她与丈夫举案齐眉，相敬如宾。“老孟光”这个比喻，足以见出闰之勤劳能干，与丈夫相濡以沫，感情十分深厚。

苏轼后来在另一首给好友王巩的诗《次韵和王巩六首》之五

中对妻子闰之给予了更高的评价：子还可责同元亮，妻却差贤胜敬通。

“元亮”是东晋著名的隐逸诗人陶渊明的字，陶渊明在归隐田园，过躬耕生活时，曾作《责子诗》，用来告诫儿子们不要懒惰。苏轼这两句诗，前面是点缀之词，后面一句说妻子非常贤惠，才是他想要标榜的。“敬通”是东汉大鸿胪冯衍的字，《后汉书》称冯衍“幼有奇才，年九岁，能诵《诗》”，“博览群书”一词，就出自对冯衍的评价。

冯衍无论是学问还是人品，都是最好的，而且他特别注重气节，唯一差强人意的，是他娶了个善妒的悍妇做妻子。也因此，冯衍的生活并不如意，致使他终生牢骚满腹，忍无可忍时甚至给小舅子写信，要将老婆休掉。所以，《世说新语》的作者刘义庆才自嘲说，我与冯衍冯敬通相比，有三点十分相同：一是为人慷慨，有高风亮节；二是刚直敢言，不为世俗所容；第三就是屋里头都有个厉害的老婆。苏轼也是喜欢无事自嘲的人，若妻子王闰之有一点蛮横无理，他早就会像刘义庆那样叫苦了，绝不会写出“妻却差贤胜敬通”一语。由此可见，王闰之贤明善良、勤劳能干又善解人意，实在没什么可挑剔的，自己这辈子比冯衍要幸福多了。更有趣的是，苏轼在诗后还写下了自注：

> 仆文章虽不逮冯衍，而慷慨大节乃不愧乃翁。（冯）衍逢世祖英睿好士而不遇，流离摈逐，与仆相似。而衍妻悍妒甚，仆少此一事，故有“胜敬通”之句。

苏轼生性狂放豪纵，旷达不羁，也只有像王闰之这样贤良淑德的女人，才能给予他那么多的自由，才容得下他将自幼生在歌台舞榭的歌女朝云收在身边，并能与朝云和睦相处。也许王弗生前就深知堂妹的性格，所以才在临终之时，特意安排性情豁达、柔顺贤惠、任劳任怨的她来照料自己不善理家的丈夫和幼小无依的儿子。

但是，闰之的柔顺贤淑绝不是盲从，更不是逆来顺受。她虽然不能像堂姐王弗那样，在待人接物上给予苏轼中肯的建议和参考，但她的温柔体贴，却让苏轼在人生最低谷时，感受到家庭的温暖。王闰之陪伴苏轼走过了人生最重要的二十六年，成为苏轼饱受政治敌对势力打压、个人仕途坎坷多舛之余的温暖港湾。

王闰之跟随苏轼历经杭州、密州、徐州、湖州等任上，共同遭受谪居黄州的艰难岁月，后来又从朝廷到州郡，再由州郡回朝廷，人生几起几落，过着颠沛流离的日子。一路走来，无论多么艰难凶险，王闰之都一直陪在苏轼的身边，在苏轼的生活中，她绝不是可有可无的人。

苏轼刚到密州当太守时，正值大旱，肆虐的蝗灾又让民不聊生。苏轼本来就是一个心中装着百姓安危的人，一到任，他就投身到田间地头去灭蝗。当他看到百姓因饥馑而不得不将刚出生的孩子遗弃时，他便亲自沿着城墙去拣拾弃婴。最后，他与百姓一起挖野菜，度饥荒，几乎到了身心交瘁的地步。

一天，身心疲惫的苏轼回到家中，心情很是郁闷。这时，年仅四岁的儿子苏过跑过来，拉着父亲的衣襟要好吃的。本已又累又饿的苏轼，哪还有心情哄孩子，便厉声让孩子走开。小孩子哪懂这些，见父亲不理他就哭闹起来。这让苏轼烦上加烦，就要发火。王闰之见了，赶紧上前制止，并开导苏轼说："儿痴君更甚，不乐愁何为？”小孩子不懂事倒也罢了，你怎么比他还任性呢？回到家就生气，为什么不找点乐子呢？话虽不多，却既有责怪，又有怜爱，还有对丈夫、儿子的双重关怀。苏轼听了，觉得自己确实不该把坏情绪发泄在孩子身上，不免感到惭愧。王闰之又将清洗干净的酒杯放在苏轼面前，让他开开心心地饮酒以解身体的疲乏和心中的不快。这件事后来被苏轼写进《小儿》一诗里：

小儿不识愁，起坐牵我衣。
我欲嗔小儿，老妻劝儿痴。
儿痴君更甚，不乐愁何为？
还坐愧此言，洗盏当我前。
大胜刘伶妇，区区为酒钱。

苏轼在这首诗中，大赞妻子王闰之，认为闰之的德行远胜过晋代名士刘伶的夫人。刘伶好酒，家里只要有点钱，就被他拿去买酒喝。为帮他改掉酗酒的毛病，刘夫人常把酒给藏起来，甚至“捐酒毁器”，把酒泼掉，酒器砸了，弄得刘伶在家里只好整天说谎、骗酒喝。而妻子王闰之则爱而不溺，怨而不肆。

元丰二年（1079年），苏轼被贬调湖州，又因“乌台诗案”被押解京城，交到御史台审讯。此时，新党们要置他于死地，可谓生死未卜，一日数惊。好在朝野上下都有人在为营救他而奔走，不但与苏轼政见相同的许多元老纷纷上书，连一些变法派的有识之士也劝谏神宗不要杀苏轼。王安石当时退休在金陵，也上书说：“安有圣世而杀才士乎？”宋神宗看了之后，改判“徒二年”为贬谪黄州团练副使。而王闰之此时一边要在家里做好妻子的本分，带孩子，操持家务，还要抵挡政治的恐惧。在这种恐惧下，她不得不把苏轼留下的很多手稿都烧掉。

王闰之陪伴苏轼经历了宦海的大起大落，无论苏轼被人陷害，还是被抓进监狱惨遭牢狱之灾，她都一直陪在他的身边。经济最困难时，她和苏轼一起采摘野菜，赤脚耕田，变着法子给苏轼解闷，一起经历各种磨难，给了苏轼最好的支持，最大的温暖。

经历了政治上的风波和个人遭遇的低谷后，苏轼对王闰之的感情更加深厚。在正月初五王闰之过生日之时，苏轼放生鱼为她祈福并说，同安生日放鱼，取金光明经救鱼一事，苏轼又作词《蝶恋花》一阕：

泛泛东风初破五，江柳微黄，万万千千缕。佳气郁葱来绣户，当年江上生奇女。　　一盏寿觞谁与举，三个明珠，膝上王文度。放尽穷鳞看圉圉，天公为下曼陀雨。

元祐八年（1093 年），苏轼因为旧党上台，自己也先后担任扬州太守、兵部尚书、礼部尚书，一家人苦尽甘来。可好日子没享受几天，妻子闰之就病了，最终因不治而逝，时年四十七岁。王闰之的葬礼极为隆重，苏轼痛断肝肠，亲自写下了祭文《祭亡妻同安郡君文》：

我曰归哉，行返丘园。曾不少许，弃我而先。孰迎我门，孰馈我田？已矣奈何！泪尽目干。旅殡国门，我少实恩。惟有同穴，尚蹈此言。呜呼哀哉！

“惟有同穴，尚蹈此言”是苏轼对王闰之陪伴他二十六年的承诺，也是对王闰之为其倾尽一生付出的最好的回报。

王闰之的灵柩一直停放在京西的寺院里，直到十年后苏轼去世，苏辙才将二人合葬，实现了祭文中“惟有同穴”的愿望。

02. 荆公变法

苏轼、苏辙两兄弟带着家眷，于宋神宗熙宁二年（1069 年）二月初到达京城。此时的大宋王朝，正孕育着一场重大的政治变革，而它所带来的冲击和震荡，一直延续到宋朝灭亡。苏轼兄弟俩怎么也没想到，等待他们的，不是一展抱负的大好仕途，而是一场政治漩涡。

此时的宋神宗，为了改变国家积贫积弱的局面，力排众议，任用王安石为参知政事，即通常所说的宰相，开始大刀阔斧地进行变法改革——即自熙宁二年（1069 年）开始，至元丰八年（1085 年）宋神宗去世结束的“王安石变法”，亦称熙宁变法或熙丰变法。

王安石出生在宋朝一个小官吏家庭。元丰二年（1079 年），被任命为左仆射、观文殿大学士，并改封荆国公。

王安石从小就特别喜欢读书，有着非凡的记忆力，由于父亲为官，他自小就受到了良好的教育。庆历二年（1042 年），王安石在科举考试中中进士，后来历任扬州签判、鄞县（今浙江宁波鄞州区）知县、舒州（今安徽潜山）通判等职务。王安石在任上取得了显著的政绩，但他却屡次谢绝朝廷的升迁提拔。后来，很多人都认为他的这种做法无非是为了沽名钓誉。因为，从他二十一岁中进士到四十六岁大权在握，期间的二十五年是一个人最好的青年时期，可他却一直拒绝入朝为官，心甘情愿在偏远的地区当个小官。

宋仁宗在位时，国家太平，有才华的文人雅士、鸿儒俊杰都会聚在京城，王安石觉得没有自己的用武之地。可他越是谢绝朝廷的高官厚禄，他的声望就越高。甚至到最后，朝廷上的官员们都急着想看看王安石到底是个什么样的人。而此时，王安石除了文章著名外，在地方任职中也取得了斐然的政绩。他修建堤坝，疏通水利，改革学校，创建农民贷款法，实施了很多自己的政治主张，也确实取得了不错的效果，深受百姓的爱戴。也正因此，他对入朝为官一事一直淡漠处理。在他看来，朝中有识之士如过江之鲫，如果自己不能一展抱负，还不如安居一隅，这样还可以按自己的方式处理政务，为民做事。

仁宗嘉祐五年（1060 年），朝廷再次任命王安石为京官，此次他被授予三司度支判官。这一回，他应召而来。

王安石进京任职后，即作了长达万言的《上仁宗皇帝言事书》，指出国家之所以“财力日以困穷”“风俗日以衰坏”，根本原因是在“不知法度”。接着他就在“法度”上大做文章，先是批评“方今之法度，多不合于先王之政”。王安石所谓“先王之政”主要来自孟子：“以孟子之说，观古今之失。”王安石以“法先王”来进行改革，同时，他指出：所谓“法先王”只是法其意，而非法其政，是说不能“杲信古法”。在这篇结构严谨、文笔练达的政论中，王安石根据自己在地方为官多年的经验，从财政、官制、教育等方面系统地提出了自己的变法主张，指出了国家积贫积弱的现实：经济凋敝、社会风气败坏、国防安全堪忧。王安石认为，国家之所以造成现在的局面，根源在于为政者不懂得法度，要想改变，就要像古时候的先贤那样及时进行改革。他在政论中进一步提出了自己的人才政策和方案，建议朝廷改革科举制度、重视选拔人才。王安石还以晋武帝司马炎、唐玄宗李隆基等人只图“逸豫”，不思求变，改革弊政，最终导致国势衰颓为例，请求仁宗皇帝立即对法度实行变革。

可是，宋仁宗看了王安石的表奏之后，并没有采纳他变法的主张，而是将他的万言书束之高阁。看到皇帝并没有采纳他的主张，王安石内心很是失落。此后，朝廷多次想要王安石担任馆阁[①]的职务，都被他以各种理由拒绝了。很多人认为王安石是真的无意功名利禄，觉得不能与这样的人共事很是遗憾。后来，朝廷又任命他修《起居注》，这份差事是待在皇帝身边，记录皇帝的日常言行。对官员来说，这无疑是接近皇帝的最好机会，也是最容易升迁的职位，是莫大的恩宠，一般人都求之不得。可是，王安石却不这样想，他面对任命，坚决不受，曾七次上辞状，隔了几个月后，他又上了五次辞状。朝廷没有答应王安石的请辞，直接把敕书送到他的家中，他却一直蹲在厕所里避而不见。当差的官吏左等右等不见人，只好将敕书放在桌上，扭头走了。王安石见状，赶紧小跑着追了出去，硬是将敕书塞回到差官的手中。最后，还是朝廷做出了让步，改命他为翰林学士知制诰。能在翰林院任职的人，

① 馆阁，宋朝有史馆、昭文馆、集贤院，称为三馆；又有秘阁、龙图阁及天章阁等，统称为馆阁。明、清两代称翰林院为馆阁。分掌图书经籍和编修国史等事务，通称“馆阁”。

都笔力不凡，由他们起草的诏书政令，不仅富有文采，还可以在其中发挥个人的才智，这一次王安石欣然接受了。朝中的大臣也都觉得这回王安石是人尽其才了，这对朝廷来说是一件大好事。

王安石在京城任职期间，朝廷发布规定，舍人院不得申请删改诏书上的文字。王安石觉得这种规定是不对的，他据理力争，因此得罪了朝中的一些王公大臣。在他们眼中，王安石无论思想还是人品，都是个怪物。在京城短短的时间里，王安石就想改变原有的规章制度，因此和同事常常争吵，以至于与人不和，办什么事都不顺利。张方平曾与他共事，说遇事时很难与他合作。

嘉祐八年（1063 年），王安石的母亲因病去世，他便借机再次辞官，回到江宁老家，为母亲守丧去了。三年后，当王安石守丧期满，朝廷再次召他入朝为官时，他再次予以拒绝，宁愿待在金陵。

如果说王安石屡次三番拒绝朝廷召他入朝为官是在坐以待时，那么，宋神宗即位后，对他的赏识则让他感到时机成熟。熙宁元年（1068 年）四月，王安石一改之前的做法，接受朝廷任命，入朝为官，被皇帝批准可以“越级进言”，不受规矩的限制。王安石的到来，让宋神宗特别兴奋，马上召王安石进宫，当面听取有关政治、财政、经济以及军事上的改革谋略。宋神宗感到王安石就是自己成就大业的人才，第二年就升他为参知政事，主持变法。

熙宁三年（1070 年），时来运转的王安石任同中书门下平章事，位同宰相。他在全国范围内开始大规模的改革运动，推行新法。王安石的新法可以归纳为财政和军事两大类。其中青苗法、免役法、均输法、市易法、方田均税法、农田水利法等属于财政类；减兵并营法、将兵法、保马法、保甲法等属于军事类。王安石变法的最终目的是为了缓解社会危机，巩固大宋王朝的统治，这也是年轻气盛，刚刚即位的宋神宗所希望的。作为一个二十岁的年轻皇帝，他有着远大的理想，怀着万丈雄心想革除弊政，把国家治理好。

可是，想法再好，也要经过实践的检验。新法一出台，便在朝中引起了轩然大波。新法在推行过程中，由于部分举措不合时宜，如保马法和青苗法在实际执行中，造成了百姓利益受到不同程度的损害，加上新法触动了大地主阶级的根本利益，所以遭到一些人的强烈反对，大臣们自然而然地也分成了支持与反对两派。在激烈的争论中，以翰林院侍读学士司马光的言辞最为犀利。司马光和王安石在变法前是亲密的好友，两人常常在一起诗词唱和，往来密切，无论从品德还是学识，他们都并称一流。然而，由于两个人的学术背景和政治见解不同，在王安石变法后形成了尖锐的对立。

王安石是变法派的领导者，司马光是反对派的代表。双方对立交锋，谁也无法驳倒对方。尽管韩琦、富弼、文彦博、欧阳修等一大批元老重臣都站在司马光一边，认同司马光的观点，但是，神宗皇帝站在变法派的一边，始终支持王安石的主张。有神宗皇帝的支持，司马光、欧阳修等元老重臣只好偃旗息鼓，或称病，或隐退，或请求外放，用这种消极的方式表示他们的不满。

神宗熙宁三年（1070 年），司马光离开京城回到洛阳定居，此后十五年，他绝口不谈国事，只管闭门著述，并完成了史学上的名著《资治通鉴》。

苏轼、苏辙刚回到京城，就赶上朝廷任命王安石为参知政事，面对朝政的巨变，苏轼兄弟也只好静观其变。苏轼作为关心民生疾苦、胸怀匡时济世的士大夫，早在仁宗时期，他的思想就一直与当时的革新思潮步调一致。他希望朝廷奋发有为，革新弊政。但是，当他面对王安石的变法措施后，又采取了批判与抵制的态度。

03. 上表言弊

苏轼兄弟带着一腔热忱回到京城，苏轼被重新任命为殿中丞、直史馆授官告院、兼判尚书祠部；苏辙被任命为制置三司条例司检详文字。兄弟二人本想这回可以施展抱负，报效朝廷了，却不料赶上了王安石变法。当时协助神宗皇帝变法的王安石升任右谏议大夫、参知政事的要职，令朝廷之中新旧两党硝烟四起，争端不断。

早在苏洵活着的时候，欧阳修就想把王安石介绍给苏洵，王安石也愿意结识苏氏父子，但是，苏洵却拒绝了。在王安石母亲去世时，苏洵也在被邀请的名单之列，可他仍然拒绝前往。苏洵曾写下一篇极为著名的文章《辨奸论》来影射王安石，在文章的开篇，苏洵就点明了解一个人的性格很难，就算是聪明人也常常会被蒙骗，只有冷静的观察者，才能看透人的真实性格，从而预知他将来的发展。苏洵还引证了古代学者山巨源预言王衍的将来以及名将郭子仪预测卢杞的将来故事。那时王衍仅仅是聪颖秀逸的书生，卢杞相貌丑陋，为人阴险却富有才干，后来他们对朝代的灭亡都负有责任。苏洵说，当时若不是皇帝昏庸，这两个人还不足单独有亡国的才干。现在一个具有王衍的辩才兼有卢杞的阴险与丑陋之人出现了："今有人，口诵孔老之言，身履夷齐之行，收召好名之士、不得志之人，相与造作言语，私立名字，以为颜渊孟轲复出，而阴贼险狠，与人异趣。”在苏洵看来，这样的人一旦得势，即便英明的皇帝也会被他蒙骗，实在是国家的大害。“夫面垢不忘洗，衣垢不忘浣，此人之至情也。今也不然，衣臣虏之衣，食犬彘之食，囚首丧面而谈诗书，此岂其情也哉！凡事之不近人情者，鲜不为大奸慝。”苏洵希望他的预言最好不要应验，但是他又说：“使斯人而不用也，则吾言为过，而斯人有不遇之叹。孰知祸之至于此哉！不然，天下将被其祸，而吾获知言之名，悲夫！”由后来事情的发展看，苏洵的话并没完全说错。

苏洵写《辩奸论》时，苏轼和弟弟苏辙还都认为责骂得重了，但是，张方平却认为写得好。不久之后，兄弟二人以及他们的同代人就看到了苏洵所见的正确，都觉得苏洵是有真知灼见的人。

苏轼为官清正爱民，本性坦白直率，与王安石同朝为官，不可避免地也卷入了与变法相关的政治斗争当中。

熙宁三年（1070 年）二月，苏轼给神宗皇帝上了一份奏折，开篇就点明青苗法以及王安石一党把持朝政的弊端，他告诉神宗皇帝，千万不可以凭权力去压制百姓：

“百姓足，君孰与不足？……臣不知陛下所谓富者富民欤？抑富国欤？”

是以不论尊卑，不计强弱，理之所在则成，理所不在则不成，可必也。今陛下使农民举息而与商贾争利，岂理也哉，而怪其不成乎？……夫陛下苟诚心乎为民，则虽或谤之而人不信；苟诚心乎为利，则虽自解释而人不服。吏受贿枉法，人必谓之赃。非其有而取之，人必谓之盗。苟有其实不敢辞其名。

今青苗有二分之息，而不谓之放债取利可乎？……今天下以为利，陛下以为义。天下以为贪，下以为廉，不胜其纷纭也。

盖世有好走马者，一为坠伤则终身徒行……近者青苗之政，助役之法，均输之策，并军搜卒之令，卒然轻发；今陛下春秋鼎盛，天赐勇智，此万世一时也。而臣君不能济之以慎重，养之以敦朴。譬如乘轻车、驭骏马，贸然夜行，而仆夫又从后鞭之，岂不殆哉。臣愿陛下解辔秣马，以待东方之明，而徐行于九轨之道，其未晚也。

苏轼在奏折中直言，如果皇帝认为用朝廷的权威就一定能压制住百姓，那就大错特错了。现在很多官员都被降职或革职，甚至有人说，朝廷还要恢复以前的酷刑。

今朝廷可谓不和矣。其咎安在？陛下不反求其本，而欲以力胜之。力之不能胜众者久矣。古者刀锯在前，鼎镬在后，而士犹之。今陛下蹈尧舜，未尝诛一无罪。欲弭众言，不过斥逐异议之臣，而更用人尔，必未忍行亡秦偶语之禁，起东汉党锢之狱。多士何畏而不言哉？臣恐逐者不已，而争者益多……陛下将变今之刑，而用其极欤，天下几何其不叛也？

“今天下有心者怒，有口者谤。古之君臣相与忧勤，以营一代之业者，似不如此。古语曰“百人之众，未有不公而说”，况天下乎？今天下非之，而陛下不白，臣不知所说驾矣。

苏轼的奏折毫无隐讳，直言力陈新法的利弊，可惜，朝堂之上已是一片骚乱，心仪变法的神宗并没有采纳苏轼的意见。

熙宁四年（1071 年）年初，王安石颁布了改革科举制度法令，拟废除以诗赋辞章录取进士的制度，以《春秋》、三传明经取而代之。于是，神宗皇帝下诏令，让馆阁学士们对这一改革方案发表自己的看法。苏轼很快就上了一道《议学校贡举状》的奏折，对王安石的计划表示坚决反对：

得人之道，在于知人，知人之法，在于责实。使君相有知人之才，朝廷有责实之政，则胥史皂隶，未尝无人，而况于学校贡举乎？虽因今之法，臣以为有余。使君相无知人之才，朝廷无责实之政，则公卿侍从，常患无人，况学校贡举乎？虽复古之制，臣以为不足矣。……故风俗之变，法制随之。故臣以谓今之学校，特可因循旧制，使先王之旧物不废于吾世，足矣。

陛下视祖宗之世贡举之法，与今为孰精？言语文章，与今为孰优？所得文武长才，与今为孰多？天下之事，与今为孰办？

……若欲设科立名以取之，则是教天下相率而为伪也。上以孝取人，则勇者割服，怯者庐墓。上以廉取人，则弊车羸马，恶衣菲食。凡可以中上意，无所不至矣。德行之弊，一至于此乎！自文章而言之，则策论为有用，诗赋为无益；自政事言之，则诗赋、策论均为无用矣。虽知其无用，然自祖宗以来莫之废者，以为设法取士，不过如此也。岂独吾祖宗，自古尧舜亦然。《书》曰："敷奏以言，明试以功。"自古尧舜以来，进人何尝不以言，试人何尝不以功乎？议者必欲以策论定贤愚、决能否，臣请有以质之。以易学之士，付难考之吏，其弊有甚于诗赋者矣。至于人才，则有定分，施之有政，能否自彰。

臣愿陛下明敕有司，试之以法言，取之以实学。博通经术者，虽朴不废；稍涉浮诞者，虽工必黜。则风俗稍厚，学术近正，庶几得忠实之士，不至蹈衰季之风，则天下幸甚。

在苏轼看来，得人之道，在于知人，知人之法，在于责实，与科举考试关系不大。至于改变风俗，要循序渐进，因势利导，才能事半功倍。如果强硬地加以推行，则必造成动乱。苏轼深刻入微的分析，犀利雄辩的论断，令神宗皇帝连连赞叹。神宗是个脚踏实地爱才的人，他很赏识苏轼，特意召见苏轼进宫。交谈中，神宗皇帝让苏轼指出自己执政中有哪些不妥和过失：“方今政令得失安在？虽朕过失，指陈可也。”

性格率真耿直的苏轼，自然不会放过这个直言进谏的好机会，他坦言：“陛下生知之性，天纵文武，不患不明，不患不勤，不患不断，但患求治太急，听言太广，进人太锐。愿镇以安静，待物之来，然后应之。”

神宗听后欣慰地说：“卿三言，朕当详思之。”苏轼的坦荡和才干，让神宗皇帝打定主意要重用他。

王安石得知神宗的打算后，急忙对神宗说：“天变不足畏，祖宗不足法，人言不足恤。”王安石的话几乎涵盖了变法过程中所能遭遇的所有阻碍，神宗皇帝虽然爱惜苏轼的才华，但面对与他一起实施变法的王安石的阻止，又显得无可奈何。最后，神宗提出要调苏轼修《起居注》，王安石闻听坚决反对。最终，苏轼被授予开封府推官。

熙宁四年（1071 年）元宵节，神宗想让皇祖母和母后高兴一下，就下旨在宫中举办一场灯会，并传旨下去大量采购浙灯。在当时，浙江灯天下闻名，花灯以浙江的为最好。但是，浙灯的产量有限，皇家要大量采购，普通百姓就不能买了。本来皇宫大量用灯对商家是好事，可没想到的是，采购者大肆压价。浙灯是浙江民间工艺品，制灯者和售灯者都以此为生，皇帝下旨减价收购，百姓就要血本无归。一时间，好事变坏事，老百姓怨声载道。

一天，刚刚上任开封府推官的苏轼听见有人击鼓喊冤，他命人将击鼓者带上堂，一看是个老妇人，于是问她有何冤情？状告何人？老妇人说：民妇有冤，却不知状告何人。我们家是卖灯的，贷公款置了很多浙灯。按说还完二分利息，交完税，也能少赚一点。可是，现在官府压低收购价格，我们资不抵债，我丈夫不堪重负竟上吊自杀了。

苏轼闻听此事，立即上《谏买浙灯状》力陈利弊：

> 臣虽至愚，亦知陛下游心经术，动法尧舜，穷天下之嗜欲，不足以易其乐；尽天下之玩好，不足以解其忧，而岂以灯为悦者哉。此不过以奉二宫之欢，而极天下之养耳。然大孝在乎养志，百姓不可户晓，皆谓陛下以耳目不急之玩，而夺其口体必用之资。卖灯之民，例非豪户，举债出息，畜之弥年。衣食之计，望此旬日。陛下为民父母，唯可添价贵买，岂可减价贱酬？此事至小，体则甚大。

苏轼请求神宗皇帝收回成命，不能因为供后宫玩乐就剥夺了百姓赖以糊口的饭碗，这有悖于爱民的宗旨。神宗皇帝看后不但没有生气，反而采纳了苏轼的建议，下诏罢买花灯。苏轼的谏书给了神宗很大的触动，他立即传旨，以后宫中一切事务都要节俭，不得奢侈浪费。

实际历史上的神宗是一位求贤若渴的皇帝。他招贤纳士，勤于政务，每天都要亲自处理各种奏折，希望有朝一日自己也能像燕昭王、齐宣王一样，高筑黄金台，求得像乐毅、田忌那样的旷世奇才辅佐朝政。只是他的求贤若渴，招致鱼龙混杂，很多投机取巧的宵小趁机而入，而真正有才干的贤能之士，因为不屑于蝇营狗苟，纷纷隐退，他们坚守着内心的道义，离朝而去。朝中有几位御史联名上书弹劾王安石，请求皇帝罢免他的宰相之位。

王安石知道后要将这些人都下入大牢。在司马光的力谏阻止下，最终联名上书的六个人被贬谪到边远外县去任酒监。范镇对此悲愤难抑，请求皇帝撤回贬谪御史的诏令，结果触怒王安石，也遭到了流放；苏轼的弟弟苏辙因反对青苗法和市易法，也没能幸免。老臣富弼见朝廷已被王安石弄得乌烟瘴气，朝政已经被王安石等人主宰，遂向神宗皇帝请辞，归隐田园。

> 离京前他警告说：“君子与小人并处，其势必不胜。君子不胜，则奉身而退，乐道无闷。小人不胜，则交结构扇，千歧万辙，必胜而后已；待其得志，遂肆毒于善良，求天下不乱，不可得也。”
>
> ——《宋史记事本末·王安石变法》

随着朝中司马光、范镇、富弼、韩琦等重臣请辞离京，王安石一派完全把持了朝政，这令苏轼很是愤慨。此时他虽官微言轻，但是耿直的性格让他如鲠在喉，不吐不快。他再次上万言书，即著名的奏议名篇《上神宗皇帝万言书》，谈论新法的弊病。全篇所说只有三件事：结人心、厚风俗、存纪纲。他说：

人莫不有所恃，人臣恃陛下之命，故能役使小民；恃陛下之法，故能胜服强暴。至于人主所恃者谁与？书曰：“予临兆民，凛乎若朽索之驭六马。”言天下莫危于人主也。聚则为君民，散则为仇雠。聚散之间，不容毫厘。故天下归往谓之王，人各有心谓之独夫。由此观之，人主之所恃者，人心而已。人心之于人主也，如木之有根，如灯之有膏，如鱼之有水，如农夫之有田，如商贾之有财。木无根则槁，灯无膏则灭，鱼无水则死，农无田则饥，商贾无财则贫，人主失人心则亡。此理之必然，不可逭之灾也。

苏轼希望尽其所能让皇帝改变主意，使风俗淳厚，道德高尚。他认为：为人君者若不容许自由发表意见，又焉能得到人们真心实意的支持？如果企图用打击甚至消灭不同声音，来趋于统一与和谐，结果不是掩耳盗铃自欺欺人，就是做贼心虚强制打压，甚至是随声附和放弃自我，邀功请赏阳奉阴违。

夫制置三司条例司，求利之名也；六七少年与使者四十馀辈，求利之器也。驱鹰犬而赴林薮，语人曰：“我非猎也”，不如放鹰犬而兽自驯；操网罟而入江湖，语人曰：“我非渔也”，不如捐网罟而人自信。故臣以为，消谗慝以召和气，复人心而安国本，则莫若罢制置三司条例司。夫陛下之所以创此司者，不过以兴利除害也。使罢之而利不兴，害不除，则勿罢；罢之而天下悦，人心安，兴利除害，无所不可，则何苦而不罢？

夫国之长短，如人之寿夭。人之寿夭在元气，国之长短在风俗，世有尫羸而寿考，亦有盛壮而暴亡。若元气犹存，则尫羸而无害，及其已耗，则盛壮而愈危。是以善养生者，慎起居，节饮食，道引关节，吐故纳新，不得已而用药，则择其品之上，性之良，可以久服而无害，则五脏和平而寿命长。不善养生者，薄节慎之功，迟吐纳之效，厌上药而用下品，伐真气而助强阳，根本已空，僵仆无日，天下之势与此无殊。故臣愿陛下爱惜风俗，如护元气……君子和而不同，小人同而不和，和如和羹，同如济水。

孙宝有言："周公大圣，召公大贤，犹不相悦，著于经典。晋之王导，可谓元臣，每与客言，举坐称善，而述不悦，以为人非尧舜，安得每事尽善，导亦敛袵谢之。若使言无不同，意无不合，更唱迭和，何者非贤？万一有小人居其间，则人主何缘得以知觉？"

……

苏轼在《上神宗皇帝万言书》中，将监察机构存在的理由及其基本原则阐述得明明白白，陈述的部分政见以及延伸出的意义，可谓超越时代，警诫古今。在苏轼的观点里：一个发挥自由作用，不惧利害的监察机构所代表的，就是真正的公众意见。

04. 兄弟情深

熙宁四年（1071 年）七月，耿直敢言的苏轼遭小人谗陷，好在神宗皇帝暗中庇佑，苏轼才得以携夫人王闰之、长子苏迈和不满周岁的次子苏迨离开京城，外任杭州做太守。

此时，苏辙已经被外放到陈州（今河南省淮阳市）做教授，过着淡泊清贫的日子。苏轼带领家人先到陈州与苏辙一家相聚，为了多陪陪弟弟，苏轼接受了苏辙的请求，在陈州住了七十多天，直到中秋节后才上路。

与苏轼相比，苏辙生性沉稳少言。他有三个儿子、七个女儿，一生儿女众多。后来，苏辙儿女们的婚事都是由苏轼帮忙张罗的。苏辙日子过得并不富裕，住的房子很矮小，而他身材又生得高大，所以常常会碰到头。苏轼见了，便写下“常时低头诵经史，忽然欠伸屋打头”来调侃弟弟。

苏轼兄弟俩从小一起长大，一起读书，一起科举高中，从来没有分开过。直到苏轼任凤翔府判官时，兄弟俩才平生第一次离别。当时，苏轼看着送他的弟弟在郑州西门外的雪地上，骑着那匹瘦马返回时，心里无限伤感。当苏辙的头在高低起伏的路面上一起一伏，最后消失在视线之外时，苏轼顿时止不住落下了眼泪。

苏辙与苏轼文风有很多相似之处。苏轼曾说：“我少知子由，天资和且清。好学老益坚，表里渐融明。岂独为吾弟，更是贤友生。”

当年，仁宗皇帝在殿试中出题“贤良方正能直言极谏”策问。“贤良方正”是说文学出众，道德端正，“能直言极谏”是指善于策论，勇于给皇帝提意见。苏辙当时作《御试制科策》，矛头直指宋仁宗："沉湎于酒，荒耽于色，晚朝早罢，早寝晏起，大臣不得尽言，小臣不得极谏。左右前后，惟妇人是侍，法度正直之言不留于心，而惟妇言是听。"斥其沉溺于声色犬马，怠于政事，还听不进去逆耳忠言，只听后宫那些妇人的话，并且连用了历史上六个昏君来做比喻，论证宋仁宗根本就没有执政能力，简直不配做皇帝！

苏辙的策论虽然有些过激，但他直指当时国家冗官、冗兵、赋税沉重、对外屈膝等时弊，其胸怀大志、忧国忧民、忠君报国的赤子之心，坦坦荡荡，正气凛然。他的策论当时在朝堂之上引起了一场激烈的争论，主考官司马光在苏辙身上仿佛看到了自己年轻时的影子，他也是十九岁考中进士，他认为苏辙在应试者中表现出的忠君报国之心，可喜可嘉，应选为三等。考官胡宿则认为，苏辙这是在侮辱皇帝，应被黜落。幸运的是，仁宗是位豁达大度的仁厚之君，他容纳了苏辙直言忠谏，而一锤定音："吾以直言求士，士以直言告我，今而黜之，天下其谓我何！"宋仁宗欣赏苏辙的文章胆识，对苏轼、苏辙兄弟赞赏有加，回到后宫还兴奋地对皇后说："朕今日为子孙得两宰相矣！"最后，苏轼入第三等，为"百年第一"，苏辙入第四等。虽然没能与哥哥一同入选三等，但苏辙这番策论远比苏轼尖锐激烈，由此可以看出，苏辙的实力是不逊于哥哥苏轼的。

苏轼曾说："子由之文实胜仆，而世俗不知，乃以为不如。"这并不是什么自谦之词，而是苏轼的真心话。苏轼的学生秦观也同意苏轼的看法："中书（苏轼）尝自谓'吾不及子由'，仆窃以为知言。"

虽然哥哥的光芒盖住了苏辙，但兄弟二人的感情却从没有受到影响，而是一同携手前进，在官场中互相扶持。在陈州的日子里，苏轼与苏辙一起游览风光秀美的柳湖（今龙湖），写下了《次韵子由柳湖感物》：

忆昔子美在东屯，数间茅屋苍山根。
嘲吟草木调蛮獠，欲与猿鸟争啾喧。
子今憔悴众所弃，驱马独出无往还。
惟有柳湖万株柳，清阴与子供朝昏。
胡为讥评不少借，生意凌挫难为繁。
柳虽无言不解愠，世俗乍见应怃然。
娇姿共爱春濯濯，岂问空腹修蛇蟠。
朝看浓翠傲炎赫，夜爱疏影摇清圆。
风翻雪阵春絮乱，蠹响啄木秋声坚。
四时盛衰各有态，摇落凄怆惊寒温。
南山孤松积雪底，抱冻不死谁复贤。

后来，苏轼每到一个地方任职都要给弟弟苏辙寄信赠诗，仅以“子由”为题的诗词，就超过100首，特别是晚年被贬谪时，而苏辙也常常回赠诗词相和。

苏轼兄弟二人气质不同，长相也各有特点。苏辙个子高大，脸盘丰满，两腮稍显赘肉，属于肥胖身材；苏轼健壮结实，体型比较匀称，身高在五尺七八寸上下，不但颧骨高，前额也高大，细长的眼睛炯炯有神，下巴端正，胡须长而末端尖细。最能体现苏轼特性的，就是他那张爱说的嘴。

苏轼在陈州逗留的日子里，和苏辙经常与张方平相聚。张方平作为元老级的老臣，退隐后和他们住在一个城市。张方平酒量很大，且喝酒极为豪爽，据说他能喝一百杯。欧阳修也是海量，却喝不过张方平。张方平喝酒，一开始并不向客人说他们要喝多少杯，而是说喝多少天。苏轼的酒量小，但是他并不因自己酒量小而戒酒。苏轼常说：“对你们海量的人我并不羡慕，我喝完一杯就醉了，但我不也是和你们一样尝到了喝酒的快乐吗？”

那些日子，苏轼兄弟两家人悠闲地相聚在一处，共同度过了快乐的时光。兄弟二人除了到柳湖去划船，还经常去城郊散步，谈论当下局势。政治、家事、前途，都是兄弟二人所关心的。苏轼的短处就是总爱向别人谈论自己的思想，写文章也是发挥自己的见解，这在当时那种动荡的环境下，并不是什么好事。苏辙太了解哥哥的性格了，就向哥哥进忠言，让他为人处世多加小心，谨言慎行。后来，苏轼在遭遇“乌台诗案”监禁解除之后，苏辙曾把手捂住他的嘴，告诉他以后要三缄其口。苏轼对弟弟苏辙说：“我知道我一向出言不慎。我这人一旦发现什么事情不对，就像在饭菜里吃到个苍蝇一样，非要唾弃不可。”苏辙告诫哥哥说：“你要看你说话的对方是谁，有些人你可以推心置腹，有些人是不可以的。”苏轼点头承认说：“这就是我之所短。也许我生来就太相信人，不管我是跟谁说话，我都是畅所欲言。”

苏轼在陈州过完中秋节，一家人必须启程南下了。这次与苏辙两家共度中秋佳节，也是随后六年中唯一的一次，让苏轼此后的岁月里一直念念不忘。临别时，兄弟二人难舍难分，苏辙决定送兄长至沙颍河十里外的颍州（今安徽省阜阳市）。颍州是苏轼已经告老隐退的恩师欧阳修定居的地方，所以兄弟俩一到颍州城就前去登门拜见。兄弟俩的到来，让欧阳修非常高兴。他们一起游览颍州的美景，一起饮酒赋诗。在颍州与恩师相伴了半月有余，苏轼才又踏上征程。在苏轼即将开船出发的前夜，苏辙又陪他在船上过了一夜。这一夜，兄弟俩吟诗论政，彻夜未眠。

苏轼与苏辙二人虽然在政治上看法相似，立场也相同，但二人性格迥然不同。苏辙沉稳，务实，内敛不外露，寡言少语；而苏轼则个性鲜明，旷达洒脱，天真率性，做人处事不拘小节、好与人争辩，不顾后果。在朋友、同事心目中，苏辙为人可靠，苏轼则直言不讳，爱开玩笑戏谑人，常常令人害怕。在好朋友之间，苏轼谈笑风生中总夹杂着惊人的双关语，那些老实拘谨的人听他说话，都觉得不论什么事，只要是真，苏轼都能说出来，根本不知道什么禁忌。

正是苏轼的这种性格，导致了后来的“乌台诗案”。事件爆发时，苏辙第一时间得到了消息。在御史台派人去湖州抓捕苏轼时，苏辙已经修书一封，派人给哥哥通风报信，让他有个心理准备。苏辙还连夜写了一封奏折《为兄轼下狱上书》：

> 臣早失怙恃，惟兄轼一人，相须为命。……臣欲乞纳在身官，以赎兄轼，非敢望末减其罪，但得免下狱死为幸。

苏辙为了保住哥哥一条性命，请求朝廷削去他的官职，以此来替兄长赎罪。因受苏轼的牵连，他被贬往江西。

苏轼读唐代诗人韦应物的“宁知风雪夜，复此对床眠”诗句时，感触颇深，曾与苏辙约定“夜雨对床”。这在后来两人的互答诗中经常被提起，如苏轼曾说：“君知此意不可忘，慎勿苦爱高官职。”但是，兄弟俩这种心愿一直未能实现。苏辙曾说：“平足之爱，平生一人。”“自信老兄怜弱弟，岂关天下无良朋。”苏轼也在写给好友李常的一首诗中说："嗟余寡兄弟，四海一子由。"他还常常说自己实不如苏辙，"至今天下士，去莫如子由。"

苏轼被贬海南儋州时，苏辙也被贬谪广东雷州。当患难中的兄弟二人相遇于广西藤州（今广西藤县）时，苏辙送苏轼诀别于海边，苏轼作诗说："劝我师渊明，力薄且为己。微痾坐杯酌，止酒则瘳矣。"这是两兄弟最后一次见面送别，此后直至苏轼在常州病逝，两人再无缘相见。苏轼去世前还因不能见到弟弟苏辙而大为遗憾："惟吾子由，自再贬及归，不及一见而诀，此痛难堪。"他留下遗嘱，让弟弟苏辙为他写墓志铭。

当苏辙得知苏轼去世的噩耗时，禁不住失声痛哭，说：

> "昔余少年，从子瞻游，有山可登，有水可浮，子瞻未始不蹇裳先之。""惟我与兄，出处昔同，幼学无师，先君是从。游戏图书，寤寐其中，曰予二人，要以是终。"

在《东坡墓志铭》上，苏辙写下："扶我则兄，诲我则师。"可见兄弟之间的感情有多深。

苏辙按照遗言，将兄长苏轼安葬于嵩山[①]之下，并卖掉自己部分田产，将侄子接到身边共同生活。据宋人笔记记载，苏轼病逝后，"二苏两房大小近百余口聚居"。

晚年，苏辙闭门不出，几乎断绝了一切人际往来。十年后，

① 嵩山，位于河南省西部，地处登封市西北部，西邻古都洛阳，东临古都郑州，属伏牛山系。是中华文明的重要发源地，也是中国名胜风景区，为五岳中的中岳。

追随哥哥而去，终于实现了“安知风雨夜，复此对床眠”的约定，彼此再也不会分开。《宋史・苏辙传》中评价这对兄弟情是：“辙与兄进退出处，无不相同，患难之中，友爱弥笃，无少怨尤，近古罕见。”

05. 外任杭州

熙宁四年（1071 年）中秋节后，苏轼作别了弟弟苏辙和归隐在颍州的恩师欧阳修，携家眷一路继续南下，赴任杭州通判一职。

深秋的天气渐渐转冷，一家人风雨兼程，吃尽了苦头。望着两岸渐行渐远的景物，想到王安石指使谢景温给自己罗列罪名的肮脏行径，不免心生愤慨。虽然谢景温说自己趁运送父亲灵柩回原籍途中，滥用官兵、购买家具瓷器、偷运私盐从中谋利等罪名属于诬告，最终没能达到他们欲置苏轼于死地的目的，但这件事毕竟在朝中造成了很大的影响，连神宗皇帝也动摇了对苏轼的赏识，加上朝政已经被王安石一党把持，苏轼已无法再继续待下去，只好请求外任。而前途就如一路阴晴不定的天气，难测难料，苏轼不免心生郁闷，一路上心情都很沉重。回想从科考以来发生的种种事情，他开始思考人生的意义，并写下了《出颍口初见淮山是日至寿州》一诗：

我行日夜向江海，枫叶芦花秋兴长。
长淮忽迷天远近，青山久与船低昂。

寿州已见白石塔，短棹未转黄茅冈。
波平风软望不到，故人久立烟苍茫。

苏轼觉得秋风中飘摇的芦荻就像自己飘摇的人生，一叶轻舟般在政治漩涡中起起伏伏。

熙宁四年（1071 年）十一月底，苏轼一家人终于抵达杭州。

苏轼到杭州后就去府衙报到，拜见了当时的杭州太守沈立。沈立在任杭州太守前，曾在越州供职，他为人老诚，勤政爱民，无论走到哪里为官，都深受人们的爱戴。沈立博闻强记，喜好读书，家里有三万余卷的藏书。生活中的各种趣事经他染墨都能妙笔生花，并编撰了十卷包罗万象的《牡丹记》，里面不但有诗词曲赋，还有栽培方法、异闻传记等。

熙宁五年（1072 年）三月，沈立即将离任，临走前请苏轼为他的十卷《牡丹记》作序言，苏轼欣然接受。在序中，苏轼赞美沈立“耆老重德”，非“务为新奇以追逐时好者”。苏轼与沈立相处的时间并不长，但关系十分融洽，虽然正史和宋人笔记中没有留下可以鉴证的资料，但从苏轼与沈立的四首和诗中，仍然可以看出端倪。这年五月，沈立离任杭州，改任右议大夫，并与同僚上《新修审西院》上卷，受到神宗皇帝的赏赐。

沈立离任时，苏轼作《和沈立之留别二首》，

其一曰：

而今父老千行泪，一似当时去越时。
不用镌碑颂遗爱，丈人清德畏人知。

其二曰：

卧闻铙鼓送归艎，梦里匆匆共一觞。

试问别来愁几许，春江万斛若为量。

苏轼在诗中引经据典，对沈立的忠贞清廉，刚直低调，不贪图虚名的人品修为以及杰出的政绩给予了高度的评价，同时也表达了自己深深的留恋之情。

沈立走时，朝廷新任命的陈襄还未到杭州。只得将杭州一应事务先托付给通判苏轼。苏轼已有在凤翔府工作过的经验，所以一切对他来说并不困难，反而让他觉得，能远离朝廷那些奸佞小人，不用应对那些钩心斗角，是一件轻松无比的好事。

杭州风光秀美，自古就有“上有天堂，下有苏杭”之说，就连仁宗皇帝也曾赞叹这里“地有吴山美，东南第一州”。身在杭州的苏轼，每日徜徉在美丽的西子湖畔，感受着那份宁静、恬淡，之前郁积在心中的块垒一扫而光。虽然他是第一次到杭州，却有似曾相识的感觉。此后，杭州作为苏轼的第二故乡一直让他念念不忘，这在他的诗中体现最多。

苏轼在杭州的家位于凤凰山顶，北可俯瞰群山环抱的西湖，南可见船帆点点的钱塘江，东可望惊涛拍岸的钱塘江湾，府衙则位于居所的北侧。杭州城在凤凰山下，自北向南夹在西湖与钱塘江湾之间。高大的城墙将城里城外分隔开来，城内水道纵横，有桥梁相通，小桥流水，景色宜人。每当清晨推开窗子，晨岚中群山环抱的西湖，就会像一个安静的处子呈现在眼前，恬淡而优雅。山坡上的庙宇、漂浮的白云，都令人赏心悦目。不用等到中午，湖面上就已经是游艇画舫往来游弋了。到了晚上，坐在家里就能听见阵阵笙歌从湖面轻轻飘来；城内的夜市更是灯火通明，叫卖各种小吃、物品的声音此起彼伏，忽高忽低，直到凌晨才能散去。

杭州的湖光山色，杭州城的繁华热闹，暂时洗去了苏轼郁结在心中的政治苦闷，让他一下爱上了这里。他甚至说，自己前生曾住在这里。据说，有一次，苏轼和朋友去游寿星院，一进门，苏轼就有似曾相识的感觉。他告诉朋友说，从这里到后面的向忏堂要走九十二级台阶。他还向大家描绘寺院后面的建筑、庭院、花草树木、山石亭阁，最后大家走完发现，与苏轼所言丝毫不差，众人都感到不可思议。苏轼更是写下了诗句：

未成小隐聊中隐，可得长闲胜暂闲。
我本无家更安往，故乡无此好湖山。

当时，新法正在全国推行，杭州作为北宋繁荣富庶的重要州府，新法的推行自然要走在前列。但是，新法的弊端也成了当地民众与官府尖锐的矛盾，如青苗法、免役法等，推行起来非常困难。杭州是大州府，朝廷在这里除了设有太守之外，还设立了两个辅官，苏轼就是其中之一。通判的官职，除去审问案子，并没有其他事情可做。而苏轼每天需要审案处理的，几乎都是反对新法的良民百姓，这让本来就不认同新法的苏轼很是苦闷。在本该人生建功立业的大好年华，却不得不离京外任，这种遗憾，甚至是恼怒、埋怨，让他将自己对处境的不满，对自己因政见不同而招致的排挤和陷害，想退而又不甘的矛盾心情统统写进诗中，寄给了弟弟苏辙：

其一：

眼看时事力难任，贪恋君恩退未能。
迟钝终须投劾去，使君何日换韦丞。

其二：

圣明宽大许全身，衰病摧颓自畏人。
莫上山头苦相望，吾方祭杜请比邻。

宋朝的官制重内轻外。在京为官者，如果与宰相等执政党不合，不是被罗织罪名下狱，就是遭贬谪去地方上出任相应级别的地方官。苏轼远离京城的明争暗斗，初到杭州任职，除了和当时任太守的沈立以及当地的一些僧道有些交往外，他时常倾诉交往的对象基本上还是弟弟苏辙。只有对苏辙，苏轼才敢倾吐满腹的牢骚和肺腑之言。

06. 寄情山水

在杭州任上的苏轼，审案中得知案犯几乎都是因反对王安石新法而受害的普通百姓，心中非常抵触。可他又毫无办法，因为那些都已经成为法律，他无权更改。熙宁四年（1071 年）除夕，苏轼审完因贩私盐而被抓捕入狱的犯人后，觉得自己和审问的那些阶下囚没什么不同，便写下了《除夜直都厅囚系皆满日暮不得返舍因题一诗于壁》：

除日当早归，官事乃见留。执笔对之泣，哀此系中囚。
小人营糇粮，堕网不知羞。我亦恋薄禄，因循失归休。
不须论贤愚，均是为食谋。谁能暂纵遣。闵默愧前修。

苏轼虽然无法说出心中的忧伤，但他并没有因此一蹶不振，而是自我开脱，自己找乐。杭州美丽的自然风光，热闹繁华的城市氛围，让苏轼天性中旷达乐观、随遇而安的一面展现出来。他寄情于山水之间，诗情和灵感在饱餍了秀美的风光后大放光芒。他不但游遍了杭州城内、西湖等如诗如画的湖光山色，就连杭州城外周边十五里之内都成了他经常游玩的地方。

江南的天气四季如春，随时随地都可以出游。杭州又美景众多，特别是西湖的景色旖旎多姿，一时一景，一步一景，引人入胜。苏轼常常从西湖出发，前往各处。有时他沿着北岸到有名的灵隐寺和天竺顶，有时从南岸出发到大慈山白鹤峰下的虎跑寺，与住持一边品尝名泉水泡的香茗，一边畅聊古今。虎跑寺位于西湖西南，唐朝元和十四年（819 年），性空大师在大慈山白鹤峰下建虎跑寺修行。当时，大慈山后的断层陡壁砂岩和石英砂中，有一股清泉汩汩渗出，水质晶莹甘洌，被称为虎跑泉。关于虎跑泉还有一个美丽的传说，据说当年性空大师住下后，发现附近没有水源，便产生了迁往别处的念头。一天夜里，他梦见有神人告诉他："南岳有一童子泉，当遣二虎将其搬到这里来。"第二天，性空大师果然看见有两只老虎在地上用爪子刨坑，很快清澈的泉水就涌了出来。传说无从考证，但泉水却因此取名为虎跑泉。虎跑泉居西湖诸泉之首，和龙井泉一起被誉为“天下第三泉”。

杭州共有寺院三百六十座，它们大多数建在风景秀丽的西湖周边和山顶。苏轼常去寺院与高僧闲谈，兴起时常常忘记了时间，回家已是夜幕低垂，万家灯火了。有时，苏轼与朋友同游西湖饮酒赋诗，一番纵情吟咏后，微醺的他穿过灯火通明的夜市往回走，到家时，想好的诗句却已记不全了。苏轼曾写下《湖上夜归》来记述这种生活：

我饮不尽器，半酣尤味长。篮舆湖上归，春风吹面凉。
行到孤山西，夜色已苍苍。清吟杂梦寐，得句旋已忘。
尚记梨花村，依依闻暗香。入城定何时，宾客半在亡。
睡眼忽惊矍，繁灯闹河塘。市人拍手笑，状如失林獐。
始悟山野姿，异趣难自强。人生安为乐，吾策殊未良。

西湖是整个杭州人游玩赏景的最佳去处，文人墨客与普通百姓都聚集于此。特别是三月三、五月五、八月半、九月九等重要的节日或神祇的生日，湖上更是游人如织，游船画舫必须得提前几天预订才行。苏轼特别喜欢这种游湖活动，并且乐此不疲。有时，他携夫人王闰之及子女同游，有时与同僚好友相伴。苏轼才华纵横，且多才多艺，游玩当中常常诗兴大发，妙笔生花，杭州城内的文人雅士都对他敬佩万分。

熙宁五年（1072 年）六月，苏轼与友人乘船游览西湖，忽然空中乌云密布，雨点瞬间砸落下来，大家赶紧弃船登上望湖楼，一边饮酒，一边避雨。当微醺中的苏轼在望湖楼上看到雨中西湖的奇妙风光，顿觉心旷神怡，挥毫泼墨，写下了五首绝句，其中《六月二十七日望湖楼醉书》中写道：

黑云翻墨未遮山，白雨跳珠乱入船。
卷地风来忽吹散，望湖楼下水如天。

在西湖上，游湖活动基本上有两种形式，一种是携家人同游，一种是携营妓同游。宋朝继承了唐朝的营妓制度，但是，宋朝和唐朝不同，营妓只卖艺不卖身。官员夜召营妓或与营妓发生关系都是不允许的，是犯罪。宋朝法律明确规定，营妓只准“歌舞佐酒”，不准“私侍枕席”。宋朝龚明之写的《中吴纪闻》说：“乐天（白居易）为郡时，尝携容满、张志等十妓，夜游西湖虎丘寺，尝赋纪游诗。为见当时郡政多暇，而吏议甚宽，使在今日（宋朝），必以罪闻矣！”可见宋朝的妓女是有生命权的，她们只是卖艺的女性。官府酒宴公务时，常由营妓陪侍、斟酒、唱曲助兴，因此新曲新词之风兴起，以供营妓在宴席间弹唱舞蹈，娱乐遣兴。使得词这种文体为宋朝的士大夫所钟爱，并盛行起来，由原来的俚俗一跃而变身为高雅，并发展到登峰造极，成为北宋文学的重要标志。许多文人名臣都以能“填词”作“小令”为荣耀。宰相晏殊，被称作“北宋倚声家初祖”，欧阳修、张先和民间专业词人柳永，他们有的工小令，有的善于长调。欧阳修有名句“泪眼问花花不语，乱红飞过秋千去”；张先以“云破月来花弄影”“娇柔懒起，帘押残花影”“柔柳摇摇，坠轻絮无影”得号“张三影”；柳永名句“青春都一饷，忍把浮名，换了浅斟低唱”，据说传到了仁宗皇帝的耳中，仁宗很是不悦，在柳永考进士时说：“浅斟低唱，何要浮名？”柳永因此而落第。而作词赋句对于苏轼来说，充分展示了他飘逸旷达的文学才华。苏轼的词清丽绝伦，以“神仙出世之姿”阅世，立即传遍钱塘，那些名妓纷纷围上去索要传唱。

不久，接任沈立的新任太守陈襄[1]已经到任。陈襄为官清正爱民，也因反对王安石的新法而被外放为官。两个秉性刚正、匡扶正义之人搭档，自然相交甚好。

陈襄初到杭州，苏轼率众人前去迎接，苏轼作《菩萨蛮·绣帘高卷倾城出》，记录当时的情形：

绣帘高卷倾城出，灯前潋滟横波溢。皓齿发清歌，春愁入翠蛾。凄音休怨乱，我已先肠断。遗响下清虚，累累一串珠。

陈襄虽然是苏轼的主官，又比苏轼大了二十岁，但并没有把苏轼当作下属看待，反而与他结为忘年之交。陈襄一生高节清廉、忠君爱国，仕途中始终克制自身的欲望，以利国利民为己任。陈襄为人平易近人，时时不忘礼贤下士，兴学重教，他关心民众疾苦，可以称得上“儒士典范”。熙宁五年（1072 年），陈襄作诗为赴考进士送行，邀请苏轼为诗写序。因苏轼祖父名苏序，为了避讳，苏轼用“叙”来代替“序”，作《送杭州进士诗叙》：

流而不返者，水也；不以时迁者，松柏也。言水而及松柏，于其动者，欲其难进也。万世不移者，山也；时飞时止者，

① 陈襄，字述古，侯官（今福建福州）人。因居古灵，故号古灵先生，与郑穆、陈烈、周希孟并称为“古灵四先生”，是北宋仁宗、神宗时期的名臣，著名的理学家，居“海滨四先生”之首，后来曾举荐苏轼、曾巩、程颢、苏辙、郑侠等 33 人。

鸿雁也。言山而及鸿雁，于其静者，欲其及时也。

苏轼在叙中希望考生能在朝廷颁行“科举新制”的形势下，依旧保持“学术独立”的品行，不随时势而改变，不要为了高官厚禄而放弃自己所学的“道”。苏轼所说的道，即以民为先、以民为本之道，当官的目的不是为了得到高官厚禄，而是为老百姓服务，这也是苏轼思想的体现。

陈襄喜欢饮酒，酒后好赋诗吟咏，他一到任，西湖立时热闹起来。苏轼曾作《有以官法酒见饷者因用前韵求述古为移厨饮湖上》记之：

喜逢门外白衣人，欲脍湖中赤玉鳞。
游舫已妆吴榜稳，舞衫初试越罗新。
欲将渔钓追黄帽，未要靴刀抹绛巾。
芳意十分强半在，为君先踏水边春。

一天，苏轼一大早就陪着客人在西湖游玩宴饮，早晨明艳的阳光照在湖山秀水上，艳丽而明媚。午后天气逐渐转阴，傍晚竟下起雨来。朝晴暮雨的西湖，犹如人间仙境般美不胜收。船舱外细雨蒙蒙，船舱内丝竹管弦悠扬，营妓长袖飘飞，轻歌曼舞，犹如仙女下凡般轻盈灵动。人景相衬，苏轼顿时灵感大发，挥毫写下了《饮湖上初晴后雨二首》，

其一：

朝曦迎客艳重冈，晚雨留人入醉乡。

此意自佳君不会，一杯当属水仙王。

其二：

水光潋滟晴方好，山色空蒙雨亦奇。
欲把西湖比西子，淡妆浓抹总相宜。

这两首诗，以第二首传世最久最闻名，而第一首已鲜为人知。其实，第二首虽好，却是第一首的注脚。第一首中所说的“此意自佳君不会”的“此意”，正是指诗人在第二首中所写的西湖晴雨咸宜，就像美人无论是淡妆还是浓抹，都各具风姿神韵。没有第一首，题中的“饮”字就无从着落。苏轼在诗中说，很多人游西湖都喜欢晴天，却不知道，雨中的湖光山色更别有一番韵味。西湖上有水仙王庙，庙中的神灵整天守在湖边，看遍了西湖的风风雨雨、晴波丽日，一定也会赞同自己的观点的，而且苏轼邀请水仙王共同举杯。

苏轼外任杭州，不仅政绩卓有成绩，而且广交贤人雅士，遍游灵山秀水、古刹名川。当时许多崇拜苏轼文采的人得以有机会与他相识结交，“苏门四学士”之一的晁补之，就是苏轼在通判杭州时，上书求见结下的缘分。

07. 体恤民情

杭州虽被誉为“人间天堂”，苏轼在这里也常常泛舟湖上，纵情山水之间，写下了大量的诗文，但是，他内心却一刻也没有忘记，自己因何离开京城。时势政局的动荡不稳，百姓民不聊生的痛苦，都让他感到不安，感到忧虑。他常将这些感情隐匿在诗句中，以诗意的方式表达出来。

当时和苏轼一样反对王安石变法的一帮朋友，现在都被外放到东南各地为官。刘絜和李常在九江，孙觉在离杭州不远的湖州，他们之间常有书信往来，并经常诗词酬和。虽然他们都对时局感到担忧，但因为朝中还是王安石一党把持朝政，他们只好将不同的意见放在心里，已不再像从前那么激进了。

陈襄到任后，苏轼接到转运司的命令，让他负责监督汤村、盐官两地开凿运盐的人工运河一事。由于新法实行后，朝廷收回贩盐的权力，所以任何人都不能再私自制盐售盐，否则就是违法，抓住后要被下入大牢的。但是，为了生计，杭州湾附近产盐区的盐贩子们并没有因此放弃他们的营生。因为贩盐路途遥远，成本又高，有些商贩不惜铤而走险，开始偷偷贩卖私盐。贩卖私盐既满足了百姓的需求，商贩又可以从中获得利润。朝廷为了禁止贩运私盐，对盐贩的打击一直没有停止过，致使监狱中的盐犯与日俱增，直至人满为患。为此，苏轼曾上书朝廷：“轼在余杭时，见两浙之民以犯盐得罪者，一岁至万七千人而莫能止。”可惜，朝廷并没有重视他的诤谏。如今，朝廷为了运盐开凿运河，让本就贫困的百姓徭役加身，生存更加艰难了。身为督官的苏轼，亲眼看见了服徭役的民众每天黎明闻号即起，在冷雨泥水中艰苦地劳作，感到非常痛心，便作《汤村开运盐河雨中督役》一文，来渲泄胸中的块垒：

居官不任事，萧散羡长卿。胡不归去来，滞留愧渊明。
盐事星火急，谁能恤农耕。薨薨晓鼓动，万指罗沟坑。
天雨助官政，泫然淋衣缨。人如鸭与猪，投泥相溅惊。
下马荒堤上，四顾但湖泓。线路不容足，又与牛羊争。
归田虽贱辱，岂识泥中行。寄语故山友，慎毋厌藜羹。

熙宁六年（1073 年）二月，苏轼到杭州周围的属县去视察春耕情况。一天，他从杭州西南的富阳经新城（今浙江省杭州市富阳区新登镇）去山里视察，正赶上雨天。江南的雨来得快，去得也快，待雨过天晴，苏轼闻着清新的空气，想着雨水对土地墒情的助益，不觉心情大好，写下了清新愉快的诗句《新城道中》：

东风知我欲山行，吹断檐间积雨声。
岭上晴云披絮帽，树头初日挂铜钲。
野桃含笑竹篱短，溪柳自摇沙水清。
西崦人家应最乐，煮葵烧笋饷春耕。

雨后的山野，处处给人焕然一新的感觉。苏轼穿行其间，陶醉在“春入深山处处花”的美景当中。在山中行走的苏轼，偶遇一位七十余岁的老者，正在山中挖竹笋。苏轼与老者攀谈中得知，新笋虽然鲜嫩甜脆很好吃，但是因为没有盐来调味，吃起来口感还是差了很多。朝廷对食盐的专卖政策，让老百姓无处得盐，他们家已经三个月没有买到盐了。一心爱民的苏轼，眼见百姓在新法的实行中饱受苦难，自己却无能为力，不禁慨由心生，写下了针砭时政的诗作：

老翁七十自腰镰，惭愧春山笋蕨甜。
岂是闻韶解忘味，迩来三月食无盐。

苏轼能写湖光山色秀丽多姿的赞美诗，也能写批判苛捐杂税的讽刺诗，他把对新法酷政的不满都寄寓在诗词之中。苏轼这种不顾利害率性而为的性格，为他后来被人罗织罪名，陷害下狱埋下了隐患。

苏轼任职杭州通判，最大的心愿就是看到百姓都能安居乐业，可现实却让他心灰意冷。一次，他去杭州城北的太湖地区，顺路去看望好友孙觉。孙觉身材高大，长须飘飘，素以敢言著称。对于不学无术、无故割地给契丹的韩缜，对于制造冤狱的蔡确，对于人品污下、才薄望轻的章惇，对于才识浅陋的安焘等宰相级人物，他一个月内连上十余篇弹劾的奏折。皇帝要给他升官职，他说，如果这些奸臣不罢职，我不升官。如果他们“去位之后，别有差遣，臣不敢辞”。苏轼曾评价他“文学论议，烛知本原。谏省东台，久从践历”。两位老友相见，谈起新法的弊端，自是愤慨颇多。苏轼在孙觉的《名家书法集》上题诗一首，写道：

嗟余与子久离群，耳冷心灰百不闻。
若对青山谈世事，当须举白便浮君。

苏轼在乡野山间奔波，有时为了抗旱，有时为了防涝，有时赈济灾民。一路走来，他看到了百姓在保甲制度下所受的痛苦，听到了壮丁在鞭笞下的惨叫，目睹了他们的妻儿受牵连被抓时的挣扎哭喊。苏轼满腔的愤懑与无奈，只能付诸笔墨。生性耿直的他不愿意伪装隐藏自己的感情，喜怒哀乐皆显于面上。他总会情不自禁地拿起手中的笔，有时来赞美田园的美好，有时尖锐地抨击新法的错误。他在《吴中田妇叹》中写道：

今年粳稻熟苦迟，庶见霜风来几时。
霜风来时雨如泻，杷头出菌镰生衣。
眼枯泪尽雨不尽，忍见黄穗卧青泥。
茅苫一月垅上宿，天晴获稻随车归。
汗流肩赪载入市，价贱乞与如糠粞。
卖牛纳税拆屋炊，虑浅不及明年饥。
官今要钱不要米，西北万里招羌儿。
龚黄满朝人更苦，不如却作河伯妇。

苏轼用这首诗，表达了自己对劳动人民苦难遭遇的深切同情。

08. 赈济灾民

同白居易一样，苏轼在杭州通判的位置上，最显著的政绩也是兴修水利。在这里，苏轼治水旱、蝗灾，赈济饥民，疏浚六井，一心为百姓谋福利。他说自己“政虽无术，心则在民”。

熙宁五年（1072 年），苏轼到任杭州的第二年，太守陈襄上任。

两人共事两年多的时间里，体恤民情，行政为民，都能深入民间了解民众的疾苦。两人都反对王安石的新法，都刚正不阿，具有过人的胆识，都不是尸位素餐之人，都一心想为百姓做点实事。

杭州原本是钱塘江潮水冲积而成的一块陆地，所以自古以来，杭州城的水质就苦涩难咽。唐朝时，李泌任杭州刺史，为了解决百姓的吃水问题，曾建造六口大井，分布在杭州城区各处，引西湖的淡水供全城百姓饮用。到白居易任杭州刺史时，又对西湖进行了大规模的整治。他亲自组织修建了拦湖大堤，将原来的湖堤“加高数尺”，既为江南运河扩充了水源，也保障了钱塘、盐官（今海宁）之间运河两岸数十万亩农田的灌溉，还解决了杭州城居民的生活用水问题，是一件一举三得的大好事。后世为了纪念白居易，将他负责修建的堤坝称为“白公堤”。到了宋朝，因为年代久远，西湖以及六口大井早已被泥沙淤塞，百姓吃水再一次成了急需解决的难题。

苏轼了解到这一情况后，立即如实上报给陈襄，请求解决这件关系民生的大事。陈襄对此事也非常重视，两人经过缜密的规划、布置，很快就对六口大井实施了疏浚整治。经过重新挖沟、砌换新砖、修补泄露的缝隙等一系列工程，到熙宁六年（1073 年）春，杭州府完成了对钱塘六井的治理工程，六口大井又重新焕发了生机。清澈的水汩汩流出，百姓又喝上了放心水，大家欢呼雀跃，无不奔走相告。陈襄与苏轼携手治理杭州六井，不但为百姓解决了饮水问题，还在接下来的大旱中发挥了重要作用。

苏轼在杭州的两次任职，都为解决民众的用水问题作出了积极的贡献。为此，他曾作《钱塘六井记》：

潮水避钱塘而东击西陵，所从来远矣。沮洳斥卤，化为桑麻之区，而久乃为城邑聚落，凡今州之平陆，皆江之故地。其水苦恶，惟负山凿井，乃得甘泉，而所及不广。唐宰相李公长源始作六井，引西湖水以足民用。其后刺史白公乐天治湖浚井，刻石湖上，至于今赖之。始长源六井，其最大者，在清湖中，为相国井，其西为西井，少西而北为金牛池，又北而西附城为方井，为白龟池，又北而东至钱塘县治之南为小方井。而金牛之废久矣。嘉祐中，太守沈公文通又于六井之南，绝河而东至美俗坊为南井。出涌金门，并湖而北，有水闸三，注以石沟贯城而东者，南井、相国、方井之所从出也。若西井，则相国之派别 者也。而白龟池、小方井，皆为匿沟湖底，无所用闸。此六井之大略也。

熙宁五年秋，太守陈公述古始至，问民之所病 。皆曰："六井不治，民不给于水。南井沟庳而井高，水行地中，率常不应。"公曰："嘻，甚矣，吾在此，可使民求水而不得乎！"乃命僧仲文、子圭办其事。于是发沟易甃 ，完缉罅漏 ，而相国之水大至，坎满溢流，南注于河，千艘更载，瞬息百斛。疏涌金池为上中下，使浣衣浴马不及于上池。而列二闸于门外，其一赴池而决之河，其一纳之石槛，比竹为五管以出之，并河而东，绝三桥以入于石沟，注于南井。

明年春，六井毕修，而岁适大旱，自江淮至浙右井皆竭，民至以罂缶贮水相饷如酒醴。而钱塘之民肩足所任，舟楫所及，南出龙山，北至长河盐官海上，皆以饮牛马，给沐浴。

余以为水者，人之所甚急，而旱至于井竭，非岁之所常有也。以其不常有，而忽其所甚急，此天下之通患也，岂独水哉？

（摘编自《苏轼全集》）

《钱塘六井记》记录了钱塘六井开凿的历史由来和整修治理六井的全过程，但它并没有局限于“记”，而是借“记”发“议”，意在“记”外。

也是在熙宁六年（1073年），一场百年不遇的旱灾席卷了江淮大地，杭州这六口重新整治过的水井，为杭州百姓提供了充足的饮用水，百姓无不从心里感激陈襄与苏轼这样的好官。十月，苏轼接到朝廷的命令，让他以杭州通判兼任转运使的身份前往常州、润州（今江苏镇江）、秀州（今浙江嘉兴）和苏州赈济饥民。遇上大旱之年，饥荒和瘟疫像一对孪生姐妹一样相随而生。苏轼深知大灾之下老百姓的艰难疾苦，便向朝廷上奏请求免去本路三分之一的上供米，又得赐予剃度僧人的牒文，用来换取米粮，救济那些饱受饥饿之苦的灾民。苏轼说：“杭州是水陆交通的要地，得瘟疫病死的人比别处要多些。”

很快年关临近，为了让更多的灾民过上一个温饱的新年，苏轼加快了赈灾的速度。他风餐露宿，一路辗转苏州、无锡农村，抓紧处理救灾的大小事务。当他到达常州城东郊时，已经是除夕之夜了。当时润州的灾情最为严重，为了尽快赶到润州，同时减轻地方行政的负担，不惊动当地老百姓过新年，苏轼没有上岸，而是连夜宿营在常州城外京杭大运河的船上。

野阔天低，星光如豆，河水轻轻拍打着船舷。无法入睡的苏轼，站立在船头，想到灾民的疾苦，自己的宦海沉浮，以及对家人的思念，挥笔写下了《除夜野宿常州城外二首》：

其一：

行歌野哭两堪悲，远火低星渐向微。
病眼不眠非守岁，乡音无伴苦思归。
重衾脚冷知霜重，新沐头轻感发稀。
多谢残灯不嫌客，孤舟一夜许相依。

其二：

南来三见岁云徂，直恐终身走道途。
老去怕看新历日，退归拟学旧桃符。
烟花已作青春意，霜雪偏寻病客须。
但把穷愁博长健，不辞最后饮屠苏。

熙宁七年（1074年）春，苏轼又减价出售常平仓[①]的米粮。并搭设粥棚，做了很多粥和药剂，派人带着医生到大街小巷去给灾民治病。这项举措救活了很多人。他还积贮钱粮，将收集到的两千缗钱和自己私人的五十两黄金一起拿出，建造治病的场所，来防备瘟疫的流行。在整整七个月的时间里，苏轼一直奔波在常州、润州之间，认真勤勉地处理着繁杂的赈灾事务。忙起来还好说，偶得闲暇，便不免生出对家人和妻子王闰之的思念，于是，写下了《少年游·润州作》这首词，来表达自己的思念之情。

---

① 常平仓，中国古代政府为调节粮价，储粮备荒以供应官需民食而设置的粮仓，对平抑粮食市场和巩固封建政权起到了积极作用。

去年相送，余杭门外，飞雪似杨花。今年春尽，杨花似雪，犹不见还家。对酒卷帘邀明月，风露透窗纱。恰似姮怜双燕，分明照、画梁斜。

熙宁七年（1074年）六月，苏轼完成了赈灾的工作回到杭州。刚到杭州，就得知了一项重要的人事变动，杭州太守陈襄和应天府太守杨绘对调，杨绘成了苏轼在杭州的第三任主官。

陈襄即将离任，苏轼面对忘年好友的离去，心中很是不舍。在饯行告别的酒宴上，张先等人纷纷作词赋曲，以表惜别之情。苏轼也满怀离情，写下了《虞美人·有美堂赠述古》：

湖山信是东南美，一望弥千里。使君能得几回来？便使尊前醉倒更徘徊。　沙河塘里灯初上，水调谁家唱？夜阑风静欲归时，惟有一江明月碧琉璃。

转天，苏轼邀同僚好友等人到西湖，再次宴请陈襄，为其饯行。并作《菩萨蛮·西湖送述古》：

秋风湖上萧萧雨，使君欲去还留住。今日漫留君，明朝愁煞人。　佳人千点泪，洒向长河水。不用敛双蛾，路人啼更多。

自古官身不由人。虽有不舍，陈襄终究还是踏上了征程，苏轼一直送到杭州东北的临平。依依不舍中，苏轼写下了《南乡子·送述古》：

回首乱山横，不见居人只见城。谁似临平山上塔，亭亭。迎客西来送客行。

归路晚风清，一枕初寒梦不成。今夜残灯斜照处，荧荧。秋雨晴时泪不晴。

杨绘，字元素，号先白，绵竹人，比苏轼大四岁，进士及第也比苏轼早一年。杨绘也是一个能臣，在京城时和苏轼两人就很熟识，这回一起搭档主政杭州，默契度自然不成问题。

熙宁七年（1074 年）八月，浙东发生了严重的蝗灾。苏轼只好再次赴临安等地监督视察捕蝗一事。马不停蹄地奔波，接连不断的灾情，让苏轼悯农的同时，深感疲惫与艰辛。他在寄给弟弟苏辙的诗《捕蝗至浮云岭山行疲苦有怀子由弟二首》中写道：

西来烟障塞空虚，洒遍秋田雨不如。
新法清平那有此，老身穷苦自招渠。
无人可诉乌衔肉，忆弟难凭犬附书。
自笑迂疏皆此类，区区犹欲理蝗余。

诗中描绘了蝗灾的严重，密密麻麻的蝗虫从四面八方铺天盖地地飞来，大有遮天蔽日之势。

捕蝗结束后，回到杭州的苏轼任期已满。此时，弟弟苏辙早已经离开陈州到济州（今山东省济南市）任职。阔别已久的兄弟俩思念心切，为了离弟弟近一些，苏轼上疏朝廷，请求能调到靠近济州的地方去任职。熙宁七年（1074 年）九月，朝廷传下圣旨，苏轼被调往密州（今山东省诸城市）任太守。

苏轼即将赴任新职，新任太守杨绘以及一些杭州的老朋友前来为他送行。杨绘与苏轼虽然相处只有短短的两个月，但两人一见如故，早已成为知己。在饯行的酒宴上，苏轼将一首《醉落魄·席上呈杨元素》送给杨绘：

> 分携如昨，人生到处萍飘泊。偶然相聚还离索。多病多愁，须信从来错。　尊前一笑休辞却。天涯同是伤沦落。故山犹负平生约。西望峨嵋，长羡归飞鹤。

苏轼在这首词中，不仅抒发了离愁别恨，更表达了人生飘零、世事无常的深切感慨。

第四章　恍然一梦瑶台客

01. 密州太守

熙宁七年（1074 年），正值天下大旱，百姓们流离失所，无家可归。那些反对王安石变法的大臣们趁机向神宗进谏，将所有罪责都归于王安石变法。当时，皇宫有一个看门的小官，看到成群的难民充塞在京城的大街小巷，食不果腹，衣不蔽体，便特意绘制了流民苦难图呈献给神宗皇帝看。同时，后宫皇太后也向神宗哭诉王安石变法带来的种种异象。百姓的苦难，大臣的控诉，太后的哭诉，又赶上彗星出现和中岳嵩山崩裂，宋神宗受到了来自四面八方的压力，最终罢免了王安石的宰相职位，以吏部尚书、观文殿大学士出知江宁府，为正三品官。

王安石罢相后，吕惠卿代替了他的位置。吕惠卿创新了所得税法，新的免役税令老百姓更加无法负担，再加上严重的旱灾和蝗灾，更加民不聊生。

这年冬十一月，苏轼携家人离开风景秀丽的杭州城，奔赴山东密州履任太守一职。当时朝廷批准苏轼的官衔是：朝奉郎、尚书祠部员外郎、直史馆、知密州军州事、骑都尉。其官衔名称很长，这是北宋官职称谓的习惯，它包含了“职”（本职）、“阶”（品级）、“衔”（官阶等级）、“爵”（世袭爵位）、“勋”（勋官）等复杂名目。其中“知密州军州事”（军谓兵、州指民政，知州即太守）是苏轼受朝廷差遣的本职职务。而其他，如“朝奉郎”是正六品文阶官，表示他的“阶”（资历等级），“尚书祠部员外郎”（属礼部典祀官）是“衔”，“直史馆”（“直”同“值”，即“史馆”中工作的史官）是“兼衔”，“骑都尉”是武官名，属于“勋”。后面这些官衔，都只表明苏轼的身份资历，没有实权，皆为虚名。

北宋全国分为十五路，今山东境内分属京东路和河北路管理。到苏轼任密州太守时，京东路又分为京东东路和京东西路，密州隶属于京东东路，治所在诸城，管辖诸城、安丘、高密、莒县、胶西五县。苏轼上任时，密州人口三十二万，是京东东路人口最多的州县。在以农耕为主的北宋，青州人口才十六万，济南府也才二十一万人。密州作为人口众多的贫困山区，经济萧条，文化落后，百姓生活十分困苦。官员的薪俸也特别低，与杭州有着天壤之别。

苏轼刚进入密州境内，就看见老百姓用篙蔓杂草裹着蝗虫和虫卵挖深坑掩埋在道路旁，远远望去，绵延两百余里。蝗灾与旱灾就像孪生兄弟，总是相伴而来，密州连续七年的大旱，使得蝗虫早已经铺天盖地，泛滥成灾。熙宁七年（1074 年）秋，密州的旱情特别严重，从夏入秋滴雨未下，致使秋小麦无法播种，直到十月十三日才下了一点点小雨，而此时已错过了小麦播种的季节，即便种下去了也不生长。由此可推断，第二年春夏之际，会发生严重的饥荒。如此严重的旱情，早已让农业生产无法正常进行，老百姓为了生存活命，无奈之下，有人狠心丢弃了自己的孩子；有的人不惜铤而走险做了强盗。盗贼的增多，如雪上加霜，加剧了社会秩序的混乱。

苏轼刚一上任，就遭遇了严峻的困境，他甚至担忧“明年春夏之际，寇攘为患，甚于今日”。

熙宁八年（1075 年），苏轼一整年都奔波在抗灾的路上。他常常流着泪沿着城墙一路捡拾弃婴，他救活的弃婴无以计数。在他府上，每日供养的就有三四十人，他微薄的俸禄都用在救济弃婴上了，自己只能过着“杯酒之不设，揽草木以诳口”的生活。十年后的元丰八年（1085 年），苏轼赴登州上任时再次途经密州，那些被他收养救助过的弃儿和他们的养父母相继赶往州衙，拜谢苏轼的救命之恩，场面极为感人。

苏轼上任后曾问当地通判：我一路走来发现密州灾情严重，怎么没有人上报朝廷呢？通判只好如实回禀说，原太守不让报。苏轼问为何不让上报，通判说报了就没有政绩了，没有政绩还怎么升官。苏轼听后，对这种不顾百姓死活、弄虚作假、祸国殃民的丑恶行径十分愤慨。他一面写表章上报朝廷，请求减免百姓的赋税，一面采取焚烧和掘土掩埋的方法进行灭蝗。

百姓缺吃少穿的日子，对苏轼这个太守来说是最严峻的考验。为了拯救密州人民于水深火热之中，自幼心怀“书剑报国”“尊主泽民”大志的苏轼，并没有因处境的艰难而退缩，反倒迎难而上，更加“勤于吏职”“视官事如家事”。他说：“以济物为心，应不计劳逸”。他为了安抚百姓，亲自下田参加灭蝗抗旱的战斗；他“凡百劳心”而“朝衙达午，夕坐过酉”。他心里装着百姓，一面向朝廷请求发放赈灾粮，一面和百姓一起到城外去挖野菜充饥。他常常叹息：“民病何时休。”他这时觉得自己很无用：“平生五千卷，一字不救饥。”老百姓的困苦，让他如芒在背，睡不好也吃不好。由于不知疲倦地操劳工作，苏轼两鬓的头发已经过早地开始变白了。

宋神宗熙宁八年（1075年）二月二十日夜，身在密州，整日奔波于田间地头忙着治蝗的苏轼，梦见了已故的爱妻王弗。惊醒后，看着窗外空茫茫的夜色，斯人却无处触摸，不觉潸然泪下，心中的思念与悲伤一起涌上心头，无法排解的苏轼，挥笔写下了著名的悼亡词《江城子·乙卯正月二十夜记梦》：

> 十年生死两茫茫，不思量，自难忘。千里孤坟，无处话凄凉。纵使相逢应不识，尘满面，鬓如霜。　　夜来幽梦忽还乡。小轩窗，正梳妆。相顾无言，惟有泪千行。料得年年肠断处：明月夜，短松冈。

苏门六君子之一的陈师道评价苏轼的这首词时，用了十个字：“有声当彻天，有泪当彻泉”。

苏轼推动的治蝗斗争，在他的积极带领下取得了很好的效果。与此同时，苏轼两次登常山祈雨救旱。据《唐十道四蕃志》记载：“密州常山，齐时祈雨常应，因以得名。”也许是上天眷顾苏轼的一片爱民之心，他到常山雩泉祈雨，果然就下了雨，当地老百姓简直将他奉为神人。为了表达对上苍的谢意，苏轼在雩泉上建了一个小亭子，起名叫“雩泉亭”，并写下了《常山雩泉记》：

> 常山在东武郡治之南二十里，不甚高大，而下临城中，如

在山下，雉堞楼观，仿佛可数。……东武滨海多风，而沟渎不留，故率常苦旱。祷于兹山，未尝不应。民以其可信而恃，盖有常德者，故谓之常山。熙宁八年春夏旱，轼再祷焉，皆应如响。乃新其庙。

两年后，当苏轼离开密州时，再次为雩泉写下诗句：

举酒属雩泉，白发日夜新。
何日泉中天，复照泉上人。
二年饮泉水，鱼鸟亦相亲。
还将弄泉手，遮日向西秦。

求雨尽兴之余，苏轼发现常山庙门西南十五步的地方，有一眼泉水，汪洋折旋似车轮，清凉滑甘，冬夏如一，便命人在此处打井取水，让抗旱救灾取得了实实在在的效果。

饥荒起盗贼，对于“盗贼渐炽”，苏轼大刀阔斧地展开了治盗工作。他先向朝廷上奏《论河北京东盗贼状》，对盗贼的产生做了精辟而深刻的分析，他说，天灾人祸是盗贼猖獗的原因：“密州民俗武悍，恃好强劫，加以比岁荐饥，椎剽之奸，殆无虚日。”他指出，治盗必须治本，要与治事、治吏相结合，只有铲除掉根源，才能真正消灭盗贼之患。

经过一年的辛苦整治，密州的各种灾情基本上得到了控制，“吏民渐相信，盗贼狱讼颇衰”。

苏轼在密州除了勤政为民外，还时刻不忘告诫自己要清廉恭俭。他在州衙大堂两侧的柱子上刻上“天网恢恢，疏而不漏”；

在二门厅大堂前立一牌坊，上刻“戒石坊”三个大字，背面刻着“尔俸尔禄，民膏民脂；下民易虐，上天难欺”。苏轼的种种做法，无不彰显了他崇高的政治品德和高尚的人格修养。

苏轼在密州时，正值王安石推行新法。他虽然反对新法，但又不似保守派的全盘否定。苏轼也主张改革，不过是与王安石的侧重点不同罢了。他对王安石的新法采取现实主义态度，对当地老百姓有利的就推行，没利的就抵制或不去实行。“给田募役法”对老百姓有利，他就积极推广；而“手实法”[1]是不利的，他就抵制，他这种务实的做法让密州老百姓非常喜欢。

熙宁九年（1076 年）腊月，任期未满的苏轼接到了朝廷命他就任河中（今山西省永济市蒲州镇）太守的诏书。苏轼临走时，希望接任的太守孔宗翰能让百姓过上好生活：“何以累君子？十万贫与赢。”不久，苏轼就与家人离开密州，启程奔赴下一个任所。百姓遮道哭泣，洒泪相别。

02. 赴任徐州

熙宁九年（1076 年）年底，苏轼被朝廷调离密州，以祠部员外郎、直史馆移知河中府，改任位于今山西省西南端的河中府太守一职。

此时，韩琦和欧阳修已经去世，富弼和范镇退隐在家闲居，

---

① “手实法”，是王安石、吕惠卿实施的一种新法。该法规定“五等丁户簿”，让百姓按官府确立的价格，自报田亩、屋宅、资货、畜产，以便分等登记入册。如有隐瞒，许他人控告。

司马光专心于学术研究，张方平纵情山水，饮酒作乐，苏辙一家在齐州（今山东省济南市）。

熙宁十年（1077 年）正月，苏轼带领妻子王闰之、侍妾朝云、长子苏迈、次子苏迨以及在杭州出生的小儿子苏过，启程赶往河中府。途经潍州、青州，特意绕道齐州，与苏辙一家人相聚。

此时，复职后的王安石二度被罢相，吕惠卿、曾布等也已失势。在最初苏轼满怀激情上书皇帝，要求废止不合理的新法时，苏辙一直保持沉默。也许是觉得现在时机成熟了，已经卸任齐州节度掌书记一职的苏辙，没有等哥哥苏轼到来，自己携带对政治改革的表章，去京城述职了。时任齐州太守李常是苏轼的老朋友，知道苏轼一家来到齐州后，李常马上派人出去迎接，苏辙的三个儿子也在雪地里等着迎接苏轼一家的到来。阔别多年的两家人终于再次团聚，堂兄弟姊妹等人拥在一处，欢欣雀跃。

此时的朝廷却是政局动荡，谁也不知道接下来会发生什么。

齐州与密州相比，不但大了很多，还有许多有趣好玩的地方。苏轼一家人在齐州住了一个多月，于二月中启程。两家人走到黄河岸边的鄄城一带时，苏辙出城来到离北岸三十多里的地方迎接他们。兄弟二人宦海沉浮中再次相见，禁不住热泪盈眶，激动的心情无以言表。这么多年来，兄弟俩虽然都在山东做官，却一直没有机会见面。如今，在春寒料峭中又再次团聚，共叙离情，两人都十分激动。外面是冰天雪地，室内兄弟俩开怀畅聊，暖意融融。苏辙决定护送哥哥一家前往河中府。当苏轼兄弟俩到达京城北面的陈桥驿时，接到朝廷的诏书，苏轼去河中府的任命已经被取消，改任徐州太守。

兄弟二人走到陈桥门准备进城时，被镇守城门的卫士拦了下来，他们奉旨不允许苏轼进城。苏轼此次只是路过京城，想稍作停留，既然京城不让他进，苏辙只好陪他折向好友范镇的东园，稍作休整。

范镇比苏家兄弟大了二十多岁，是苏轼的四川老乡，也是旧党的精英。他们之间的关系非同一般，情谊非常深厚，这也让范镇在后来的“乌台诗案”中受到了牵连。范镇在京城有两所住宅，一所在城南，一所在城西的东园。东园环境优美，山水自然天成，极富野趣，是文朋挚友经常来访欢聚，饮酒作诗、互相唱和的地方。苏辙此次进京，就寓居在范镇的东园，受到范镇的热情款待。多年之后，苏辙曾写诗回忆当年的情景：“敝裘瘦马不知路，独向城西寻隐君。”

对于不让苏轼进城，朝廷没有合理的解释，苏轼也并没有多想。他反而还乐天派地认为，“仕宦本不择地，然彭城于私计比河中为便安耳。”可见苏轼对知徐州是比较满意的。尽管徐州没有杭州的风物好，但景致和生活条件远比密州要强很多，而且他这次任太守，有足够的权力放手一搏，去做自己想做的事情。而他却不知道，这次不让他进京城，很大程度上是新党有人不想让他有机会面见皇帝。苏辙在七言古诗《寄范丈景仁》里回忆当时的情景说：“京城冠盖如云屯，日中奔走争市门。敝裘瘦马不知路，独向城西寻隐君。隐君白发养浩气，高论惊世门无宾。欣然为我解东阁，明窗净几舒华茵。春天雪花大如手，九衢断绝愁四邻。平明熟睡呼不觉，清诗渌酒时相亲。我兄东来知东武，走马出见黄河滨。及门却遣不得入，回顾欲去行无人。东园桃李正欲发，开门借与停车轮。青天露坐列觞豆，落花飞絮飘衣巾。留连四月听鹍鸠，扁舟一去浮奔浑。人生聚散未可料，世路险恶终劳神。

交游畏避恐坐累，言词欲吐聊复吞。安得如公百无忌，百间广厦安贫身。”

不管什么原因，都抵不过兄弟重逢的好心情，两人住在东园，吟诗作对，郊游访友，其乐融融。苏轼刚到东园不久，他的好朋友驸马王诜便派人给苏轼送来了茶果酒食等吃食，并约定三月初一日到城外的四照亭饮酒欢聚。苏轼兄弟在东园逗留有两个月的时间，在这期间，苏轼还为十八岁的长子苏迈成了家。四月，兄弟俩一起离开京城，苏轼去徐州上任，苏辙去南京应天府（今河南省商丘市）任通判。苏辙为了与兄长苏轼多聚些时日，将家眷先安顿在张方平家里，又陪同苏轼前往徐州。

徐州位于黄河边上，地控鲁南，在过去各个朝代中周边都有战事发生。它的南部高山耸立，下有深水激流，在军事上有着特殊的地理位置。徐州盛产花岗岩、煤、铁，而煤与铁的开发，让这里铸剑业很是著名。徐州有山有水，鱼肥蟹美，在徐州的日子里，苏轼兄弟俩谈诗论道，游山玩水，几乎形影不离。苏辙生性稳重，言语谨慎，处事平和，他常常提醒苏轼要谨言慎行，不要对谁都掏心掏肺，防人之心不可无。自妻子王弗去世后，只有弟弟能这样和自己说体己话，劝诫自己了，苏轼非常感动弟弟的提醒与劝勉。

苏辙在徐州陪苏轼住了三个多月，才前往南京应天府履职。苏轼送走了弟弟后，八月二十一日，黄河在徐州北面五十里的澶州（今河南省清丰县）决口，肆虐的洪水一路向东漫延，摧毁了四十五个州县，三十万顷良田。而处于澶州下游的徐州，自然不能幸免，洪水以摧枯拉朽之势，很快就抵达了徐州城外。

决堤的洪水似脱缰的野马，在徐州城外受到高山的拦截后，水势才减缓，但水位却在不断地上涨。特别是八月末徐州又连续

几天下大暴雨，水流无处排泄，都汇聚于徐州城下。到了九月初，城外的积水已经深达数尺，水位一度漫过了城内的街道。

面对灾情，苏轼一面调集人马守卫城池，一面和大家一起奋斗在抗洪一线。城墙年久失修，很多地方都开始渗水，苏轼亲自督促加固城墙，疏散百姓。为了稳定民心，他就住在城墙上临时搭建的帐篷里。对于那些准备外出逃难的人，苏轼站在城门口，苦口婆心地劝他们回家安安心心过日子，自己一定会想办法保证大家的安全，他说："吾在是，水决不能败城！"那些人见苏轼几十天不回家，忙碌在加固城墙的现场，而且他的家人也还在城内，就都纷纷回家去了。

为了加快工程进度，加固城基和加高城墙，苏轼冒雨在泥泞中跋涉，去禁卫军营请求军队的援助。在宋朝，禁卫军是直接接受皇帝命令的，但禁军首领看到身为太守的苏轼一身泥水前来相求时，大为感动，欣然应允出兵救援。

此前，王安石也曾花费巨资修建过黄河水利工程，对河道进行清理疏浚。怎奈钱花了，工程却没有达到预期的效果，工程负责人在压力下最后畏罪自杀了。

此时，在徐州北面，正在将洪水引入之前的黄河故道。黄河自古以来曾多次改道，这次，终于在威胁徐州城近两个月后，于十月初五回到故道，往东流去入海。洪水开始慢慢退去，徐州城终于被保全了，百姓们抑制不住喜悦，敲锣打鼓去感谢苏轼救了全城人的命。一场洪水的来去，让苏轼心中感慨颇多，遂写下了《河复（并叙）》：

熙宁十年秋，河决澶渊，注钜野，入淮泗。

自澶、魏以北皆绝流，而济、楚大被其害，彭门城下水二丈八尺，七十余日不退，吏民疲于守御。

十月十三日，澶州大风终日，既止，而河流一枝已复故道，闻之喜甚，庶几可塞乎。

乃作《河复》诗，歌之道路，以致民愿而迎神休，盖守土者之志也。

君不见西汉元光元封间，河决瓠子二十年。

钜野东倾淮泗满，楚人恣食黄河鳣。

万里沙回封禅罢，初遣越巫沉白马。

河公未许人力穷，薪刍万计随流下。

吾君仁圣如帝尧，百神受职河神骄。

帝遣风师下约束，北流夜起澶州桥。

东风吹冻收微渌，神功不用淇园竹。

楚人种麦满河淤，仰看浮槎栖古木。

洪水虽然退去了，但惊心动魄的抗洪画面却在苏轼心中挥之不去。在苏轼看来，临时堤防只能缓解眼前的危险，并不是长久之计。为了徐州日后能够固若金汤，不再受洪水的威胁，苏轼附上详细的数字说明，给朝廷写了一封奏折，请求朝廷拨款修建一座石头大堤，以防患于未然。朝廷的批复迟迟下不来，在等待的过程中，苏轼又进行了一番精心考察，最后决定修改原来的方案，不用石头而改用坚硬的木材来加固堤防。

为了尽快开工，苏轼拆除了戏马台的危房霸王厅，将木料用于防洪工程的建设。戏马台是徐州最早的古迹之一，是公元前 206 年项羽灭秦后，定都彭城，自立为西楚霸王，于城南里许的南山上构筑崇台，以观戏马，故名戏马台。历朝历代都在戏马台上建了不少建筑物，但随着岁月的流逝，很多建筑物已经残破不堪。

元丰元年（1078 年）二月，神宗皇帝颁布圣旨，对苏轼在抗洪抢险中的突出表现予以嘉奖，并给苏轼下拨了三万贯钱，一千八百石米粮，七千二百个民工，苏轼在城东南修建了一座木坝和一座黄楼，完成了他的防洪筑堤计划。

03. 修建楼台

宋神宗熙宁七年（1074 年）冬，苏轼从杭州离任到密州做太守。密州凄凉荒芜，农作物以桑麻、大枣为主。北宋多次发生旱灾和蝗灾，苏轼在密州任职的两年里，正是密州旱灾蝗灾最为严重的时期。苏轼抗旱求雨治蝗，取得了突出的政绩。

密州城北有个旧台子，高出城墙，站在台上，可以饱览密州城内城外的景色，能望到很远的地方。但台子因年久失修，已经破败不堪。苏轼上任后的第二年，命人重新把台子修葺一新，使其焕发出新的神采。他常常登上此台观望四周的风景，并吟诗赋句。当时苏辙在齐州任节度掌书记，听到这件事后，写信给兄长苏轼，取《老子》“虽有荣观，燕处超然”之义，将台子题名为“超然”，提醒兄长要乐天知命，超然于现实。同时，作《超然台赋并叙》加以赞咏：

子瞻既通守余杭，三年不得代，以辙之在济南也，求为东州守。既得请高密，其地介于淮海之间，风俗朴陋，四方宾客不至。受命之岁，承大旱之余孽，驱除螟蝗，逐捕盗贼，廪恤饥馑，日不遑给，几年而后少安。顾居处隐陋，无以自放，乃因其城上之废台而增葺之，日与其僚览其山川而乐之。以告辙曰："此将何以名之？"辙曰："今夫山居者知山，林居者知林，耕者知原，渔者知泽。安于其所而已，其乐不相及也，而台则尽之。天下之士奔走于是非之场，浮沉于荣辱之海，嚣然尽力而忘反，亦莫自知也，而达者哀之。二者非以其超然不累于物故耶？老子曰：'虽有荣观，燕处超然。'尝试以超然命之，可乎？"因为之赋以告曰：

东海之滨，日气所先。岿高台之陵空兮，溢晨景之絜鲜。幸氛翳之收霁兮，逮朋友之燕闲。舒堙郁以延望兮，放远目于山川。设金罍与玉斝兮，清醪洁其如泉。奏丝竹之愤怨兮，声激越而眇绵。下仰望而不闻兮，微风过而激天。曾陟降之几何兮，弃溷浊乎人间。倚轩楹以长啸兮，袂轻举而飞翻。极千里于一瞬兮，寄无尽于去云烟。前陵阜之汹涌兮，后平野之湠漫。乔木蔚其蓁蓁兮，兴亡忽乎满前。怀故国于天末兮，限东西之崄艰。飞鸿往而莫及兮，落日耿其夕躔。嗟人生之漂摇兮，寄流枿于海壖。苟所遇而皆得兮，遑既择而后安。彼世俗之私已兮，每自予于曲全。中变溃而失故兮，有惊悼而汍澜。诚达观之无不可兮，又何有于忧患？顾游宦之迫隘兮，常勤苦以终年。盍求乐于一醉兮，灭膏火之焚煎。虽昼日其犹未足兮，竢明月乎林端。纷既醉而相命兮，霜凝磴而跰鲜。马踯躅而号鸣兮，左右翼而不能鞍。各云散于城邑兮，徂清夜之既阑。惟所往而乐易兮，此其所以为超然者耶。

苏轼明白弟弟的一番苦心，遂作《超然台记》以和之：

凡物皆有可观。苟有可观，皆有可乐，非必怪奇伟丽者也。哺糟啜醨，皆可以醉；果蔬草木，皆可以饱。推此类也，吾安往而不乐？

夫所为求福而辞祸者，以福可喜而祸可悲也。人之所欲无穷，而物之可以足吾欲者有尽，美恶之辨战乎中，而去取之择交乎前。则可乐者常少，而可悲者常多。是谓求祸而辞福。夫求祸而辞福，岂人之情也哉？物有以盖之矣。彼游于物之内，而不游于物之外。物非有大小也，自其内而观之，未有不高且大者也。彼挟其高大以临我，则我常眩乱反复，如隙中之观斗，又焉知胜负之所在。是以美恶横生，而忧乐出焉，可不大哀乎！

余自钱塘移守胶西，释舟楫之安，而服车马之劳；去雕墙之美，而蔽采椽之居；背湖山之观，而适桑麻之野。始至之日，岁比不登，盗贼满野，狱讼充斥；而斋厨索然，日食杞菊。人固疑余之不乐也。处之期年，而貌加丰，发之白者，日以反黑。予既乐其风俗之淳，而其吏民亦安予之拙也。于是治其园圃，洁其庭宇，伐安丘、高密之木，以修补破败，为苟全之计。而园之北，因城以为台者旧矣，稍葺而新之。时相与登览，放意肆志焉。南望马耳、常山，出没隐见，若近若远，庶几有隐君子乎！而其东则庐山，秦人卢敖之所从遁也。西望穆陵，隐然如城郭，师尚父、齐桓公之遗烈，犹有存者。北俯潍水，慨然太息，思淮阴之功，而吊其不终。台高而安，深而明，夏凉而冬温。雨雪之朝，风月之夕，予未尝不在，客未尝不从。撷园蔬，取池鱼，酿秫酒，瀹脱粟而食之，曰：“乐哉游乎！”

方是时，予弟子由，适在济南，闻而赋之，且名其台曰“超然”，以见余之无所往而不乐者，盖游于物之外也。

超然台反映了苏轼、苏辙兄弟之间的深厚情谊，《超然台赋》和《超然台记》也是苏轼兄弟俩写的两篇同题文章，成为千古名篇。有人写诗评说此事：“若无子由明兄意，神州那得超然台。优游物外迪心智，诸城至今寻旧台。”

苏轼在忙完政务之余，于超然台上或远眺名胜古迹，或抚琴抒发情怀，在精神上获得了最大的解脱，他在《西斋》一诗中写道：

西斋深且明，中有六尺床。
病夫朝睡足，危坐觉日长。
昏昏既非醉，踽踽亦非狂。
褰衣竹风下，穆然濯微凉。
起行西园中，草木含幽香。
榴花开一枝，桑枣沃以光。
鸣鸠得美荫，困立忘飞翔。
黄鸟亦自喜，新音变圆吭。
杖藜观物化，亦以观我生。
万物各得时，我生日皇皇。

苏轼在密州共计写下了230多篇诗词文章，文学创作上取得了突出的成就。作为一代文豪，一个伟大的诗人，如果说杭州给了苏轼清灵婉约的文章风骨，密州则是他文学创作的分水岭，苏轼的词风也从密州开始，形成了自己高旷的风格。苏轼这一时期

的诗文，开创了北宋文学史上豪放派的新风尚。

熙宁八年（1075 年）十月，苏轼在祭拜常山回来的途中，在铁沟附近与同僚狩猎，兴尽而归，并作《江城子·密州出猎》来记叙此事：

老夫聊发少年狂，左牵黄，右擎苍，锦帽貂裘，千骑卷平冈。为报倾城随太守，亲射虎，看孙郎。　　酒酣胸胆尚开张。鬓微霜，又何妨！持节云中，何日遣冯唐？会挽雕弓如满月，西北望，射天狼。

这首词是历来被大家公认的苏轼的第一首豪放词，他在给友人的信中曾写道：“近却颇作小词，虽无柳七郎风味，亦自是一家。呵呵，数日前，猎于郊外，所获颇多，作得一阕，令东州壮士抵掌顿足而歌之，吹笛击鼓以为节，颇壮观也。”可见，苏轼对这首抒发了自己兴国安邦远大志向的作品也是颇为满意的。这首词成为他被千古传诵的代表作之一。

熙宁九年（1076 年）暮春，苏轼登上超然台，远眺密州城内外醉人的春色，不觉勾起了他的思乡之情，挥笔写下了《望江南·超然台作》：

春未老，风细柳斜斜。试上超然台上看，半壕春水一城花。烟雨暗千家。　　寒食后，酒醒却咨嗟。休对故人思故国，且将新火试新茶。诗酒趁年华。

这首词豪迈与婉约相兼，表达了词人豁达超脱的襟怀和“用之则行，舍之则藏”的人生态度。全词紧紧围绕着“超然”二字，进入超然的最高境界。这一境界，恰恰是苏轼在密州时期心境与词境的具体体现。

这一年中秋节，苏轼与同僚在超然台上饮酒赏月。回想起当初在陈州与弟弟苏辙一家共度中秋佳节的往事，不免心生悲凉。为了离弟弟近一些，他要求调任到密州为官，以求兄弟间多多相聚。可到了密州后才发现，这一愿望仍然难以实现。中秋的皓月，洒下遍地的银辉，想到与弟弟苏辙已经分别七年未再团聚，苏轼的心中思绪万千。乘着酒兴，他挥毫写下了《水调歌头·明月几时有》。

丙辰中秋，欢饮达旦，大醉，作此篇，兼怀子由。

明月几时有，把酒问青天。不知天上宫阙，今夕是何年？我欲乘风归去，又恐琼楼玉宇，高处不胜寒。起舞弄清影，何似在人间！　转朱阁，低绮户，照无眠。不应有恨，何事长向别时圆？人有悲欢离合，月有阴晴圆缺，此事古难全。但愿人长久，千里共婵娟。

这首词把唐以来词的艺术美发展到了极致，可以说是达到了李白之后浪漫主义作品的高峰。宋人胡仔在《苕溪渔隐丛话》中说：“中秋词自东坡《水调歌头》一出，余词尽废。”

到北宋神宗元丰八年（1085 年）十月，苏轼又转赴登州任太守，途中路过密州稍作停留。太守霍翔在超然台上设宴款待了苏轼，当地百姓听说后都来看望。“重来父老喜我在，扶挈老幼相遮攀”，那些曾被苏轼收养过的弃儿及其养父母，都相继赶往州衙拜谢救命恩人。“当时襁褓皆七尺，而我安得留朱颜”，“山中儿童拍手笑，问我西去何时还？”苏轼高兴欣慰的同时，用诗记录下那些极为感人的场面。

就像建超然台一样，苏轼到徐州后，又建了一座高达百尺的黄楼。和超然台成了他在密州所写诗集名称一样，黄楼也成了他在徐州所作诗歌总集的名称。

黄楼建在徐州东门外围的城墙上，看上去就如一座宽广的佛塔，高高耸立在天地之间。之所以取名黄楼，是因为苏轼相信中国古老的宇宙论。他认为，宇宙中万物皆是由金木水火土五行构成的，每一行都有其相对的颜色。其中黑色代表水，黄色则是土的颜色，而土又具有吸水性，可以克制水，取名黄楼，即有防水的意思。

神宗元丰元年（1078 年）十月四日，正逢农历九月初九，是传统的重阳节，黄楼举行了盛大的落成典礼。徐州城万人空巷，老百姓在苏轼的坐镇指挥下免于水灾，都前来参加黄楼的落成仪式。众人登上黄楼，俯瞰四周的景色，此时正赶上浓雾弥漫，笼罩四野，只听见窗外过往船只咿呀摇橹的声音，人仿佛置身在船上。待浓雾渐渐散去，远处的房舍、近处的渔船、山间的庙宇都呈现在眼前，一览无余。苏轼命人摆上热酒，大家一边欢饮，一边观赏四周的美景。在黄楼的南面，曾经的赛马场已经变成了寺院，耸立在高台之上。从这座寺庙开始，一道新修起来的防洪堤沿着东城墙一路向北迤逦而去。在黄楼之上，你可以听惊涛拍岸，也可以听鹅鸭戏水的欢叫。酒酣情至，苏轼挥毫泼墨，写下了《九日黄楼作》：

去年重阳不可说，南城夜半千沤发。

水穿城下作雷鸣，泥满城头飞雨滑。
黄花白酒无人问，日暮归来洗靴袜。
岂知还复有今年，把盏对花容一呷。
莫嫌酒薄红粉陋，终胜泥中事锹锸。
黄楼新成壁未干，清河已落霜初杀。
朝来白露如细雨，南山不见千寻刹。
楼前便作海茫茫，楼下空闻橹鸦轧。
薄寒中人老可畏，热酒浇肠气先压。
烟消日出见渔村，远水鳞鳞山齾齾。
诗人猛士杂龙虎，楚舞吴歌乱鹅鸭。
一杯相属君勿辞，此境何殊泛清霅。

苏轼在诗中追述了去年今日的水灾，不但阻隔了好友同来共度佳节，自己也忙于水灾的防治工作。好在今日水退了，大家相聚于黄楼，共赏佳境，共度佳节，欣喜之情溢于言表。

04. 文坛盟主

苏轼修超然台，建黄楼，邀约文人雅士欢饮达旦，可谓“谈笑有鸿儒，往来无白丁”。

凭借仁政爱民的为官之道，潇洒旷逸的个人魅力，豪放大气的文辞华彩，苏轼深受人们的爱戴。深宫中的太后，士林中的学子，乡野中的百姓，青楼中的歌伎，人人为他倾倒。不论远近，不论是文人还是达官贵人，都争着向他靠拢，与苏轼结识成了当时的一件幸事。

此时，司马光隐居在洛阳，著书立传，不问世事，很少与人往来，却与苏轼保持着密切的联系。每当司马光有新作都要寄给苏轼，苏轼也会回赠唱和。年轻的学子们更是争先恐后要投在苏轼的门下，拜他为师。在众人看来，能有苏轼这样的鸿儒做朋友或老师，是莫大的荣耀。

熙宁五年（1072 年）九月二十二日，北宋文学史上的文坛领袖欧阳修在颍州（今安徽省阜阳市）的家中去世。欧阳修与韩愈、柳宗元、苏洵、苏轼、苏辙、王安石、曾巩合称“唐宋八大家”，并与韩愈、柳宗元、苏轼被后人合称“千古文章四大家”。欧阳修是苏轼的恩师，两人又是北宋文坛耀眼的双星，他的离世让苏轼悲恸不已。欧阳修生前领导了北宋文坛的诗文革新运动，苏轼是名副其实的闯将，他们分别团结了一大批才华横溢的文人雅士，携手铸造了北宋文坛的辉煌。苏轼曾毫无保留地赞誉恩师说：“论大道似韩愈，论事似陆贽，记事似司马迁，诗赋似李白。”可见他对欧阳修的推崇。元丰二年（1079 年），苏轼任湖州太守，第三次经过平山堂时，欧阳修已经去世八年。睹物思人，苏轼一时感怀难抑，写下了被奉为历史上尊师重道典范的《西江月•平山堂》，以表达对恩师的纪念：

三过平山堂下，半生弹指声中。十年不见老仙翁，壁上龙蛇飞动。　　欲吊文章太守，仍歌杨柳春风。休言万事转头空，未转头时是梦。

欧阳修去世后，文坛领袖的地位自然就落到了苏轼的头上。此时，苏轼已经在淮扬结识了张耒，在杭州认识了晁补之，他们后来与秦观和黄庭坚并称“苏门四学士”。苏轼评价四人说：“黄庭坚鲁直、晁补之无咎、秦观太虚、张耒文潜之流，皆世未之知，而轼独先知。”（《答李昭玘书》）。后来，“苏门四学士”又和陈师道、李廌合称“苏门六学士”。实际上四学士造诣各异，受苏轼影响的程度以及文学风格也大不相同。

黄庭坚，字鲁直，自号山谷道人，晚号涪翁，又称黄豫章，洪州分宁（今江西修水）人。黄庭坚集诗人、词人、书法家为一身，他的诗自创流派，是盛极一时的江西诗派的开山鼻祖，人们常将他与苏轼相提并论，称为苏黄，但他一直坚称自己是苏轼的学生。

黄庭坚自幼熟读诗书，七岁时便写出了“多少长安名利客，机关用尽不如君”的诗句，十八岁时全省乡试他考了第一，二十二岁考中进士。虽然黄庭坚也是学富五车，但在北宋那个名人辈出的时代，实在是不算什么，起初仍是名不见经传的小人物。

黄庭坚的舅舅李常、岳父孙觉都是苏轼的好友。一次偶然的机会，苏轼外出巡查路过孙觉家前去拜访，孙觉顺便拿出女婿的诗文，希望大名鼎鼎的苏轼能给提下意见。苏轼阅后大为欣赏：“以为超轶绝尘，独立万物之表，世久无此作。”（《宋史》）。当时，孙觉想请苏轼为黄庭坚扬名，苏轼大笑说：“此人逃名而不可得，何须扬名？”苏轼这样说绝不是嘴上奉承，而是从内心觉得黄庭坚的才华的确了得。后来，他在多种场合提到黄庭坚，并在宴会中诵读黄庭坚的诗作。

这时的黄庭坚远在大名府（今河北省大名县）任国子监教授，他没有拜访苏轼，而是寄来书信和两首诗，以十分谦逊的语气向苏轼求教，并毛遂自荐愿意做苏轼的学生。他把苏轼比作高山顶上的青松，自己则是深谷沟壑里的小草。苏轼接到书信后很是高兴，在给黄庭坚的回信《答黄鲁直》中说，我一生之中唯恐不能与您相识相交，今天你如此谦恭，不惜辱没自己的才华待我，真让我承受不起。黄庭坚给苏轼写信时三十四岁，苏轼四十二岁，两人惺惺相惜，此后一直书信诗词往来酬答。

哲宗元祐元年（1086年），苏轼和黄庭坚先后被新皇召回京城，神交已久的两个人终于见面了。在京城的三年里，二人朝夕相伴、讲道论艺，酬唱赠答，切磋诗文，鉴书赏画，日子过得十分惬意，相互唱和的诗词多达百篇。

虽然黄庭坚对苏轼仰慕不已，却从不盲从，不管是诗文还是书法，他都自成一格。黄庭坚在书法上也颇有见地，他的书法凝练有力，有很大的创造性，成为一代书风的开创者。在书法史上，他和苏轼、米芾、蔡襄被合称为“宋四家”。因为与苏轼相交甚好，两人同在一个阵线，在苏轼被贬时，黄庭坚也被牵连，同样也是一贬再贬。相见不易的两个人只好以诗文书信相互往来，苏轼写《春菜》，黄庭坚就写《次韵子瞻春菜》；苏轼写《薄薄酒》，黄庭坚和《薄薄酒二章》；黄庭坚写《食笋十韵》，苏轼就作《和黄鲁直食笋次韵》。在苏轼去世前，黄庭坚刚刚收到他的《寒食帖》，并为《寒食帖》写了跋文：“东坡此诗似李太白，犹恐太白有未到处。”可惜苏轼还未见到这篇跋文，两人就阴阳两隔了。

秦观，字太虚，又字少游，高邮（今江苏省高邮市）人，别号邗沟居士、淮海居士，世称淮海先生。秦观是婉约派一代词宗，官至太学博士、国史馆编修，他的代表作《鹊桥仙》被后世广为传诵。秦观与苏轼的结识，还得归功于黄庭坚的舅舅李常。李常与苏轼交好，每次去拜访，都要提到秦观，并拿秦观的词给苏轼欣赏。由于李常在中间牵线搭桥，秦观得以拜见苏轼，并成为苏门弟子。

秦观是一位风流倜傥的才子，当时，他还没有参加科举考试，没有取得任何功名，但他的文采让苏轼非常赞赏。秦观的主要成就在词，但他的词与苏轼又不是一种风格，内容多为抒情，亦有感伤身世之作，风格清新婉约，辞情兼胜。在民间，有苏小妹三难新郎的故事，男主人公就是秦观。虽然故事是虚构的，但从中也可以看出苏轼与秦观之间的亲密关系。秦观曾说："生不愿做万户侯，但愿一识苏徐州。"苏徐州就是苏轼。秦观甚至把苏轼比作天上的麒麟，他说："不将俗物碍天真，北斗以南能几人？"秦观与黄庭坚一样，后来成为北宋有名的诗词大家。

张耒投到苏轼门下，则是因为苏辙的赏识。张耒，字文潜，号柯山，祖籍亳州谯县（今安徽省亳州市），后迁居楚州（今江苏省淮安），是北宋著名的诗人。因担任过起居舍人，被称为张右史。他晚年居陈州（今河南淮阳），陈州古名宛丘，所以又被称为宛丘先生。张耒年少时曾在陈州游学，当时苏辙正好在陈州做官，他因才华过人深得苏辙的厚爱。熙宁四年（1071 年），苏轼出任杭州通判前，来陈州与苏辙一家相聚，张耒因此得以拜见苏轼，并受到苏轼的青睐。在苏轼的引荐下，应举姑苏。熙宁六年（1073 年），张耒二十岁时殿试，由神宗亲策为进士，王安石负责提举，授临淮（今安徽泗县）主簿，开始步入仕途。两年后，苏轼在密州修"超然台"，邀约张耒作赋，张耒应约写了《超然台赋》。苏轼大赞其"超逸绝尘"，"其文汪洋淡泊，有一唱三叹之声"（《答张文潜书》），从此二人开始了诗文交往。

哲宗元祐元年（1086 年），大臣范纯仁举荐张耒参加太学学士院考试，同时被举荐参加考试的还有黄庭坚、晁补之等人。当时苏轼任翰林学士，考试由他来命题，结果三人以优异的成绩一起被提拔任用。第二年春季，苏轼主持礼部贡举，聘任张耒做读卷官，入试院检点审阅考生的试卷。次年，秦观被召入京。那一时期，张耒与秦观共受苏轼的熏陶，常同游同饮，诗词酬和。他们“一文一诗出，人争传诵之，纸价为贵”。

随着哲宗亲政，苏轼等人被贬，苏门弟子也受到株连，张耒也被一贬再贬。尽管政治环境恶劣，生活十分穷困，张耒却一直没有向腐朽的权势屈服。他以能成为苏轼的学生而骄傲，并且终生恪守不移，即使人生遭受无休止的打击，也从没后悔过。

晁补之，字无咎，号归来子，济州钜野（今山东巨野）人。晁补之出生于官宦之家，书香门第，从小就受到良好的文化熏陶。他生性聪敏，有着超强的记忆力。“苏门四子”中，他与苏轼结识最早。十七岁那年，晁补之随做官的父亲来到杭州。杭州的大美山水给了他丰富的创作灵感，遂写成《七述》一书，带去给时任杭州通判的苏轼看。苏轼原本也有写的想法，读了他的书后赞叹说：“我可以搁笔了！”苏轼称赞他的文章才华非凡，超过一般人很多，以后一定会功成名就，显赫于世的。因为有苏轼的推介，文人雅士很快都知道了晁补之的名字，在当时，他与张耒并称“晁张”。

北宋文化学术十分繁荣，在“苏门四学士”中，晁补之在创作上受苏轼影响最大。他不但诗文好，画技也很高，可以与唐朝王维相提并论。他的词格调豪放，语言清秀明丽，深受苏轼的影响。他的诗将欧阳修、韩愈的写诗优点继承过来，取长补短，诗句通常表现出一种骨力雄健、词句俊逸的特点，与苏轼的风格极为相似，但又各有优点，能展现出自己的个人风格。晁补之在散文上的成就比诗歌还要高一些，他的散文语言凝练、流畅，风格与柳宗元相近，却又形成了自己的风格，在文坛上独树一帜。苏轼称晁补之“于文无所不能，博辩俊伟，绝人远甚”。

继黄庭坚、秦观、晁补之、张耒之后，李格非与廖正一、李禧、董荣被称为“苏门后四学士”。

此时，与苏轼交往甚密的还有两个人，一个是宰相之孙王巩，一个是诗僧参寥。

神宗元丰元年（1078 年）十月间，黄楼落成后，苏轼遍邀各界名流到徐州黄楼聚会，王巩也在被邀之列。王巩人很有特点，他在出游时，必须要带一车自家酿的美酒，因为他从不喝外面买来的酒。王巩如约而至徐州，与大家同游泗水，登魋山，吹笛欢饮，踏着月色乘兴而归。苏轼在黄楼上对他说：“李太白死，世无此乐三百年矣！”元丰二年（1079 年）苏轼到湖州（今浙江吴与县）做太守，王巩专程前去拜访。为了更好地承传家风家训，王巩计划翻修故居，重修“三槐堂”，特意请苏轼撰写一篇《三槐堂铭》，来传扬祖先的美好德行，勉励王氏后人。苏轼慨然应允，为他写了《三槐堂铭并序》。

后来苏轼被贬时，王巩也受到牵连。在所有牵连受罚的人中，王巩被贬得最远，责罚最重。这使苏轼很是内疚。元丰四年（1081 年），苏轼写了《次韵和王巩六首》，其中之一曰：

欲结千年实，先摧二月花。
故教穷到骨，要使寿无涯。
久已逃天网，何而服日华。

宾州在何处？为子上栖霞。

本来就是文人荟萃的徐州，因为苏轼的到来显得更加热闹，评诗论道，赏画品茗，长盛不衰。苏轼经常与朋友一起登山临水，寻幽访胜，诗酒唱和，他幽默风趣，常常语惊四座，为众人所敬仰爱戴，这牢牢奠定了他文坛盟主的地位。

神宗元丰二年(1079年)三月，朝廷下诏，苏轼被调任湖州太守。徐州父老闻讯纷纷走出家门，手捧自家酿的美酒，洒泪为苏轼送行。激动不已的苏轼含泪写下了《江城子·别徐州》：

天涯流落思无穷，既相逢，却匆匆。携手佳人，和泪折残红。为问东风余几许？春纵在，与谁同。　　隋堤三月水溶溶，背归鸿，去吴中。回首彭城，清泗与淮通。欲寄相思千滴泪，流不到，楚江东。

05. 乌台诗案

元丰二年（1079年）四月底，四十三岁的苏轼到达湖州履任太守一职，此次与他同行的还有秦观。

湖州在苏杭之间，位于太湖南岸，是典型的鱼米之乡。这里风景优美，四季如春，有着悠久的历史和文化。太湖、天目山、安宁竹海等风景胜地让人流连忘返。苏轼上任后不久就是端午节，他与秦观游览了湖州的秀美山水，各大寺庙，并写下了《端午遍游诸寺得禅字》：

肩舆任所适，遇胜辄流连。
焚香引幽步，酌茗开洋筵。
微雨止还作，小窗幽更妍。
盆山不见日，草木自苍然。
忽登最高塔，眼界穷大千。
卞峰照城郭，震泽浮云天。
深沉既可喜，旷荡亦所便。
幽寻未云毕，墟落生晚烟。
归来记所历，耿耿清不眠。
道人亦未寝，孤灯同夜禅。

湖州可以说是苏轼的桃花源，在这里，他的内心前所未有地宁静。这次到湖州任职，是他到徐州的次年就开始计划的。尽管苏轼在徐州政绩卓著，但他以事务繁杂不宜久留为由，于元丰元年（1078 年）接连给范子丰去了三封信，请求范子丰帮助“乞东南一都”。范子丰是范镇的儿子，也是苏轼的儿女亲家，苏轼殷勤托请，他岂有不办之理，这才有了苏轼的湖州之职。

熙宁年间，朝廷的形势几乎是瞬息万变。王安石在五年里两次被起用又两次被罢相，新法推行也是大起大落。变法派内部的钩心斗角，争权夺利，朝廷上大臣之间互相倾轧，身在其中的苏轼深感人生如梦。他厌倦了官场上的尔虞我诈，反复无常，期待着能去地方上真真正正为百姓做点实事，能有一处清幽之地，安放心灵的静谧。湖州，满足了苏轼的所有心愿，湖州的山水更让

他心情愉悦。

为了表达自己对皇恩浩荡的谢意，苏轼安顿好后，即给神宗写了一封《湖州谢上表》。可令他没有想到的是，这篇谢表差一点就要了他的命。在这篇例行公事的谢表里，苏轼说：“伏念臣性资顽鄙，陛下知其愚不适时，难以追陪新进；察其老不生事，或能牧养小民。”“新进”一词在王安石那里，就是突然升迁的无能之辈的代名词，在朋党之争中，这个词是非常敏感的。苏轼想要远离政治漩涡，却不知那些小人不想让他清净，正等着抓住他的把柄，置他于死地。

元丰二年（1079 年）六月，监察御史何正臣摘引苏轼的“新进”“生事”等语句上奏给皇帝，说苏轼“愚弄朝廷，妄自尊大”。神宗听后虽然大为恼火，但单凭这篇谢表还不想治苏轼的罪。御史中丞李定和御史舒亶、何正臣等又从苏轼收藏的诗集《苏子瞻学士钱塘集》中，收集相关材料，向皇帝进言，说苏轼谤讪朝政，反对新法。他们找了几首苏轼的诗，然后上奏弹劾说：“至于包藏祸心，怨望其上，讪渎谩骂，而无复人臣之节者，未有如轼也。盖陛下发钱以本业贫民，则曰‘赢得儿童语音好，一年强半在城中’；陛下明法以课试郡吏，则曰‘读书万卷不读律，致君尧舜知无术’；陛下兴水利，则曰‘东海若知明主意，应教斥卤变桑田’；陛下谨盐禁，则曰‘岂是闻韶解忘味，尔来三月食无盐’；其他触物即事，应口所言，无一不以讥谤为主。”

苏轼生性率直，只要他看不惯、认为不合理的事就不吐不快，否则会如鲠在喉。他在杭州、密州、徐州任上所作的诗文，有很多都是针砭时弊，暗讽新法的。弟弟苏辙以及表兄文与可都曾多次告诫他，要谨言慎行，避免祸从口出，但人的秉性岂是说改就能改的。苏轼看见百姓陷于水深火热之中，就不顾后果坦率表达自己的感慨，最终落下口实，经舒亶的断章取义，为新党罗织罪名提供了证据。舒亶不仅写了弹劾的表章，还附上了苏轼印出的诗集。御史中丞李定更是上表陈述苏轼的四项罪行，声称苏轼对朝廷无礼，必须斩首。李定说："苏轼初无学术，滥得时名，偶中异科，遂叨儒馆……臣叨预执法，职在纠察，罪有不容，岂敢苟止？伏望陛下断自天衷，特行典宪，非特沮乖慝之气，抑亦奋忠良之心，好恶既明，风俗自革。"李定是王安石的门生，他因为没有给死去的庶母服丧，被司马光骂作禽兽不如，苏轼也认为他不肖而讨厌他。李定因此怀恨在心，就想置苏轼于死地而后快。

在神宗的默许下，案子交给御史台办理，但神宗只许将苏轼革职查问，并未同意途中将苏轼投入监狱过夜的奏请。元丰二年（1079 年）七月二十八日，台吏皇甫僎奉李定之命，携两名吏卒快马加鞭急驰湖州，去提摄苏轼。

驸马都尉王诜与苏轼交情深厚，也是他印了苏轼的诗集。当他得知这一消息后，赶紧秘密派人去告诉当时任南京（今河南省商丘市）幕官的苏辙，苏辙马上派人快马加鞭驰往湖州，去告知哥哥苏轼。由于皇甫僎儿子生病，他在润州耽搁了半日，苏辙的人马得以先到一步。苏轼得到密报后，立即告假，由通判祖无颇代理太守一职，全权处理州中各事。

其实，苏轼是很喜欢湖州太守这个新职位的。刚到湖州时，他常和长子苏迈以及苏辙的女婿、女婿的弟弟一起去山林中畅游。在游飞英寺时，苏轼写道："莫作使君看，外似中已非。"

此时，苏轼最好的朋友也是他的表哥，画竹名家也是他画竹的老师文与可，在这年二月去世了，苏轼一直哭了三天。文与可曾送给苏轼一幅《筼筜谷偃竹图》，这年七月七日，苏轼在院子里晾晒书画时，看到已经去世的文与可送给自己的这幅图，睹物思人，不觉泪洒襟衫，遂挥笔写下一篇题画记《文与可画筼筜谷偃竹记》，其中写道：

> 今画者乃节节而为之，叶叶而累之，岂复有竹乎？故画竹必先得成竹于胸中，执笔熟视，乃见其所欲画者，急起从之，振笔直遂，以追其所见，如兔起鹘落，少纵则逝矣。与可之教予如此。

成语“胸有成竹”“兔起鹘落”都是源于文与可的故事。苏轼此时沉浸于对表哥的缅怀当中，还不知道厄运正在向他袭来。

皇甫僎到达湖州后，态度十分强硬地要将苏轼押解赴京受审。府衙里的人不知道发生了什么，慌做一团。苏轼战战兢兢地躲在后堂，他原本不想出去，但是通判祖无颇对他说，朝廷并没有判你的刑，你还是朝廷的命官，应该以原来的官阶出迎，以礼相待为好。最后，苏轼穿上官服官靴，出来面见官差皇甫僎，祖无颇与一班衙役站立在他的身后。皇甫僎面色凝重，两名小吏手持兵器，凶神恶煞般侍立两旁，威严肃穆。

气氛一时间显得特别紧张，苏轼定了定神首先开口说：“臣知多方开罪朝廷，必属死罪无疑。死不足惜，但请容臣归与家人一别。”

皇甫僎面无表情地说：“并非如此严重。”通判祖无颇上前施礼道：“相信大人一定有公文。”皇甫僎问明祖无颇的身份后，叫人递上诏书。祖无颇打开一看，不过是一份免去苏轼太守职务，责令进京的普通公文而已。但公文上让苏轼立刻启程，不得耽搁。

皇甫僎来湖州之前李定已经有所交代，所以他对苏轼很严苛。被除去官服的苏轼请求回去与家人道别，皇甫僎本不想应允，但见周围人都怒目而对，只好答应下来。

苏轼回到家中，全家人正焦虑地大哭，不知如何是好。苏轼安慰妻子闰之，让她照顾好孩子和家中事务，并用真宗年代杨朴的故事来调侃，说自己不过是因为会作诗才被皇帝选中召见，不会有事的。闰之决定让长子苏迈陪同苏轼一起进京，也好有个照应。临行前，湖州百姓听说他们爱戴的太守被抓走了，都挤在官道两旁冒雨为苏轼送行。湖州百姓眼见卒吏押解苏轼登船时，“拉一太守如驱犬鸡”“如捕寇贼”，不禁纷纷落泪。茫茫烟雨中，苏轼挥手向湖州百姓和家人朋友告别，他并不知道前面等待他的是什么样的命运。

元丰二年（1079 年）八月十八日，苏轼被下入御史台监狱，关在知杂南庑一个单独的牢房里。苏颂[①]于同年九月也被逮入御史台的三院东阁，和苏轼只有一墙之隔。

御史台又称“乌台”，出京师内城的右掖门一路南行，过汴河后不远，紧挨着开封府的院落便是御史台。御史台的院子里种有很多柏树，引得乌鸦纷纷在树上做巢，人们便以“乌台”指称这里。加上御史台养了一群趾高气扬的言官，这种一语双关的称谓倒显得十分贴切。这里距苏轼二十一岁初次来京赶考时居住的太平兴国寺只有几步之遥。二十三年的时光，已是物是人非。

苏颂与苏轼的父亲苏洵相交甚好，是认宗亲但并非嫡亲的本

① 苏颂，北宋著名的政治家、科学家、药物学家。

家。当时苏颂任濠州（今安徽凤阳）太守，此次被捕罪名是因他在开封府任上判陈世儒案件时，被指判得太轻。实则是王安石将自己的学生李定推荐给神宗，神宗要跳级给李定升大官，苏颂坚持任命官员要经吏部考核。因此得罪王安石、李定一派。后李定终于出任御史中丞，（1076年）九月，苏颂在被贬后被诬陷、困于御史台监狱。他被抓也是何正臣督办的，实际上是变法派向保守派发起的一次清算，将普通刑事案上升到政治案。

苏颂相对于苏轼，处境要稍好一些。苏颂对苏轼在狱中所遭受的非人折磨曾有所记录："却怜比户吴兴守，诟辱通宵不忍闻。"苏颂还对两家相互交往的历史做了深情的回顾："源流同是子卿孙，公自多才我寡闻。谬见推称丈人行，应缘旧熟秘书君。""杭婺邻封迁谪后，湖濠继踵縶维中。"并对未来出狱后相会也抱有期待："他日得归江海去，相期来访蒜山东。"

"乌台诗案"是李定、舒亶、何正臣等一众奸佞小人为苏轼构陷的"文字狱"，如果说之前苏轼的四处奔走只是仕途上的不得志，"乌台诗案"的浩劫则是飞来横祸，几乎让苏轼送命。

入狱后，苏轼作了两首诗偷偷交给待他比较好的狱卒梁成，嘱咐他找机会转交给弟弟苏辙。梁成为了保险起见，将诗藏在了自己的枕头里，当诗稿辗转交到苏辙手中时，苏辙以面伏案大哭。

苏轼后来描述刚到狱中的情形时说："……狱吏稍见侵，自度不能堪，死狱中，不得一别子由。""……举动触四壁。幽幽百尺井，仰天无一席。隔墙闻歌呼，自恨计之失。留诗不忍写，苦泪渍纸笔。"苏轼想用绝食的方法求得一死，他还将日常服用的青金丹藏在土中，准备一旦要被判处死刑，就服丹自杀。

苏轼从被抓时起，就一直有自杀的念头。一路上，当船过扬子江时，他曾想要跳江；当船在太湖上停泊修整时，他想跳湖。他不知道自己会被判什么罪，他也害怕会连累更多的朋友，但是，他又怕自己死了会连累家人和弟弟苏辙。

在苏轼被抓走后，夫人王闰之已经带着家人乘船前往南京，去投奔苏辙一家了。当御史台下令，让所在州郡府衙去搜查苏轼家时，已是人去屋空。官吏奉命连夜追赶至宿州，才将闰之夫人所乘的船只拦下。世间的官吏在对待获罪人家时，都如凶神恶煞，他们上船后翻箱倒柜，没有找到他们想要的东西后，失望地离去。看着一地的狼藉，想着身陷囹圄的夫君，王闰之不禁悲从中来，说："都是吟诗作文惹的祸，留着它们还有何用？只能招来更大的祸端！"悲愤之下，她把苏轼所有残存的手稿，全部付之一炬。

在狱中的苏轼万念俱灰，想用绝食求得一死，并将日常服用的青丹藏在土中准备如果被判了死刑，就拿出来服用自杀，但就在这时，神宗派特使来探望他。狱卒见皇帝如此待苏轼，也不敢再多加欺辱。苏轼察觉到神宗并没有要杀他的意思，才断了自杀求死的念头。元丰二年（1079年）八月二十日，对苏轼的提审正式开始了。在受审过程中，审讯者揪住苏轼以往历年来的诗文诘问，甚至通宵辱骂，令他苦不堪言。苏轼对审讯官说，自己从为官开始，只有两次记过的记录。一次是在凤翔通判任上，因为未出席秋季官仪而被罚红铜八斤；另一次是在杭州任内，因为有小吏挪用公款，他未向上级呈报，被罚红铜八斤。此外，别无不良记录。

对于御史台提到的那些讥讽的诗词，一开始，苏轼只承认对青苗贷款法的弊端和农民食无盐做出过怨言，并没有其他与政治有关的诗文。他甚至否认给朋友写过讽刺诗，也没有写过毁谤朝廷的诗词，他一直坚称自己无罪。苏轼在狱中受到了什么样的非人折磨，无人得知。但是，到八月廿二日，审问苏轼《八月十五日看潮》中所写的“东海若知明主意，应教斥卤变桑田”是何用意时，他坚持了两天后，最终承认是讽刺朝廷水利工程的；对《戏子由》中违抗“朝廷新兴律”的指控，他六天后也作了交代。

到九月份，御史台已经竭尽人力搜罗整理了苏轼大量的怨谤诗词，有一百多首在审问时被呈阅，苏轼的好友中有三十九人受到牵连。当他在王安石罢相第二年（1077年）写给司马光的一首《司马君实独乐园》：

青山在屋上，流水在屋下。
中有五亩园，花竹秀而野。
花香袭杖屦，竹色侵盏斝。
樽酒乐余春，棋局消长夏。
洛阳古多士，风俗犹尔雅。
先生卧不出，冠盖倾洛社。
虽云与众乐，中有独乐者。
才全德不形，所贵知我寡。
先生独何事，四海望陶冶。
儿童诵君实，走卒知司马。
持此欲安归，造物不我舍。
名声逐吾辈，此病天所赭。
抚掌笑先生，年来效喑哑。

此诗被指是讽刺新法时，苏轼坦言：“四海苍生望司马光执政，陶冶天下，以讥讽见任执政不得其人。又言儿童走卒，皆知其姓字，终当进用……又言光却喑哑不言，意望依前上言攻击新法也。”

虽然“罪名成立”，但当时新法已废，凭这样的罪名已不能重判苏轼。御史台那些人只好十分牵强地指控苏轼有一首写老柏的七律：“根到九泉无曲处，世间惟有蛰龙知”是讽刺皇帝，对皇帝的大不敬。他们还拿出苏轼给驸马王诜、朋友李常、孙觉、曾巩等人的诗词，罗织罪名。御史台的严刑逼供，最终打破了苏轼的防线，他不得不承认，他们所指控的大部分诗词都是批评讽刺新政的。漫长的审讯，让苏轼经历了生不如死的暗沉日子。从七月二十八日被逮捕，八月十八日被关入御史台监狱，八月二十日开始到十一月二十日，苏轼连连受审，在御史台监狱一关便是四个月。待审讯终于完结，御史台将证据呈递给皇帝，等待神宗皇帝做最后的判决。

李定、舒亶、何正臣等人欲置苏轼于死地，也有人千方百计地想救他。当时苏轼是文坛领袖，人脉极广，又与黄庭坚、司马光等人私交甚好，朝中想要搭救他的不乏其人，第一个就是他的弟弟苏辙。此时，苏辙已顾不得避嫌，他向神宗上表陈情，请求朝廷削去他的官职，替兄赎罪，以保住哥哥一条性命。

> 臣早失怙恃，惟兄轼一人，相须为命。……臣欲乞纳在身官，以赎兄轼，非敢望末减其罪，但得免下狱死为幸。
>
> （《为兄轼下狱上书》）

苏轼下狱期间，由长子苏迈每天为他送饭。父子二人约定，平时只送肉和菜，如果被判死罪，就送鱼来报信。一天，苏迈出城去借钱无法及时返回，就委托朋友代他给父亲送饭。朋友不知道他们父子有约，特意买了一条鱼送去给苏轼补身子。当苏轼看到鱼时，不禁怆然泪下，他内心百感交集，想到弟弟苏辙常劝自己谨言慎行，自己却从没当回事。如今，落得如此凄然的下场，才意识到天下没有一个人像弟弟那样知冷知热，处处为自己着想，便给苏辙写下绝命诗《狱中寄子由二首》：

其一：

圣主如天万物春，小臣愚暗自亡身。
百年未满先偿债，十口无归更累人。
是处青山可埋骨，他年夜雨独伤神。
与君世世为兄弟，又结来生未了因。

其二：

柏台霜气夜凄凄，风动琅珰月向低。
梦绕云山心似鹿，魂飞汤火命如鸡。
眼中犀角真吾子，身后牛衣愧老妻。
百岁神游定何处，桐乡知葬浙江西。

按宋朝的规定，犯人的只言片语都必须呈报给最高府衙查阅，当诗被传送到神宗手上时，神宗被诗中手足情深的字句深深感动。此时，神宗的祖母、仁宗的皇后曹太后正染病，她临终前对神宗说："想当年你的祖父仁宗皇帝初次见到苏轼、苏辙二人，兴冲冲回到后宫，笑容满面地说，我今日为子孙得了两个太平宰相，可惜我来不及提拔他们了。"神宗原本就不想要苏轼的命，祖母的话触动了他的心，加上王安石的弟弟王安礼、宰相吴充等均正言直谏：“陛下不能容一苏轼何也？”早已罢相隐居江宁的王安石也上书疾呼：“安有圣世而杀才士乎！”十二月二十九日，神宗最终传下圣旨，将苏轼贬到黄州充任团练副使。作为罪臣，苏轼不得签署公文，不能离开属地。“乌台诗案”就此结案，这一旨意让舒亶、李定等人大失所望。

“乌台诗案”或贬或罚，共牵连司马光、王诜、范镇、苏辙等三十九人。其中驸马王诜处罚最重，被罢免了一切官爵；第二个是王巩，过惯了奢侈生活的王巩被发配到了遥远的大西北，苏轼对此非常自责，说是自己连累了王巩；第三个就是弟弟苏辙，被调到筠州（今江西省高安市）做酒监。张方平等官职高的罚红铜三十斤，司马光、范镇等二十人罚红铜二十斤。

元丰二年（1079年）除夕这一天，苏轼走出了御史台大牢，四个月零十天的牢狱之灾，让苏轼感觉外面的一切都如此美好。大街上有车马经过，树枝上有喜鹊高叫，苏轼觉得拂面的冷风都是温暖的。当天，他又写下了两首诗，一首是：

平生文字为吾累，此去声名不厌低。
塞上纵归他日马，城东不斗少年鸡。

写完之后，苏轼把笔一扔，自己大笑说：“我真是无可救药啊！”

06. 被贬黄州

元丰三年（1080 年）正月初一日，京城家家户户喜气盈门，都在欢庆新岁的到来。开封府下令，市民可以尽情关扑①三天。无论是官员还是百姓家庭，一大早就开始互相庆贺，大街小巷到处都是叫喊着赌博的人。街上多出了很多出售各类货物用品的彩棚，人们换上新衣，各种娱乐场所歌管喧哗，一派喜庆祥和的气氛。

可这一切都和苏轼没有任何关系，他和长子苏迈在这一天离开了京城，启程赶赴贬谪之地黄州。苏轼被捕时已把家眷托付给弟弟苏辙，待他和苏迈安顿下来后，再由苏辙护送前往。苏辙则带着自己一大家人和哥哥的家眷一起赶往筠州赴任。筠州在九江南部数百里之外，与苏轼被贬谪的黄州相距约有一百六十里远。船行数月后，苏辙一家到了九江，安顿好自己的家人后，苏辙来不及喘口气，又护送哥哥一家老小，顺着长江上行到黄州苏轼的处所。

苏轼与二十一岁的长子苏迈，走最近的陆路，于元丰三年（1080年）三月三日抵达黄州治所黄冈。黄冈是长江边一个偏僻穷苦的小镇，在汉口东南约六十里的地方。苏轼在黄州的正式官衔是责授检校尚书水部员外郎，充黄州团练副使，本州安置，不得签署公文。水部员外郎本是水部的副长官，但检校则是代理或寄衔的意思，并非正任官职；团练副使本是地方军事助理官，但因为不得签署公文，所以只是个挂名的闲差，无权参与公事。实际上，

① 关扑，以商品为诱饵赌掷财物的博戏，盛行于宋朝。

苏轼来到黄州近似于流放，此时他的身份就是由当地州郡看管的犯官。为此，苏轼在《初到黄州》这首诗里写道：

自笑平生为口忙，老来事业转荒唐。
长江绕郭知鱼美，好竹连山觉笋香。
逐客不妨员外置，诗人例作水曹郎。
只惭无补丝毫事，尚费官家压酒囊。

既然是犯官，官府就不给配备官舍。苏轼父子在等待家眷到来之前，只好暂时借住在城南的定惠院里。定惠院是建在草木茂盛的山坡上的一座小寺庙，到江边还有一段路程。这段日子，苏轼很落寞，他除了和庙里的僧人一同吃饭外，很少与人接触。午饭与晚饭后，他会独自出去散步走一走。关于这种生活，他还写了一些诗进行描述，“先生食饱无一事，散步逍遥自扪腹。”（《寓居定惠院之东杂花满山有海棠一株土人不知贵也》）这是苏轼当时生活的真实写照。这样闲散的生活，对心怀抱负的苏轼来说，并不是享受，而是一种惩罚。

虽说苏轼生性豁达，但是，“乌台诗案”还是给了他沉痛的打击。从一个万人仰慕的朝廷重臣、文坛领袖，一下沦为边远地区的犯官，乃至失去了人身自由，特别是在出狱后以及到黄州的这段日子里，他写给朋友的信没有一封得到回复。他在写给李端叔[①]的一封信里说：“得罪以来，深自闭塞。……平生亲友，无一字见及，有书与之亦不答，自幸庶几免矣。”

---

① 李端叔，即李之仪，后来与苏轼结下深厚的友谊，并曾做过他的幕僚。

当他踏着如水的月光，独自漫步在山间小路，听着虫鸣鸦啼，想着自己一路走来的遭遇，不免感慨于怀，于是，写下了《卜算子•定惠院寓居作》：

缺月挂疏桐，漏断人初静。谁见幽人独往来，缥缈孤鸿影。　　惊起却回头，有恨无人省。拣尽寒枝不肯栖，寂寞沙洲冷。

苏轼借助大自然的洁净、美好，来洗刷胸中的块垒，驱赶心中的孤独郁闷。黄州这段流放生活，彻底改变了他的人生观、世界观、价值观。于仕途，是他最黯淡最窘迫最潦倒最失意的日子；于文学，是他创作最旺盛最丰富最成熟成就最高的阶段；于个人，是他心境演变最豁达最通透最飘逸，从尚儒转为尚道佛的开始；于生活，是他最接近平民、躬耕田间，做出东坡饼、东坡肉等美食的随遇而安的新生。在这段岁月里，苏轼真正感受到了人生的起落，已经没有什么是可以让他执着的了。之前宦海沉浮的不忿、期许，经此大难，已让他完全顿悟。定慧院幽静的环境，让苏轼的身心暂时得以平静；禅音梵语让他的内心开始反思；他在《定惠院寓居月夜偶出二首》里写道：

其一：

幽人无事不出门，偶逐东风转良夜。
参差玉宇飞木末，缭绕香烟来月下。
江云有态清自媚，竹露无声浩如泻。
已惊弱柳万丝垂，尚有残梅一枝亚。

清诗独吟还自和，白酒已尽谁能借。
不惜青春忽忽过，但恐欢意年年谢。
自知醉耳爱松风，会拣霜林结茅舍。
浮浮大甑长炊玉，溜溜小槽如压蔗。
饮中真味老更浓，醉里狂言醒可怕。
但当谢客对妻子，倒冠落佩从嘲骂。

其二：

去年花落在徐州，对月酣歌美清夜。
今年黄州见花发，小院闭门风露下。
万事如花不可期，余年似酒那禁泻。
忆昔还乡溯巴峡，落帆武口高桅亚。
长江滚滚流不尽，白发纷纷宁少借。
竟无五亩继沮溺，空有千篇凌鲍谢。
至今归计负云山，未免孤衾眠客舍。
少年辛苦真食蓼，老景清闲如啖蔗。
饥寒未至且安居，忧患已空犹梦怕。
穿花踏月饮村酒，免使醉归官长骂。

元丰三年（1080年）五月下旬，苏辙护送嫂嫂和两个侄儿苏迨、苏过以及一众家眷到达黄州。作为犯官，苏轼没有正常的薪俸，一家二十几口人的生活也是一笔不小的开支，生活的困乏可想而知。刚到黄州时，苏轼“度囊中尚可支一岁有余”，所以花钱也没什么节制，等到一家人到了一起，才感到囊中羞涩，钱紧了。

于是，他不得不把每天的花销限制在一百五十文。每到初一日，他就取出四千五百钱，分成三十份，用画叉挑起来挂在屋梁上。每天用叉子挑下一串来，当天用不完就放进一个大竹筒里，用于招待宾客。

在黄州，苏轼认识了一位姓王的卖酒的掌柜，王掌柜看他家的生活实在困难，就把苏轼赠给他的一幅墨竹画自作主张卖了三百两银子，当他把银子交给苏轼，让他安家用时，苏轼赶紧找到买家，把银子退给了人家，又把画投进了火炉。他对王掌柜说：苏某虽穷，但画艺无价，妙在一个干干净净，若沾上了铜臭气，就是跳进长江也洗不干净了。

一大家子人没法再住寺庙里了，太守徐君猷照顾苏轼，让他们一家人住进了一个废弃的驿站——“临皋亭”。“临皋亭”靠近长江，潮湿而狭小，本是驿亭，官员们走水路经过时，可以在这里小住歇息，但早已废弃，又年久失修，苏轼一家人只好硬挤在这并不宽敞、逼仄狭窄的空间里暂且安身。

苏轼在《寒食节二首》（即《寒食帖》）诗里曾自我解嘲说：“小屋如渔舟”“空庖煮寒菜”“破灶烧湿苇”“也拟哭途穷”。他给朋友写信说：“寓居去江无十步，风涛烟雨，晓夕百变。江南诸山在几席，此幸未始有也。”实际上，临皋亭的风景不见得有多美，主要还是看风景的诗人心中眼中都是美好的想象。临皋亭夏天对着大太阳潮热难耐，换作别人早就受不了了，苏轼却对这个简陋的小亭子情有独钟。后来，又在旁边加了一间书斋，自己用来读书写诗作画。苏轼向朋友炫耀说：午睡初醒，忘其置身何处，窗帘拉起，于坐榻之上，可望见水上风帆上下，远望则水空相接，一片苍茫。在写给范镇儿子范子丰的一封信中，苏轼用诙谐的语调调侃说：“临皋亭下十数步，便是大江，其半是峨眉雪水。吾饮食沐浴皆取焉，何必归乡哉？江水风月本无常主，闲者便是主人。闻范子丰新第园地，与此孰胜？所以不如君者，无两税及助役钱尔。”

死里逃生的苏轼，在黄州变得谨慎了很多。他在《答秦太虚书》中就说：“但得罪以来，不复作文字，自持颇严。若复一作，则决坏藩墙，今后仍复衮衮多言矣。”闲散无聊，为了求得心灵的真正安宁，他开始转向宗教，去抄写《金刚经》，还常到城南安国寺焚香默坐，以求“自新之方”，并与僧首继连成为好友。

苏轼刚到黄州时，太守是陈君式。陈君式出身官宦世家，年轻时就显露才华，并以孝亲著称。他在知黄州时，对吏严，对民宽，受到大家的普遍赞誉。此时，人人怕见流放黄州的苏轼，唯独陈君式敢与苏轼交往，并予以厚待。后来，陈君式退休，苏轼特书写唐代李陵答苏武诗赠送，二人友谊日益深厚，书信往来不断。元丰六年（1083 年）七月，陈君式去世，苏轼作为主祭，致《祭陈君式文》，赞誉陈君式“澹然无求，抱洁没身”的廉明精神。

鄂州太守朱寿昌听说苏轼被贬黄州后，立即派专人去黄州给苏轼送两壶好酒和冬藏的水果，为苏轼接风洗尘。他还捎去自己的亲笔书信一封，在里面写了自己的近况，并鼓励好朋友苏轼，困难和磨难都是暂时的，要坦然面对当前的处境。朱寿昌的真情厚意，令苏轼十分感动，遂回信一封，对朱寿昌表示“双壶珍贶，一洗旅愁”，对带来的冬藏水果赞叹道“佳果收藏有法”。两壶酒，一篮子水果，给贬谪中的苏轼带来无限的安慰。在以后苏轼困顿的生活中，朱寿昌常常送去生活必需品，苏轼在信中写道：“叠蒙寄惠酒、醋、面等，一一收检，愧荷不可言。”

朱寿昌，生于大中祥符七年（1014年），字康叔，扬州天长人（今属安徽）。朱寿昌的父亲朱巽是宋仁宗年间的工部侍郎，生母是父亲的小妾，在朱寿昌很小的时候，就被赶出了朱府。朱寿昌成人后，荫袭了父亲的功名，出仕为官，而且官运亨通。但是，每每想到生母，便“饮食罕御酒肉，言辄流涕”。朱寿昌一直在寻找生母，却音信皆无。为此，他虔诚拜佛，灼背烧顶以求感动上苍，求得母亲的下落。后来，他打听到母亲已流落到陕西，并又嫁人生儿育女。熙宁元年（1068年），朱寿昌辞去官职，发誓不找到生母就不回家。他刺血写下了《金刚经》，以示自己的虔诚。熙宁三年（1070年），他在同州找到了母亲，此时老人家已经七十岁了，朱寿昌也五十三岁了，分离长达五十年的母子再次相见抱头痛哭。朱寿昌将母亲以及同母异父的弟弟都接到家中一起生活。同年，苏轼与朱寿昌相识，成为亲密无间的好友。苏轼写诗赞美朱寿昌的孝道：“嗟君七岁知念母，怜君壮大心愈苦，不受白日升青天，爱君五十长新服，儿啼却得偿当年……感君离合我酸辛，此事今无古或闻……”王安石等一些大臣也纷纷写诗赞扬，一时间，朱寿昌辞官寻母的故事成为美谈，后被列为古代“二十四孝”之一。与庶母去世隐瞒不报的李定形成了鲜明的对比。

在黄州，苏轼还把收养弃婴的经验传授给朱寿昌。当时，鄂州、黄州、岳州有一种残忍的“溺婴”陋习，因为贫穷，大多数人家只养育两男一女，其他生下来的婴儿，刚一出生就被放到水盆里淹死，出生晚的女孩几乎无一幸免。苏轼深入民间了解到这一情况，便给朱寿昌写信，建议他利用手中的职权，改变溺婴这一陋习，并在黄州成立一个名为“育儿会”的慈善机构，动员人们捐钱捐米救助婴儿。苏轼自己家的日子虽然也不好过，却给“育儿会”捐了十千钱的善款。他利用自己的人脉以及人力、物力、权力的关系，与朱寿昌等人逐渐改变了“溺婴”这一陋习。苏轼在《记救小儿》中记载了此事，这一切的所作所为，无不体现出他的人道主义精神。

苏轼在贬谪生活中，常常与朱寿昌书信往来，所谈内容极为丰富，两人经常互相勉励。元丰四年（1081 年）五六月间，苏轼作《满江红·寄鄂州朱使君寿昌》：

> 江汉西来，高楼下、蒲萄深碧。犹自带、岷峨云浪，锦江春色。君是南山遗爱守，我为剑外思归客。对此间、风物岂无情，殷勤说。　　江表传，君休读。狂处士，真堪惜。空洲对鹦鹉，苇花萧瑟。不独笑书生争底事，曹公黄祖俱飘忽。愿使君、还赋谪仙诗，追黄鹤。

朱寿昌曾经做过陕州（今河南省三门峡市）通判。任职期间，对百姓特别仁爱，离任后也深受百姓的爱戴。苏轼自己虽然被贬谪，却不忘在词中与朱寿昌共勉。因朱寿昌忙于公务，苏轼作为犯官又不能擅自离开贬谪之地，虽然两人在一起相聚的机会不多，但是书信往来频繁。苏轼常常为朱寿昌写字作画，也会送一些名墨好砚给他。苏轼在黄州这段生活，朱寿昌给了他很多照顾。在《苏东坡全集》中，可查到的苏轼致朱寿昌的信有二十一封、诗八首、词二首，有关朱寿昌的文章二篇，可见两人情意深厚，志趣相投。

07. 东坡居士

元丰四年（1081 年），苏轼的生活“日以困匮”。他有一个叫马正卿的好朋友，在他被贬不久后也到了黄州。苏轼在《东坡八首并序》中说：

> 余至黄州二年，日以困匮。故人马正卿哀余乏食，为余郡中请故营地数十亩，使得躬耕其中。

马正卿，字梦得，雍丘（今河南杞县）人，当时正好来黄州担任通判。在《东坡八首并序》末尾，苏轼这样描述了这位朋友：

> 马生本穷士，从我二十年。日夜望我贵，求分买山钱。我今反累生，借耕辍兹田。刮毛龟背上，何时得成毡？可怜马生痴，至今夸我贤。众笑终不悔，施一当获千。

苏轼即使在贫困交加之时，也不忘幽默的本性，面对为自己雪中送炭的朋友，他开玩笑地说，是希望得到千倍的回报。他自嘲地说，马正卿这么帮助一无所有的自己，不等于是在龟背上刮毛，让人取笑吗？

马正卿当然不怕别人说闲话，更没有对戴罪之身的苏轼落井下石，去讨好上级。二人相识、相知二十年，马正卿同情苏轼如今的悲惨遭遇，甘愿冒着政治斗争的风险，义无反顾地伸出援手。

不久，黄州原太守陈君式离任，徐君猷继任太守，马正卿向徐君猷请求，希望能划一块无主的地给苏轼耕种。徐君猷也很同情苏轼的遭遇，就把黄州城东缓坡上一块营防废地划给了苏轼。

因是早已荒芜的营房旧址，东坡上瓦砾遍地，杂草丛生。苏轼带领全家老小一起上阵，他们首先清除了瓦砾，又割除了荆棘，最后整理出五十亩的土地来。苏轼又从所剩不多的积蓄中拿出钱，买了一头耕牛。冬天种上小麦，夏天种上水稻，还种了一些蔬菜和瓜果，真正做起了农民。苏轼过去也有过弃官为农的想法，但那只是想法而已，没料到在黄州，他被迫真成了农夫。从未劳作过的苏轼，终于尝到了开荒种地的艰辛。在《东坡八首》前面的序里他说：

> 地既久荒，为茨棘瓦砾之场，而岁又大旱，垦辟之劳，筋力殆尽。释耒而叹，乃作是诗，自愍其勤，庶几来岁之入以忘其劳焉。

唐代诗人白居易曾经在贬谪之地耕种，写过《东坡种花》二首，其中有“持钱买花树，城东坡上栽”“东坡春向暮，树木今何如”的诗句。苏轼向来仰慕白居易，如今自己与白居易一样躬耕于田间，便以“东坡”为号，自称“东坡居士”。

渐渐地，苏轼摆脱了刚来时的孤寂，与周围的农人、渔夫打成一片。他常跑到田间、山野、集市，追着农民、渔夫、樵夫、商贩坐在一起讲故事、说笑话，欢乐的气氛让他得到了身心的放松。他写信给弟弟苏辙说：“吾上可陪玉皇大帝，下可陪卑田院乞儿。”在他眼里，天下没有一个不是好人。很快，他的身边又聚集了一大批年龄不等、地位悬殊、性情各异的朋友。有安国寺僧首继连、

"江南蜀士"王齐愈、王齐万、王齐雄三兄弟、黄州太守徐君猷、武昌通判孟震、主簿吴亮、青年才俊何颉之、黄州处士潘革、近邻古耕道、开药店的小商人郭遘、医生庞安……这时，老朋友也相继从各地赶来看他，参寥了更是不远千里从杭州跑到黄州，并且一住就是一年。叶梦得在《避暑录话》里记载说，苏轼在黄州，每天早上起来，如果没有客人到访，就自己去拜访朋友，"设一日无客，则歉然若有疾"。

本来就狭小的"临皋亭"，这样一来就更加不方便了。为了改善住房条件，也为了免去在东坡与临皋亭之间来回往返的奔波，苏轼决定自己动手，在田边盖几间房子。元丰五年（1082 年）二月，在朋友们的大力帮助下，苏轼于东坡地头上建起了五间草房。竣工那天，恰巧天降瑞雪，苏轼兴奋之余，在草堂的墙壁上画满了雪花，并干脆将草屋命名为"雪堂"，还写了一篇《雪堂记》来记述这件事情。

苏轼在雪堂招待朋友，宴请宾客。当时二十二岁的大山水画家米芾，就是来到雪堂认识苏轼的。两人挥毫泼墨，谈画论道，成为莫逆之交。在苏轼去世七十年后，诗人陆游于孝宗乾道六年（1170 年）十月来到东坡，他记述雪堂的情形时写道：正中间挂着苏轼一张像，像上所画之人身着紫袍，头戴黑帽，手持藤杖，倚石而坐。

雪堂建在山顶，地势高敞，坐在室内，可以眺望群峰连绵、溪流潺潺的美景。苏轼觉得这与陶渊明盛赞的"斜川"没什么两样，得意之下遂作《江城子・梦中了了醉中醒》以炫耀：

陶渊明以正月五日游斜川，临流班坐，顾瞻南阜，爱曾城之独秀，乃作斜川诗，至今使人想见其处。元丰壬戌之春，余躬耕于东坡，筑雪堂居之，南挹四望亭之后丘，西控北山之微泉，慨然而叹，此亦斜川之游也。乃作长短句，以《江城子》歌之。

梦中了了醉中醒。只渊明，是前生。走遍人间，依旧却躬耕。昨夜东坡春雨足，乌鹊喜，报新晴。　雪堂西畔暗泉鸣。北山倾，小溪横。南望亭丘，孤秀耸曾城。都是斜川当日景，吾老矣，寄余龄。

其实，在雪堂的台阶下，只有一条小水沟，上面有一座小桥横跨而过。如果不下雨，沟内连水都没有。雪堂的东面，苏轼种了一棵柳树，再往东，就是他们的生活用水，一口由冷泉形成的小水井，并无其他可取之处。若再往东的低处，就是稻田、麦田、桑林、菜圃，是一片很长的田地，另外还有一大片果园。苏轼将精力全用在了躬耕的乐趣中，他从友人那里移来茶树，从老家四川托人找来菜种。当孩子欢叫着跑来告诉苏轼，他们种下的种子冒出了小小的绿苗时，苏轼像个孩子似的高兴地跳了起来。看着稻穗在微风中摇曳，或是沾满露珠在月光下闪动，他都感到欣喜而满足。过去，苏轼是用俸禄养家糊口，如今，他靠双手在田间劳作创造价值。他在坡顶的地里种麦子，好心的邻居告诉他说，麦苗长出来要想丰收，就不能任它随便长，必须让牛羊把新苗吃掉，等来年开春时，再长出的麦苗才能茂盛。苏轼如法去做，果然取得了小麦的丰收，他因此对那个邻居无比感激。

远景亭在他们住所后面的一个小山丘上，坐在亭子里就可以看到下面乡野的景色。苏轼的西邻是一个古姓人家，种有一大片竹林，不但高大，而且枝繁叶密，遮天蔽日，人走进去从外面根本看不到。酷热的夏天，苏轼常到浓荫中去避暑，并寻找干而平滑的笋壳，给夫人闰之用来做鞋的里衬。

从官员到农夫，不仅仅是身份的转变，身体也承受了不一样的辛苦。苏轼在给友人孔平仲的一首诗里说：

去年东坡拾瓦砾，自种黄桑三百尺。
今年刈草盖雪堂，日炙风吹面如墨。

从诗的描述中，可见田园劳作、风吹日晒给苏轼身体上带来的变化。元丰五年（1082 年），黄州适逢大旱，有好长一段日子没有下雨，不但地里的庄稼渴望一场透雨的滋润，就是人劳作起来也是十分辛苦。这时，苏轼的好友“沽酒江南村”的潘丙，常常去给他帮忙。在这片荒凉而贫瘠的土地上，开垦、施肥、播种、收割等农活，比起肥沃的田地，要多付出很多劳动。潘丙与苏轼的另外两个朋友郭兴宗、古耕道常常一起耕作。苏轼在《东坡八首中》记述这三个最好的朋友帮助他在东坡种地的情形时说：“从我于东坡，劳饷同一飧。”后来，总算下雨了，苏轼和真正的农人一样，孩子般高兴地奔走在雨中，快活而满足，他写诗道：

沛然例赐三尺雨，造化无心怳难测。
四方上下同一云，甘霔不为龙所隔。
蓬蒿下湿迎晓来，灯火新凉催夜织。
老夫作罢得甘寝，卧听墙东人响屐。
奔流未已坑谷平，折苇枯荷恣漂溺。

腐儒粗粝支百年，力耕不受众目怜。

在黄州，苏轼常说“多难畏事”“多难畏人”，他在给李端叔的信里说：“扁舟草屦，放浪山水间，与渔樵杂处，往往为醉人所推骂，则自喜渐不为人识。”他穿着草鞋，与渔民、樵夫混在一起，被醉汉推骂，从名满天下到无人认识，苏轼的确有了脱胎换骨般的改变。他说：“某现在东坡种稻，劳苦之中亦自有其乐，有屋五间，果菜十数畦，桑百余木，身耕妻蚕，聊以卒岁也。”

一天，苏轼与友人醉饮后回家，因为夜深了，仆人都已睡熟，他敲了半天门也没人来给他开。他索性又返回到江边，望着眼前烟波浩渺，水天相接的景色，不由想起自己半生的荣辱得失，听着脚下的惊涛拍打着堤岸，突然间豁然开朗，感到从没有过的轻松与解脱。什么烦恼忧愁，什么荣辱得失，刹那间都烟消云散。于是，他写下了《临江仙·夜归临皋》：

夜饮东坡醒复醉，归来仿佛三更。家僮鼻息已雷鸣。敲门都不应，倚杖听江声。　　长恨此身非我有，何时忘却营营。夜阑风静縠纹平。小舟从此逝，江海寄余生。

苏轼这首词很快流传开，据说，太守徐君猷看到这首词，心中不免一惊。他与苏轼虽是好友，但作为地方长官，他对苏轼负有监管的职责。苏轼在黄州虽挂名团练副使，却有名无实，实际上是被监管的犯官，当地府衙要担负起监管他的责任。词中的“小舟从此逝，江海寄余生”，明显有着要逃走隐匿的意思。徐君猷急忙来到苏轼家里探看，发现苏轼躺在榻上睡得正香，才放下心来。

神宗元丰五年（1082年），苏辙由筠州到黄州看望哥哥苏轼。兄弟相见，自是亲热无比，苏轼陪弟弟乘船沿江到武昌[①]西山上的九曲亭游玩。一路上，兄弟二人欢饮畅谈，为了宽慰哥哥，苏辙写下了游记《武昌九曲亭记》：

子瞻迁于齐安，庐于江上。齐安无名山，而江之南武昌诸山，陂陁蔓延，涧谷深密，中有浮图精舍，西曰西山，东曰寒溪。依山临壑，隐蔽松枥，萧然绝俗，车马之迹不至。每风止日出，江水伏息，子瞻杖策载酒，乘渔舟，乱流而南。山中有二三子，好客而喜游。闻子瞻至，幅巾迎笑，相携徜徉而上。穷山之深，力极而息，扫叶席草，酌酒相劳。意适忘反，往往留宿于山上。以此居齐安三年，不知其久也。

然将适西山，行于松柏之间，羊肠九曲，而获小平。游者至此必息，倚怪石，荫茂木，俯视大江，仰瞻陵阜，旁瞩溪谷，风云变化，林麓向背，皆效于左右。有废亭焉，其遗址甚狭，不足以席众客。其旁古木数十，其大皆百围千尺，不可加以斤斧。子瞻每至其下，辄睥睨终日。一旦大风雷雨，拔去其一，斥其所据，亭得以广。子瞻与客入山视之，笑曰："兹欲以成吾亭邪？"遂相与营之。亭成而西山之胜始具。子瞻于是最乐。

昔余少年，从子瞻游。有山可登，有水可浮，子瞻未始不褰裳先之。有不得至，为之怅然移日。至其翩然独往，逍遥

---

① 武昌，今湖北省鄂州市，秦名鄂县。221年，三国时期吴主孙权自公安县迁都于此，改名为武昌。

泉石之上，撷林卉，拾涧实，酌水而饮之，见者以为仙也。盖天下之乐无穷，而以适意为悦。方其得意，万物无以易之。及其既厌，未有不洒然自笑者也。譬之饮食，杂陈于前，要之一饱，而同委于臭腐。夫孰知得失之所在？惟其无愧于中，无责于外，而姑寓焉。此子瞻之所以有乐于是也。

这是一篇兄弟二人相互抚慰的文章，虽然通篇没有一句激愤的言语，没有一句悲酸的话，但在恬淡洒脱的背后，却蕴藏着悲苦之情。后来，世人将这篇游记与苏轼哲宗元祐元年（1086 年）所写的《西山诗》合刻于九曲亭内堂的屏板上。

苏轼在黄州不但自己种粮种菜，还学会了做菜。当时黄州的猪肉特别便宜，可“富者不肯吃，贫者不解煮”，苏轼认为这是件令人遗憾的事。为此，他研究了一种极为简单的炖猪肉的方法，用很少的水将猪肉煮开，放好酱油，再用文火炖上数时，肉软烂酥香，吃过的人无不称快。因为这种吃法是苏轼发明的，人们便将其称为“东坡肉”。他还研制了“东坡鱼”，将一条鲤鱼用冷水冲洗干净，擦上盐，在鱼肚子里面塞上白菜心，然后在煎锅里放上葱白，再把鱼放进去一直煎。待鱼八分熟时，再放几片生姜，浇上一点儿咸萝卜汁和一点儿酒，快要出锅时放上几片橘子皮，然后趁热端到桌上吃，吃过的人赞不绝口。苏轼盘中的鱼肴，多是忘年好友潘大临在江中打捞上来的，苏轼也常常乘坐潘大临的渔船，或到江南沽酒畅饮，或随小舟在江中飘荡。

苏轼还发明了一种青菜汤，叫作“东坡汤”。这原本是穷人吃的，他推荐给寺庙里的僧人吃。做的时候用两层锅，把米饭放在菜汤上蒸，这样，饭菜就一起熟了。下面汤里的白菜、萝卜、油菜根、芥菜，下锅之前都要仔细清洗干净，放上姜。按当时的习惯，汤里照例要放进些生米。“东坡汤”要在青菜已经煮得没有生味后，把蒸的米饭放入另一个漏锅里，但千万不要让汤汁碰到米饭，这样蒸汽才能进得均匀。

这种生活，让苏轼觉得自己越来越像田园诗人陶潜。他曾写过一首诗，说陶潜一定是他的前身。他越读陶诗，越觉得陶诗表现的恰好都是自己的思想和生活。陶潜当年弃官归隐时，写了一首《归去来辞》，可惜不能歌唱。苏轼便根据自己每天在田间劳作的感想，把《归去来辞》的句子重组起来，按民歌教给农人来唱，有时，他自己也放下犁耙，手拿一根小棍，在牛角上一边打拍子，一边和大家一起唱。

在黄州的苏轼，受哲学达观思想的影响，在雪墙门上写了三十二个字，自己昼夜观看，也向世人提出警告：

出舆入辇，蹶痿之机。洞房清宫，寒热之媒。
皓齿峨眉，伐性之斧。甘脆肥脓，腐肠之药。

在苏轼看来，人只有失去了心心念念的最好的东西后，才能够真正获得快乐和满足。正是苏轼这种达观幽默的想法，才在后来被贬谪到条件恶劣的琼崖海岛时，面对当地医药皆无的糟糕情形，写信告诉朋友说“每念京师无数人丧生于医师之手，予颇自庆幸。”

苏轼以“东坡居士”“身耕妻蚕”，“虽劳苦却亦有味”，虽然他一再强调“便为齐安民，何必归故丘”，虽然他追求陶渊明的人格精神，咏诵《归去来辞》，但是，在他的内心深处，虽处江湖之远，却仍忧其君，渴望有一天能实现远大抱负，建功立业。

08. 三咏赤壁

黄州太守徐君猷崇儒重道，礼贤下士，他体谅苏轼的遭遇，在自己的权力范围内，尽可能地帮助、照顾苏轼。苏轼在寄给徐君猷弟弟徐得之的信中写道：“某始谪黄州，举目无亲，君猷一见，相待如骨肉。”在《醉蓬莱》一词中，苏轼褒扬徐君猷说：“赖有多情，好饮无事，似古人贤守。”

无官一身轻的苏轼在黄州游山玩水，呼朋唤友，饮酒赋诗，煮“东坡羹”，做“东坡肉”，酿“东坡酒”。在这里，他重新定位自己，彻底脱胎换骨，获得了真正的个性自由。

黄州对岸武昌的樊山[①]北临长江，西枕百里樊川，南连南湖，东瞰繁华都市、扼樊川的入江口——樊口，是武昌的西部屏障，风景绝佳。三国时，孙权建都城于武昌，樊山因为在都城的西边，所以又称西山。这里重峦叠嶂，九曲连环，壑碧丹崖，松竹蔽日，九峰六谷，梅兰幽香，飞流直下，溪水淙淙，是讲经布道、习文修武、狩猎游玩、避暑隐居的绝佳之处。此外，武昌城东滨江的车湖，山水如画，车胤的遗迹以及王家书楼后人的藏书，都吸引着苏轼。他常常乘一条小船渡江而来，与酒友潘丙、渔友潘大临、故友朱寿昌和书友王齐愈吟诗赋句，欣赏大美景色，与他们结下了深厚的情谊，也留下了一段段佳话。

樊口因位于樊湖与长江的交汇处，物产丰富，水质优良，酿酒业有着悠久的历史。据《三国志·吴志》载：“孙权都鄂，常

① 樊山：古时西山和雷山皆称樊山。

临钓台饮酒大欢，讲武阅军。”他曾在“樊山广宴群臣”。在孙权建都后，从江南“移民千家”来鄂，这其中就有一批能工巧匠，包括酿酒师。到宋朝，武昌酿酒已有“酤成即鬻，谓之小酒；腊酿夏出，谓之大酒”（《宋史·食货志》）之分，已经达到了十分鼎盛的时期。

诗与酒，自古以来就是文人墨客生活中的重要组成部分，苏轼酒量虽不佳却好酒，“万斛羁愁都似雪，一壶春酒若为汤”（苏轼《次韵乐著作〈送酒〉》）。他说“樊口有潘生，酿酒醇浓”。潘生叫潘丙，字彦明，祖籍福建长乐，祖上多人为官，最后举家迁居黄州，声名卓著，范仲淹曾为潘家第七代潘衢作过传。潘丙是第八代潘革处士的次子，长子为潘鲠，元丰己未年（1079 年）考中进士，有两个儿子潘大临和潘大观，与苏轼亦是好友，潘原为潘革三子。

潘丙原本是读书人，因为屡试不举，最后只取得了解元，便选择依山傍水的樊口来酿酒。潘丙运用独家酿酒秘方，酿造出的美酒清冽甘醇，苏轼有诗“潘子久不凋，沽酒江南村”。潘丙常年往来于黄州与武昌之间，苏轼被贬黄州后，二人因酒相识结缘，遂成为无话不谈的好友。苏轼常常过江到樊口，在潘丙的酒坊里饮酒论诗。

苏轼对樊口有着特殊的感情，不仅因为有酒友潘丙，而是在治平三年（1066 年）四月，他和苏辙护送父亲的灵柩溯江回四川之时，夜晚住宿在樊口，受到店家的热情款待，让他印象深刻。如今十多年过去了，贬谪中，樊口又成了他饮酒论诗、抚慰孤寂心灵的最好去处。他常和朋友们结伴前来，一边喝酒，一边赏玩西山的美景。苏轼曾在给秦观的书信里写道：“所居对岸黄州，山水绝佳……又有潘生者，作酒店樊口，棹小舟径至店下，村酒亦自醇酽。”从樊口登山，有退谷、抔湖等绝景。

元丰五年（1082 年）二月二十二日，蕲水知县李婴到黄州拜访苏轼，苏轼提议过江到武昌西山去游玩。二人到了潘丙的酒坊后，赵安节、王齐愈和武昌主簿吴亮等听说苏轼过江来了，纷纷携酒前来。一行人从樊口登山，尽情游玩，饮酒畅谈。酒兴助游兴，苏轼挥笔于山壁上题下：苏轼、李婴、吴亮、赵安节、王齐愈、潘丙，元丰五年二月二十二日游。天近傍晚，薄暮低合，众人才兴尽而散，苏轼乘舟回到黄州。

苏轼在黄州东南三十里叫沙湖的地方买了些田产，所以经常往来其间。三月七日，苏轼在前往沙湖的途中，忽然下起大雨，有雨具的人都冒雨离开了，剩下没带雨具的人，大家都感觉很沮丧，唯独苏轼毫不在乎，在雨中泰然前行。天气放晴后，苏轼写下了著名的《定风波·沙湖道中遇雨》。

> 三月七日沙湖道中遇雨。雨具先去，同行皆狼狈，余独不觉。已而遂晴，故作此：
>
> 莫听穿林打叶声，何妨吟啸且徐行。竹杖芒鞋轻胜马，谁怕？一蓑烟雨任平生。　　料峭春风吹酒醒，微冷，山头斜照却相迎。回首向来萧瑟处，归去，也无风雨也无晴。

苏轼以途中遇雨这样一件生活中的小事，来抒发自己内心的情感。他性格当中的恣意跳脱，开始慢慢淡去，变得更加深邃和豁达。

在黄州城西北长江边上，有一座绛红色的小山，因状如鼻子，被称为赤鼻山。赤鼻山高崖峭壁，直插江中，因而又被人们称为

赤壁。红色的岩石衬着深碧的江水，十分赏心悦目。汹涌奔腾的长江水拍打着赤壁，上面耸立着栖霞楼、竹楼、月波楼、涵辉楼等古建筑，形成独特而美丽的风景。

苏轼第一次游赤壁是元丰三年（1080年）八月，刚到黄州的他与长子苏迈一起，在夜色中乘着小船即兴而游。当时，恰好在杭州的好友辩才、参寥派人来看他。苏轼就把游赤壁的所见所感，写成一篇短小的《秦太虚题名记》作为回信带给了参寥：

> 览太虚题名，皆余昔时游行处，闭目想之，了然可数。始余与辩才别五年，乃自徐州迁于湖。至高邮，见太虚、参寥，遂载与俱。辩才闻余至，欲扁舟相过，以结夏未果。太虚、参寥又相与适越，云秋尽当还。而余仓卒去郡，遂不复见。明年，余谪居黄州，辩才、参寥遣人致问，且以题名相示。时去中秋不十日，秋潦方涨，水面千里，月出房、心间，风露浩然。所居去江无十步，独与儿子迈棹小舟至赤壁，西望武昌山谷，乔木苍然，云涛际天。因录以寄参寥，使以示辩才。有便至高邮，亦可录以寄太虚也。

在这篇短文中，苏轼借游玩告诉自己的老朋友们，他在这儿生活得很好，让他们不要惦记。以苏轼当时的处境，说话还是十分小心谨慎的，这也是他的高明之处。这篇小文，不次于一篇小《赤壁赋》。苏轼在黄州写下了两篇著名的前后《赤壁赋》，是在写下这篇短文的后两年。吴汝纶曾说，谓《前赤壁赋》是“文章天成偶然得之者”，恐怕不一定如此。从这篇短文来看，《赤壁赋》的意境在苏轼胸中早已酝酿良久，并非“偶然得之”。

苏轼经常到赤壁游玩。无论是风雨苍茫之日，还是波平浪静之时。有时泛舟江中随波逐流，有时登临山巅眺望风景。

神宗元丰五年（1082 年）五月，云游四方的绵竹武都山道士杨世昌专程从庐山跑到黄州，看望老朋友苏轼。杨世昌，字子京，祖籍四川绵竹，生于绵竹、长于绵竹武都山，是北宋著名的道学家、画家、鼓琴家、酿酒专家。他教苏轼酿蜜酒、与苏轼两次游赤壁，现在北京故宫博物院还珍藏着他的一幅画《崆峒问道图》，是五代以来唯一一张著名道士画，艺术水平极高的国宝级文物。

杨世昌多才多艺，他上通天文、历算及星相卦术，下晓炼丹、医药及酿酒等多种技艺。他的到来，让苏轼欢欣无比。杨世昌是个无牵无挂的方外之人，苏轼挽留他一直在雪堂住到第二年五月才让他离去。

杨世昌看到苏轼在黄州的生活贫困潦倒，心情非常不好。他懂苏轼，知晓苏轼好酒，就教苏轼用蜂蜜和粮食酿绵竹的蜜酒。苏轼在赠给杨世昌的《蜜酒歌》中写道："西蜀道士杨世昌，善作蜜酒，绝醇酽，余既得其方，作此歌以遗之。"

苏轼学会了做蜜酒，自是十分高兴。七月十六日，他与杨世昌提着绵竹蜜酒和食肴去泛舟赤壁。那天傍晚的天气非常好，清风柔柔地吹拂面庞，水面平静如镜。苏轼与杨世昌举杯畅饮，扣舷而歌……兴起时，杨世昌拿出洞箫吹了起来，其声呜咽，如怨如诉，一旁船上有位寡居的妇人听了，不觉哭了起来。苏轼面色凝重地问杨世昌，为什么吹得如此凄凉？杨世昌说："'月明星稀，乌鹊南飞'这不是曹操的诗吗？'西望夏口，东望武昌'，这不是曹操被周瑜围困打败的地方吗？他们原本都是一代英雄，而今在哪里呢？今夜你我驾一叶扁舟，一杯在手，无拘无束，享此一时之乐，我们不过是宇宙中的一只蚊蝇，沧海中的一粒沙砾。人生在瞬息之间即化为虚幻，还不如江流之无尽，时光之无穷。我真愿挟飞仙而遨游于太虚之中，飞到月宫而长生不返。我知道这些只是梦想，从无实现之望，所以，借箫声把自己心里的话寄托在悲凉的秋风之中。”苏轼听了杨世昌这番富有哲理的话后，宽慰他说：“你看江中的水和月，水不断流去，可是水还依然在此。月亮有圆有缺，但是，月亮依然如故。你看宇宙中发生的变化，没有经久不变的，何曾有刹那间的停留？可是，你若从宇宙中不变化的方面看，万物和我们人都是长久不朽的。你又何必羡慕这江水呢？再者，宇宙之中，物各有主，把不属于我们的据为己有，又有何用？只有江上之清风、山间之明月，是供人人享受的。凭我们的生命和血肉之躯，耳听到而成声，目看到而成色——这些无限的宝贝，取之不尽，用之不竭，造物无私，一切供人享受，分文不费，分文不取。”

两个卑微的小人物，月光下，小舟里，在绵竹酒的醉意中，在怀古吊今的江流上，仿佛已飘飘独立，羽化成仙了。苏轼感慨人在宇宙中的渺小和大自然丰厚的馈赠，他忘掉了贬谪中的所有不快，思想和情感得到了新的升华，写下了千古名篇《赤壁赋》：

壬戌之秋，七月既望，苏子与客泛舟游于赤壁之下。清风徐来，水波不兴。举酒属客，诵明月之诗，歌窈窕之章。少焉，月出于东山之上，徘徊于斗牛之间。白露横江，水光接天。纵一苇之所如，凌万顷之茫然。浩浩乎如冯虚御风，而不知其所止；飘飘乎如遗世独立，羽化而登仙。

于是饮酒乐甚，扣舷而歌之。歌曰：“桂棹兮兰桨，击空明兮溯流光。渺渺兮予怀，望美人兮天一方。”客有吹洞箫者，倚歌而和之。其声呜呜然，如怨如慕，如泣如诉；余音袅袅，不绝如缕。舞幽壑之潜蛟，泣孤舟之嫠妇。

苏子愀然，正襟危坐，而问客曰：“何为其然也？”客曰：“‘月明星稀，乌鹊南飞。’此非曹孟德之诗乎？西望夏口，东望武昌，山川相缪，郁乎苍苍，此非孟德之困于周郎者乎？方其破荆州，下江陵，顺流而东也，舳舻千里，旌旗蔽空，酾酒临江，横槊赋诗，固一世之雄也，而今安在哉？况吾与子渔樵于江渚之上，侣鱼虾而友麋鹿，驾一叶之扁舟，举匏尊以相属。寄蜉蝣于天地，渺沧海之一粟。哀吾生之须臾，羡长江之无穷。挟飞仙以遨游，抱明月而长终。知不可乎骤得，托遗响于悲风。”

苏子曰：“客亦知夫水与月乎？逝者如斯，而未尝往也；盈虚者如彼，而卒莫消长也。盖将自其变者而观之，则天地曾不能以一瞬；自其不变者而观之，则物与我皆无尽也，而又何羡乎！且夫天地之间，物各有主，苟非吾之所有，虽一毫而莫取。惟江上之清风，与山间之明月，耳得之而为声，目遇之而成色，取之无禁，用之不竭。是造物者之无尽藏也，而吾与子之所共食。”

客喜而笑，洗盏更酌。肴核既尽，杯盘狼籍。相与枕藉乎舟中，不知东方之既白。

苏轼此前写的游记散文，多以写景或借景抒情为主，由《赤壁赋》开始，他形成了一种新的写法，并不着意写景，而是借题发挥、借景立论，以阐明哲理、发表议论为主的独特风格贯穿于字里行间。

回到家中，余兴未尽的苏轼，乘着绵竹酒的微醺醉意，又写下了宋词中流传最广、影响最大，也是豪放词最杰出的代表作《念奴娇·赤壁怀古》：

大江东去，浪淘尽，千古风流人物。故垒西边，人道是：三国周郎赤壁。乱石穿空，惊涛拍岸，卷起千堆雪。江山如画，一时多少豪杰。　遥想公瑾当年，小乔初嫁了，雄姿英发。羽扇纶巾，谈笑间樯橹灰飞烟灭。故国神游，多情应笑我，早生华发。人生如梦，一樽还酹江月。

苏轼借对古战场的凭吊和对人物才略、气度、功业的追怀，委婉地表达了自己怀才不遇、功业未就的忧思。此词的磅礴气象、遒劲笔力、雄浑格调以及高唱入云的气势是前所未有的，因其境界宏大，被誉为“古今绝唱”。宋代大学者傅藻在《东坡纪年录》中对此有所记载：“元丰五年壬戌先生四十七岁（七月）既望，泛舟于赤壁之下，作《赤壁赋》，又怀古作《念奴娇》。”

在苏轼与杨世昌第一次游赤壁后，时隔三个月，元丰五年（1082年）十月十五日傍晚，苏轼又在杨世昌、潘大临的陪同下，第二次畅游赤壁。

十五的圆月洒下一地清辉，苏轼同杨世昌、潘大临从雪堂出来向临皋亭走去。经过黄泥坂时，地上已经有了白霜，树的叶子也已经脱落。三人互相踩着彼此的身影，在满月中快乐地前行，一边走，一边吟诗，并约定每人一节。

走着走着，苏轼感叹道：“有客却无酒，有酒却无菜。如此月白风清美好的夜晚，我们岂不辜负了？”潘大临接过话茬说：“傍晚我撒网时捕到了几条鱼，大嘴巴，细鳞片，像吴淞江的鲈鱼。

可就不知道去哪里能弄到酒呢？”苏轼决定回家向夫人讨要，夫人闰之的贤良使苏轼引以为荣。闰之得知缘由后说：“我是保藏了几坛绵竹蜜酒，已经沉淀好久了，就是为了以防您的不时之需。”喜出望外的苏轼和朋友带着酒和鱼，又去赤壁下泛舟夜游去了。

不过三个月的时间，风景与之前已经大不相同。长江的水位落了很多，好多以前隐藏在水下的岩石都裸露出来，赤壁在水面之上，显得尤为突兀，苏轼恍惚间都不敢相认了。山高月小，苏轼看着月色中的赤壁，邀两位好友与他一起登上顶峰。但二人爬到中途就不肯再上了，苏轼只好一个人披荆斩棘，沿着陡峭的岩壁爬到山顶。

山顶的岩壁上住着两只苍鹰，苏轼立在岩石上，与它们硕大的身体相比，显得那么茕然。苏轼向着江面大吼，风卷着吼声撞击着四野，一时间他竟忘了自己身在何处，一股悲凉不觉涌上心头。苏轼知道自己不适宜在此久留，匆匆由原路返回舟中，解开缆绳划到江中，让小舟随意漂浮，三人一边饮酒，一边吟诗赏景。

时近夜半，万籁俱寂。忽然一只孤鹤从他们的船边一声长鸣，戛然飞过，白色的羽翼上下扇动，大如车轮，看上去好像“玄裳缟衣”的仙人向西飞去。当时三人的酒就醒了一半，他们不知这是什么征兆。苏轼回到临皋亭家中，赶紧把孤鹤掠舟一事记了下来，准备交给杨世昌，由他日后解开谜题。

当杨世昌、潘大临走后，苏轼也睡了。睡中却做了一梦，梦见一个道士穿着羽毛做的衣裳，上白下黑，经过临皋亭时，向他拱手行礼，问道：“赤壁之游乐乎？”苏轼问起他的姓名，道士却俯身不答。苏轼突然明白过来说：“我知道了，你就是昨天晚上一边叫一边从我们船边飞过的那只孤鹤（杨世昌）啊！”道士抬起头来对着苏轼笑了起来，苏轼从梦中惊醒，打开门却什么也没有看见。第二天，苏轼就又写下了千古名篇《后赤壁赋》：

是岁十月之望，步自雪堂，将归于临皋。二客从予，过黄泥之坂。霜露既降，木叶尽脱。人影在地，仰见明月，顾而乐之，行歌相答。已而叹曰："有客无酒，有酒无肴，月白风清，如此良夜何？"客曰："今者薄暮，举网得鱼，巨口细鳞，状如松江之鲈。顾安所得酒乎？"归而谋诸妇。妇曰："我有斗酒，藏之久矣，以待子不时之需。"于是携酒与鱼，复游于赤壁之下。江流有声，断岸千尺，山高月小，水落石出。曾日月之几何，而江山不可复识矣！

予乃摄衣而上，履巉岩，披蒙茸，踞虎豹，登虬龙，攀栖鹘之危巢，俯冯夷之幽宫。盖二客不能从焉。划然长啸，草木震动，山鸣谷应，风起水涌。予亦悄然而悲，肃然而恐，凛乎其不可留也。反而登舟，放乎中流，听其所止而休焉。

时夜将半，四顾寂寥。适有孤鹤，横江东来。翅如车轮，玄裳缟衣，戛然长鸣，掠予舟而西也。须臾客去，予亦就睡。梦一道士，羽衣蹁跹，过临皋之下，揖予而言曰："赤壁之游乐乎？"问其姓名，俯而不答。"呜呼！噫嘻！我知之矣。畴昔之夜，飞鸣而过我者，非子也耶？"道士顾笑，予亦惊寤。开户视之，不见其处。

前后《赤壁赋》被称为文学史上的"双璧"，被誉为一洗万古的好文章。"一词二赋"不仅是苏轼文学创作上的巅峰之作，也是中国文学的辉煌之作。除了苏轼文学创作的极高天赋外，还有杨世昌在苏轼人生最低谷时，长达一年时间的陪伴。他与苏轼研读《易经》，“寂寞团窗《易》粗通，夜就寒光读《楚辞》”，使苏轼的人生观、世界观都得到了升华，同时，也是绵竹蜜酒的醉意，让苏轼的胸怀旷达高远，助其文学创作达到了巅峰。

一个人真正的达观是看山是山，看水是水。达观不是假装的，是一种经历世事后的豁然开朗。苏轼的精神里面有一种达观主义、英雄主义，即使一切都灰飞烟灭，但他仍可以找到创造当下生命价值的东西。所以“人生如梦，一樽还酹江月”，人总是在期望，在祈祷，而苏轼的期望和祈祷，就是离开黄州。

第五章　人生事往来如梭

01. 研习瑜伽

很多人都认为瑜伽是来自古老的印度，是现代才传入中国的。但实际上，瑜伽早在宋朝时就已经存在了，因为苏轼在黄州就开始练习瑜伽术了。

苏轼练习瑜伽，是受到弟弟苏辙的影响。苏辙小时候体弱多病，夏天肠胃消化不良，冬天咳嗽，吃药也没有效果。成年后，苏辙的身体也不是很健康。

元丰三年（1080年）五月，苏辙送苏轼的家人到黄州。苏轼发现，很长时间没有见面的弟弟竟然红光满面，精神焕发。询问后得知，原来是练瑜伽的结果。苏辙告诉哥哥，他从熙宁二年（1069年）开始，跟一位道士学习瑜伽术，现在，他练瑜伽的气功和定力，病都没了，身体也好了。

苏轼自到黄州后，开始潜心研究佛、道，寻求灵魂的奥秘，对“仙丹”和“不死”抱有极大的兴趣。苏辙的变化，让他对瑜伽充满了好奇，也开始了瑜伽的修行，并立刻向一位道友去求教。

瑜伽是从印度传到中国的，最后又被中国的道家融会贯通。道家的特点在于强调自然的沉思冥想，重视清心寡欲，简化人的需求，以此来达到心神的宁静，最终由修炼求得长生不老。庄子在《南华经》里劝人凝神沉思，甚至是凝思内观，这实际上是印度教的特性，再没有任何别的宗教能够如此密切地把宗教和体育锻炼结合得如此完美。

苏轼在黄州躬耕，做美食，研究养生之道，现在，又研习瑜伽，简直成了养生专家。但是，苏轼不喜欢瑜伽那些特技似的身体动作，不做那些“孔雀姿”“鱼姿”等比较扭曲的姿势，他练习瑜伽，大部分时间都是在打坐，冥思。他将重心放在了运气以及咽津，并且调动齿、腹、腰、脊、眼、耳、鼻、脚心等身体各个部位一同参与其中，这也算是对今天“中国式瑜伽”的贡献。苏轼曾经给弟弟苏辙写信说，打坐、内省所追求的结果，是达到一种什么都看不到的状态，在无形中体会到有形。或许正是这种阴差阳错，让苏轼的练习更加接近瑜伽追求内在和谐的真谛。

元丰六年（1083 年），已经对佛经道藏进行了大量吸收的苏轼，以弟弟苏辙为榜样，开始练习气功和身心控制法。苏轼虽然也想求得长生不死的方法，但他并不盲从，只要能让身心健康宁静，他都愿意去尝试。实际上，中国人的养生之道与西方是有所不同的。按中国人的观念，人不应该浪费精力去做剧烈的运动，因为中国人的养生之道是静，是应该保存精力。瑜伽讲求的是休息，是有计划的、自己能感觉到的休息，它规定人在固定的时间停止呼吸，并且身体要采取休息的姿势，静坐时要排除一切私心杂念。练习瑜伽全部的努力，都是为了让身心清净、干净、肃静，达到无所杂思的境界，所以，瑜伽的敛气静修，对身心的调理方法，最适合中国人。但是，人的大脑习惯来回转换，让思想集中在一点上是最基础的阶段，再要高一点儿，让人专心于一点，进而到一点皆无的沉思，最后达到恍惚出神的愉快境界，达到无所思，却是最难做到的。

瑜伽的特点是用各种方式控制呼吸来增加氧气的吸入，以便减少胃肠的负担，让身体处于完全放松的姿势，以深呼吸的方式，让身体得到足够的氧气，同时并不消耗人的精力，这是别的运动达不到的。如果在万籁俱寂中练这种功夫，人是可以清醒地感觉到自身内在生理功能的活动的。

苏轼在修炼瑜伽时，发现有很多显著的特点。他控制呼吸时发现，呼吸的一个周期脉搏约跳动五次，吸、停、呼的比率是：一∶二∶二。呼吸停止最长的时间是“闭一百二十次而开，盖已闹得二十余息也”。若按照印度的标准，较低的限制是大约一百四十四秒。苏轼像一般瑜伽的修炼者一样，计算的呼吸周期也和他们一样。苏轼自己说，在控制呼吸时（吞吐比例规则），有一段时间完全达到了自动而规律。瑜伽的特点是在注意力集中时，要凝神自己的鼻尖。苏轼描写了一种不为人所知的瑜伽感觉：在此期间，心灵完全得以休息，加上内在知觉的高度敏感，他觉察到脊椎骨和大脑间的振动，浑身的毛发都在毛囊中生长。

苏轼在给弟弟苏辙的信里，描写了正统瑜伽静坐的目的。苏轼认为：人从感官解脱出来后，真正体会到了真理，不是在于你看到什么，而是在于一无所见。他给苏辙的信写道：

> 任性逍遥，随缘放旷，但凡尽心，别无胜解。以我观之，凡心尽胜解卓然。但此胜解不属有无，不通言语，故祖师教

人到此便住。如眼翳尽，眼自有明，医师只有除翳药，何曾有求明药。明若可求，即还是翳……夫世之昧者便将颓然无知认作佛地。若此是佛，猫儿狗儿得饱熟睡，腹摇鼻息与土木同当，恁么时可谓无一毫思念。岂谓猫儿狗儿亦已入佛地……今日闲里捉得些子意何。

……元丰六年三月二十五日（林语堂《苏东坡传》）

苏轼还写信向张方平推荐他修炼瑜伽的方法：

每夜以子后披衣起，面东或南，盘足叩齿三十六通。握固闭息，内观五脏，肺白、肝青、脾黄、心赤、肾黑；次想心为炎火，光明洞澈，入下丹田中，待腹满气极，即徐出气，惟出入均调，即以舌接唇齿，内外漱炼精液，未得咽下。复前法，闭息内观，纳心丹田，调息漱津，皆依前法，如此者三；津液满口，即低头咽下，以气送入丹田。须用意精猛，令津与气汩汩然有声径入丹田。又依前法为之凡九闭息、三咽津而止。然后以左右手热摩两脚心，及脐下腰脊间，皆令热彻。次以两手摩熨眼面耳项，皆令极热，仍按捏鼻梁左右五七下，梳头百余梳而卧熟寝至明。

……

——苏轼《“养生诀”上张安道》

苏轼写的最难懂的一篇散文叫《续养生论》，在文章中，他把中国极其难懂的古语“龙从火里出”“虎向水中生”解释得十分通透。他说，我们随时都在消耗自己的精力而不自知。首先是情绪上的种种纷扰，包括恼怒、烦闷、情爱、忧愁等等因素；其次为汗、泪等排泄物。在道家的宇宙论里，虎代表火，龙代表水，肾代表水，心控制火。若按苏轼的观点，火代表正义，所以在心控制身体时是趋善的；而人的行动是受肾控制的，所以肾控制人体时是趋恶的，人往往为兽欲所左右。于是，“龙从水中生”，意味着毁损元气。而另一方面，因为心火引发的情绪不宁，人容易因发怒而争斗，因失望忧愁而颓废，因高兴而忘乎所以。每当人情绪激动时，身上的精力元气就会被心火耗损，此即是“虎从火里出”。苏轼认为，这两种元气的损毁，都是“死之道也”。因此，应当有效地去控制心神，以遏制水火正常的功能。在苏轼看来，吞咽唾液就是要把心火向肾的方面压下去。

在黄州，无论是练瑜伽、做美食、耕田地，还是诗词歌赋、琴棋书画，苏轼样样都做到了极致，而且在人生最低谷的时候，能够豁达面对，寻找自己的快乐，做一个有趣的人，这也是苏轼超然旷达、为后世所崇敬、所喜爱的人格魅力。

02. 修炼丹药

苏轼初到黄州时，因为借住在定惠院里，也因为刚刚经历了死里逃生，所以，将身心都投入到禅佛当中，开始专心研读佛经。《金刚经》《华严经》《圆觉经》《般若心经》《清静经》《六祖坛经》《传灯录》等无所不读。他还常常到定惠院附近的安国寺去静坐参禅，并与寺僧继连成了好友。两人对弈论道，超然物外。也因此，在神宗元丰七年（1084 年），苏轼被调任汝州临行前，应继连之邀，写下了《黄州安国寺记》，被继连刻在早已准备好的石碑上。

> 元丰二年十二月，余自吴兴守得罪，上不忍诛，以为黄州团练副使，使思过而自新焉。其明年二月，至黄。舍馆粗定，衣食稍给，闭门却扫，收召魂魄，退伏思念，求所以自新之方，反观从来举意动作，皆不中道，非独今之所以得罪者也。欲新其一，恐失其二。触类而求之，有不可胜悔者。于是，喟然叹曰："道不足以御气，性不足以胜习。不锄其本，而耘其末，今虽改之，后必复作。盍归诚佛僧，求一洗之？"得城南精舍曰安国寺，有茂林修竹，陂池亭榭。间一二日辄往，焚香默坐，深自省察，则物我相忘，身心皆空，求罪垢所从生而不可得。
>
> 一念清净，染污自落，表里翛然，无所附丽。私窃乐之。旦往而暮还者，五年于此矣。寺僧曰继连，为僧首七年，得赐衣。又七年，当赐号，欲谢去，其徒与父老相率留之。连笑曰："知足不辱，知止不殆。"卒谢去。余是以愧其人。七年，余将有临汝之行。连曰："寺未有记。"具石请记之。余不得辞。
>
> 寺立于伪唐保大二年，始名护国，嘉祐八年，赐今名。堂宇斋阁，连皆易新之，严丽深稳，悦可人意，至者忘归。岁正月，男女万人会庭中，饮食作乐，且祠瘟神，江淮旧俗也。
>
> 四月六日，汝州团练副使眉山苏轼记。

苏轼虽然参禅打坐，熟读经书，却是个实用主义者，他更偏爱老庄和道家思想，这也是苏轼与陶渊明最大的区别。虽然苏轼一生推崇陶渊明，却没有像陶渊明那样消极避世。他焚香坐禅，并不完全出于宗教信仰，而是为了追求禅佛物我相忘后，清净空灵的境界。而他崇尚老庄思想，则是为了达到随缘随性，逍遥自由的精神境界。

从元丰三年（1080 年）冬至开始，苏轼将自己关在天庆观里，深居不出，闭关七七四十九天，练习道家的绝食和气功。苏轼也有他的痴迷，因为受道教影响太深，他还是位狂热的炼丹爱好者。

苏轼在写给武昌太守朱寿昌的信里，向他请教炼朱砂的方子。他在信中说，临皋堂里已经辟室一间，设有炉火，以备炼丹之用。他还在写给王巩的信里，阐述了自己对修炼方面的看法：

> 安道软朱砂膏，轼在湖亲服数两，甚觉有益利，可久服。子由昨来陈相别，面色殊清润，目光炯然。夜中行气腹脐间，隆隆如雷声。其所行持，亦吾辈所常论者，但此君有志节能力行耳。粉白黛绿者，俱是火宅中狐狸，射干之流，愿公以道眼看破。此外又有事，须少俭啬……
>
> 近有人惠大丹砂少许，光彩甚奇，固不敢服，然其人教以养火，观其变化，聊以悦神度日。宾去桂不甚远，朱砂差易致，或为置数两，因寄及，稍难即罢，非急用也。穷荒之中，恐有一奇事，但以冷眼阴求之。大抵道士非金丹不能羽化，而丹材多在南荒，故葛稚川求勾漏令，竟化于廉州，不可不留意也。陈璨一月前直往筠州见子由，亦粗传要妙。云非久当来此。此人不唯有道术，其与人有情义，久要不忘如此，亦自可重。道术多方，难得其要，然轼观之，唯能静心闭目，以渐习之，似觉有功。幸信此语，使气流行体中，痒痛安能近人也。
>
> ——苏轼《与王定国书》

苏轼在信中不但谈到了炼丹的事，还嘱咐王巩为他寻找炼丹的朱砂。

当时，道家都在努力寻求“外丹”，又名“方士丹”，也就是“仙丹”，一种能够让人长生不死的药。中国的道士与欧洲的炼金术士没什么区别，所求“方士丹”，一是为了变低级金属为纯金，再者就是为了延年益寿，青春永驻。他们和欧洲的炼金术士一样，也用汞的化合物来制炼“仙丹”。因为汞的特殊性质，有金属的光泽，重量大，比重近于黄金（原子重各自为二百、一百九十七），比较易于流动，而且和金属物比如金与铜接触混合后，会产生气体、粉末、液体等有趣的变化。因此，这种金属引起了炼金术士的注意，不管东方、西方，都认为是最容易炼成人造金的原料。

在宋朝，中国的炼金术和欧洲一样，受阿拉伯的影响比较深。其实早在汉代就有记录说，中国有人炼金成功了。晋朝有个叫葛洪的道士曾说，用金与水银炼制成药，可延缓衰老或不死。他说：“凡草木烧之即烬，而丹砂烧之成水银，积变又转成丹砂，其去凡草木亦远矣，故能令人长生。”他按炼制的火候、程序将丹分为九品，而效力也各不相同。按他所说，最上乘的丹药，人服用后三日即可成仙，效力最小的则需要三年。而炼丹的原料，有朱砂、白矾、雄黄、磁石，以及曾青。

苏轼曾推荐《春渚纪闻》作者何薳的父亲为官，何薳在书中以一章之多的篇幅记述了长生不死之药。这本书和《苏沈良方》[①]都记载了炼朱砂的方法。当时，关于炼制长生不死之药的种种说法很是流行。沈括在他编的《良方》中记载：广南东路有一个道人，以炼秋石为业，称秋石丹，也称“还元丹”。沈括的父亲沈周患

① 《苏沈良方》，苏轼与沈括合编的医药书籍。

有咳嗽，九年来一直无法根除，后来服用了秋石丹，效果特别明显。他后来又用这种药治愈了郎简[①]的病。沈括有一个亲戚得了“颠眩腹鼓”病，病了三年不见好，也是服用了秋石丹后才痊愈的。沈括在宣州任上曾大病，那个亲戚急忙写信来要他赶紧服用此药，说有再生之功效。这味药沈家原来是用“阳炼法”炼作，宣州的一个道士向他传授“阴炼法”，并说只有两种炼法一起使用，药效才能洞入骨髓。

《苏沈良方》原本只是沈括所撰写的《良方》，有十卷，后来因为把苏轼有关医学的一些论著夹杂进去，变成了十五卷，取名《苏沈良方》。晁公武[②]曾经描述，沈括喜欢搜集医方，其中所记载的药方，大多可以用。苏轼与沈括二人生前并不友好，死后他们的著作却被人编在一起，也算是命运给二人做了和解。

苏轼那个时代的炼丹者，几乎都在用水银、硫黄、铜、银、砷、合金、硝酸盐或是硝石来炼制。也有少数人试用硫化金，硫化汞（辰砂）和硫化金都可用做红颜料，各类汞合金还被当作药物服用。当时还有传说，说有的道士有化钢成金的秘方。

苏轼当时也特别热衷于各种硫化汞药剂。但他知道汞有毒，所以在试验那些药物时也是特别谨慎小心。明知道汞是一种危险的重金属，但还是小心翼翼、乐此不疲地去尝试去提炼，可见当时苏轼的痴迷程度。至于那些药物的制造秘方，外人无从知晓。其中究竟含有什么成分，谁也不清楚。据说曾有人为了在皇帝面

---

① 郎简，北宋大臣。宋真宗景德二年（1005 年）进士及第，补试秘书省校书郎。通晓医药养生之法，有验方数十流传于世。

② 晁公武，字子止，人称昭德先生。南宋著名目录学家、藏书家。著有目录著作《郡斋读书志》。

前试验药方，吞服汞化药物而死。

苏轼炼丹并不仅仅是看过程，他非常注重丹药的配方，药引子要用母乳和枣泥。关于炼制外丹，他写过两篇札记，一篇叫《阳丹》，一篇叫《阴丹》。阴丹是从生第一胎男孩儿的母乳中提炼，把母乳放在银汞合金制成的锅里，在文火上加热，一边加热，一边用同样材质的调羹缓缓搅动，直到母乳凝结，最后制成药丸状；阳丹是用尿蛋白中的尿素炼制而成，这种蛋白沉淀物经过多次净化，最后变成白色无味的粉状物，再加枣泥做成药丸，空腹用酒送服。

苏轼还常吃两种食物——茯苓和芝麻，据说都是仙家的食物。芝麻多油，含有一定的蛋白质，具有营养和食用的价值。至于被说成是仙家食物，则显得牵强。也许是因为道士住在山上，找不到别的食物吧。

人对于一件事情的执着，即使是身为大文豪的苏轼，也不能避免。苏轼直到人生的最后阶段，仍一直想着求得“道士丹”。不过，他并没有陷入寻找长生不死之药的迷谷。因为他清楚地看到，身边所有的道家仙子都已死去，他们每个人都留下了一个臭皮囊。虽然有人说他们的身体已经改变，无人之时，他们可以升天或驾鹤而去，人们管那些叫作“羽化”，遗留下的躯壳就如蝉或蛇脱下的皮，名曰“蝉蜕”，但是，苏轼却希望看到一个真正能够长生不死的人。他说：

自省事以来，闻世所谓道人有延年之术者，如赵抱一、徐登、张元梦皆近百岁，然竟死与常人无异，及来黄州，闻浮光有朱元经尤异，公卿尊师之者甚众。然卒亦死。死时中风擿溺，但实能黄白，有余药，金皆入官。不知世果无异人耶？抑有而人不见？此等举非耶？不知古所记为虚实，无乃与此等不大相远，而好事者缘饰之耶？

其实，人只要遵从一般的简单生活常理就好，苏轼在这一点上，还是合乎情理的。曾有一张姓人向他请求长寿良方，他将从古书上摘下来的四条规则写给对方：

一、无事以当贵。

二、早寝以当富。

三、安步以当车。

四、晚食以当肉。

夫已饥而食，蔬食有过于八珍。而既饱之余，虽刍豢满前，唯恐其不持弃也。若此可谓善处穷矣，然而与道则未也。安步自佚，晚食为美；安以当车与肉哉。车与肉犹存于胸中，是以有此言也。

对于炼丹，苏轼虽然单纯地痴迷，但他还是理性有节制的。这体现了他率性的性格。他在给李常的信中说：

仆行年五十，始知作活。大要是悭尔，而文以美名，谓之“俭素”。然吾侪为之则不类俗人，真可谓淡而有味者。不戢不难，受福不那，何穷之有，每加节俭，亦是惜福延寿之道。此似鄙吝，且出之左右，住京师尤宜用此策。一笑。

此时，李常已经回到京城，王巩也遇赦回到了北方。刚刚安定下来的苏轼，对黄州这种随心如意的隐居式生活十分享受。可是，命运仿佛就是不想让他过安安稳稳的日子，很快，他就收到了朝廷的任命，神宗皇帝亲书谕旨，将他的贬谪之地改为汝州。

03. 知心好友

苏轼从小受母亲程氏的影响和家庭氛围的熏陶，对佛教情有独钟。成年后，又时常研读佛学经典。他在凤翔任判官和在杭州任通判时，经常游历名山古刹，跟大德高僧做朋友，听他们谈经论道，静坐参禅。贬谪黄州后，他曾暂时借住于定惠院，那段时间，他常去安国寺静坐悟道。在苏轼看来，读佛书能够荡涤心灵，安定情绪。佛教禅宗义理对他来说，是缓和紧张、消除杂念、保持心理平衡的最佳方法。佛家无往、不执着的处世态度，正好与他轻松、随意的性格相吻合。

苏轼在研习佛法的过程中，结识了很多高僧，其中与佛印和参寥子的交往流传最广。佛印和参寥子在苏轼流放黄州的日子里，都曾前往探视，并经常书信往来，互通消息。苏轼在《与参寥子》一文中说：

仆罪大责轻，谪居以来，杜门念咎而已，平生亲识，亦端往还，理故宜尔，而释、老数公，乃复千里致问，情谊之厚，有加于平日，以此知道德高风，果在世外也。

在《秦太虚七首》之四中苏轼说：

> 吾侪渐衰，不可复作少年调度，当速用道书方士之言，厚自养炼，谪居无事，颇窥其一二。已借得本州天庆观道堂三间，冬至之后，当入此室，四十九日乃出，自非废放，安得就此。

在黄州的日子里，苏轼对于礼佛诵经、参禅悟道非常用心。他习佛经，并不是想要超凡入圣，而是为了撷取精华，裨益身心。此时，佛印在庐山开先寺，两人常常相互往来。

佛印法名了元，字觉老，俗家姓林，饶州浮梁（今江西省景德镇市）人。他家里比较富裕，从小学习儒家经典，三岁能诵读《论语》、诸家诗，五岁能诵诗三千首，擅长并精通“五经”，被称为“神童”。佛印原本并没有出家为僧，有一年，皇帝为了表示自己对佛教的重视，便赐予召见佛教徒，苏轼就推荐他去了。朝堂之上，佛印对禅宗经法侃侃而谈，力陈对佛教的虔诚信仰。皇帝见他颀长英俊，谈吐不俗，便允诺说，他要是想出家为僧，可以钦赐他一个度牒。皇帝既然开了御口，佛印只好答应出家。

佛印虽然出家做了僧人，却没有像僧人那样清修，而是顿顿不避酒肉。在黄州时，常常在一队仆从的护卫下乘着骡马出游。因他是苏轼的方外挚友，所以两人经常相聚，或对坐参禅，或把盏倾谈，或相携游历山水。

苏轼是个大才子，佛印头脑聪明，才思敏捷，是个高僧，在民间，有很多关于两人之间的有趣故事。

苏轼与佛印一起打坐。苏轼问佛印：你看看我像什么啊？佛印说：我看你像尊佛。苏轼听后得意地大笑起来，他对佛印说：

你知道我看你坐在那儿像什么吗？活像一摊牛粪。

回到家中，苏轼在家人面前炫耀这件事。妻子笑着对苏轼说，你知道参禅的人最讲究什么吗？是见心见性，你心中有，眼中才有。佛印说看你像尊佛，说明他心中有尊佛；你说佛印像牛粪，那你想，你心里有什么吧！

佛印好吃，每逢苏轼宴请，他总是不请自来。一天晚上，苏轼准备了好酒好菜，邀请黄庭坚去游西湖。游船离岸后，苏轼笑着对黄庭坚说："每次聚会佛印都要赶到，今晚我们乘船到湖中去喝酒，这回他可来不了了。"其实，苏轼不知道，佛印早就打听好了他们的行踪，在他俩还没上船时，就躲在了船舱板的下面。当游船在当空的皓月下迎着荷香慢慢来到西湖三潭时，苏轼把盏拈须，高兴地对黄庭坚说："今天没有佛印，倒也清静。我们先来行个酒令，前两句要用即景，后两句要用'哉'字结尾。"黄庭坚表示同意后，苏轼先说道："浮云拨开，明月出来，天何言哉？天何言哉？"黄庭坚望向满湖盛放的荷花说道："莲萍拨开，游鱼出来，得其所哉！得其所哉！"船舱板下的佛印早就忍不住了，黄庭坚话音刚落，他就把船舱板推开爬了出来，说道："船板拨开，佛印出来，憋煞人哉！憋煞人哉！"苏轼和黄庭坚看见佛印从船舱板底下爬出来，禁不住哈哈大笑起来。

一次，苏轼请佛印上门吃"半鲁"，佛印很纳闷，后来才知道是"鱼"。佛印说："明天也请你到我家吃'半鲁'。"第二天，苏轼如约而去，佛印让他在院子里的烈日下等了老半天。等佛印出来时苏轼问："你请我吃的'半鲁'呢？"佛印说："你不是已经吃过了吗？"苏轼哭笑不得。

苏轼与佛印富有讥讽妙语的对话中，大多都是一语双关，两人简直就是一对“活宝”。“鸟”在中国的俚语里，常常是一个用来骂人的不雅词语，《水浒传》里那些梁山好汉的嘴里就常蹦出这个字。苏轼学识渊博，能言善辩是出了名的，于是他想用“鸟”这个字来羞辱一下佛印。他说：“古代诗人常将‘僧’与‘鸟’相对，比如：‘时闻啄木鸟，疑是叩门僧。’‘鸟宿池边树，僧敲月下门。’我真佩服古人以‘僧’对‘鸟’的聪明。”聪明绝顶的佛印听了苏轼的话，并没和他争辩什么，只是很平淡地说：“这就是我为何以‘僧’的身份与汝相对而坐的理由。”苏轼顿时哑口无言。

苏轼在江北瓜州任职时，和江南金山寺只隔一条江。一天，他忽然来了灵感，便写诗一首，派书童过江送给佛印：

稽首天中天，毫光照大千。
八风吹不动，端坐紫金莲。

（注：八风是指吾人生活上所遇到的“称、讥、毁、誉、利、衰、苦、乐”等八种境界，能影响人之情绪，故形容为风。）

佛印看完后，拿笔写了两个字，让书童带给苏轼。苏轼急忙打开一看，佛印不但没有赞赏他修行参禅的境界，还在上面写下“放屁”两字。气恼的苏轼于是乘船过江，找佛印理论去了。

此时，佛印早已站在江边等候苏轼了。苏轼下船见了佛印，气呼呼地说：“我们是至交道友，我的诗，我的修行，你不赞赏也就罢了，怎可骂人？”佛印若无其事地说：“怎么骂你了？”苏轼指着诗上批注的“放屁”二字给佛印看。佛印呵呵大笑说：“八风吹不动，一屁打过江。”苏轼听后顿时惭愧不已。他终于明白了，修行，可不是口上说的，行到才是功夫。

佛印与苏轼同游灵隐寺，来到观音菩萨像前，佛印合掌礼拜。苏轼问他，“人人皆念观世音菩萨，为何他的手上也和我们一样，挂着一串念珠？观世音菩萨念谁？”

佛印说：“念观世音菩萨。”苏轼问道：“为何亦念观世音菩萨？那不是他自己吗？”

佛印说：“他比我们更清楚，求人不如求己。”

苏轼离任黄州后，总想另找一处如东坡一样的安身之地，佛印劝他在扬州买下田产，因为佛印的农庄就在扬州。

在黄州时，苏轼收集了298颗精美小巧的鹅卵石，它们皆来自赤壁之下，不但温润如玉，而且上面布满了细密的纹理，宛如手指上的指纹一般，让人爱不释手。苏轼把这些小石子装在一只铜盆里，送给佛印供养，并命名为“怪石供”，还写下文章《怪石供》做记录。

元丰六年（1083）三月，参寥子从杭州不远数千里来黄州看望苏轼，老朋友见面，悲喜交加。苏轼因“乌台诗案”坐了四个月的牢，参寥子也受牵连，被责令还俗，那一年他才三十八岁。苏轼了解到参寥子被革除了僧籍，就将参寥子的出家前的原名“昙潜”改为“道潜”。此后，“道潜”这个名字渐渐被人知晓，原来的“昙潜”渐渐为人淡忘。

苏轼将参寥子安排在雪堂与巢谷一起居住。巢谷是苏轼故乡眉山的朋友，本名巢穀，字元修，后来因事改名为巢谷，又因在家排行老三，亦被称为巢三。巢谷听说老乡苏轼谪居在黄州，潦倒不堪的他便前来投奔。尽管苏轼当时也是自顾不暇，但仍然热情地收留了这位穷困落魄的老朋友，让他在雪堂住下，并让已经五十六岁的巢谷当苏迨、苏过的家庭教师。

参寥子来后，他们一起吟诗论道，游山赏景，这份情谊超越了政治忌讳和利益得失，所以显得尤其难得，这让苏轼十分感动。当苏轼与参寥子谈到佛印准备将《怪石供》刻在石碑上，以飨同好时，苏轼问参寥子："予以饼易诸小儿者也，以可食易无用，……今以饼供佛印，佛印必不刻也，石与饼何异？"参寥子回答说："然。供者，幻也。受者，亦幻也。刻其言者，亦幻也。"紧接着，参寥子用手示意苏轼说："拱此而揖人，人莫有喜。戟此而詈人，人莫不怒。同是手也，而喜怒异，世未有非之者也……"苏轼听了参寥子的话，知道参寥子亦有心得石，于是笑着问道："您是不是也想要啊？"参寥子未置可否。苏轼于是将参寥子来之前又喜得的二百五十枚"怪石"，用两盘装着，供养参寥子，并作《后怪石供》一篇相赠：

> 苏子既以怪石供佛印，佛印以其言刻诸石。苏子闻而笑曰："是安所以来哉？予以饼易诸小儿者也，以可食易无用，予既足笑矣，彼又从而刻之。今以饼供佛印，佛印必不刻也，石以饼何异？"参寥子曰："然。供者，幻也。受者，亦幻也。刻其言者，亦幻也。无幻何适而不可。"举手而示苏子曰："拱此而揖人，人莫不喜。戟此而詈人，人莫不怒。同是手也，而喜怒异，世未有非之者也。子诚知拱、戟之皆幻，则喜怒虽存而根亡。刻与不刻，无不可者。"苏子大笑曰："子欲之耶？"乃亦以供之。凡二百五十，并二石盘云。

一天，苏轼与参寥子、巢谷一起过江去武昌西山游玩，沿途风景秀丽，三人诗词唱和，心情十分愉快。这天晚上，苏轼在临皋亭做了一个梦。他梦见参寥子手拿一轴诗从雪堂的方向走来，苏轼猛然惊醒。外面月色如水，连个人影都没有。可苏轼对参寥子《饮茶》一诗中的两句却记得非常清楚，并且记得在梦中还对诗中的“寒食清明都过了，石泉槐火一时新”提出过质疑。根据梦中的情形，苏轼作了《记参寥诗》短文一篇，他在文中说：

昨夜梦参寥师携一轴诗见过，觉而记其《饮茶》诗两句，云：“寒食清明都过了，石泉槐火一时新。”梦中问：“火固新矣，泉何故新？”答曰：“俗以清明淘井。”当续成一诗，以纪其事。

参寥子原本姓何，名昙潜，号参寥子，赐号妙总大师，杭州于潜（今浙江临安市）浮溪村人。是大觉怀琏弟子，云门宗下五世。参寥子年龄比苏轼小七岁，生于庆历二年（1042 年）。据说，参寥子自幼出家，从小就不食荤腥，以素食为主。出家后，诵《法华经》而得度僧籍，参寥子饱读经藏及文史书籍，有着极高的文学造诣，不但文章写得好，诗词歌赋亦超凡脱俗，是宋朝诗僧中的翘楚，后人编著的《参寥子诗集》有十二卷之多。苏轼对参寥子的诗才特别赏识，两人在杭州时一见如故，经常在一起吟咏唱和，互相切磋，成为文学上的知音密友。

苏轼在湖州做太守时，参寥子曾与秦观一同前去探望。徐州黄楼落成后举办诗会时，苏轼亦邀请参寥子参加。参寥子特意专程从余杭赶过去，《参寥子集》卷三载有《访彭门太守苏子瞻学士》，参寥子在诗中称赞苏氏父子三人：

同时父子擅芳誉，芝兰玉树罗中庭。

风流浩荡摇江海，粲若高汉悬明星。

在苏轼的诗文中，提到最多的僧人就是参寥子。在《宋稗类钞》里有个故事，说苏轼在徐州做太守时，参寥子曾去拜访他。一天，苏轼的好友同僚等欢聚，苏轼当着大家的面说："今天参寥子不留下点笔墨，令人不可不恼。"说完便差遣官妓马盼盼拿着纸笔向参寥子索诗。只见参寥子稍加思索，挥笔口占一绝：

多谢尊前窈窕娘，好将幽梦恼襄王。
禅心已作沾泥絮，不逐春风上下狂。

苏轼见诗大喜说："我尝见柳絮落泥中，私谓可以入诗，偶未曾收拾，遂为此人所先，可惜也。"参寥子这首诗一出便惊到众人，从此名闻海内。参寥子要离开徐州时，苏轼写诗送他说：

上人学苦空，百念已灰冷。
剑头唯一吷，焦谷无新颖。
胡为逐吾辈，文字争蔚炳。
新诗如玉屑，出语便清警。
退之论草书，万事未尝屏。
忧愁不平气，一寓笔所骋。
颇怪浮屠人，视身如丘井。
颓然寄淡泊，谁与发豪猛。
细思乃不然，真巧非幻影。
欲令诗语妙，无厌空且静。

静故了群动，空故纳万境。
阅世走人间，观身卧云岭。
咸酸杂众好，中有至味永。
诗法不相妨，此语当更请。

苏轼在诗的开头写了参寥子身入佛境，百念俱枯，但诗句却清警彪炳，颇为出色。苏轼在诗中表达了自己对参寥的心如丘井、摒却万事感到的奇怪，如果真是那样，怎么还能创作出那么好的诗赋呢？但仔细想来，参寥子的创作也有道理，真正的技巧也是真实思想感情的真切表现。苏轼在诗的最后肯定了参寥子诗的不同风格，很受众人的喜爱。苏轼的诗有着含蓄不尽的味道，他认为诗歌和佛法相互并不妨碍。

元丰七年（1084）五月，神宗亲自书写诏令，迁移苏轼为汝州团练副使，本州安置，不得签书公事。即将离开黄州的苏轼，不得不东奔西走，忙里忙外准备再次搬家。参寥子见了，不想再给老朋友增加负担，便准备先行一步。回首在黄州与苏轼相处一年多的欢乐时光，参寥子感慨万千，遂作《留别雪堂呈子瞻》诗：

策杖南来寄雪堂，眼看花絮又风光。
主人今是天涯客，明日孤帆下渺茫。

苏轼懂得参寥子此时的心情，想若此地一别，再见不知会是什么时候，不免也心生惆怅。他希望参寥子能多陪自己几天，于是以《和参寥》为题次韵小诗一首：

芥舟只合在坳堂，纸帐心期老孟光。
不道山人今忽去，晓猿啼处月茫茫。

诗人因雪堂而联想到自己的处境，又写圣旨的突然到来，让参寥子决定急速离他而去深山，不知未来境况会如何，真让人感到凄凉心酸。参寥子于是改变主意，答应与苏轼一起离开黄州。

元祐四年（1089 年），苏轼出任杭州太守时，参寥子在西湖畔的智果院任住持。智果院有股泉水从石缝之间流出，清冽甘冷，特别适合烹茶。苏轼常常带着客人乘舟泛湖到参寥子处游玩，取泉水生火烹茶。元祐六年（1091 年），苏轼由杭州太守被召回京城任翰林学士承旨，临走时写了一首《八声甘州》赠给参寥子。词曰：

有情风万里卷潮来，无情送潮归。问钱塘江上，西兴浦口，几度斜晖？不用思量今古，俯仰昔人非。谁似东坡老，白首忘机。　　记取西湖西畔，正春山好处，空翠烟霏。算诗人相得，如我与君稀。约它年、东还海道，愿谢公雅志莫相违。西州路，不应回首，为我沾衣。

这首词气势恢宏，荡气回肠，达观中满溢着豪气，表达了诗人向往出世却又执着于友情，但读来毫无颓唐、消极之感。

苏轼再次入朝为官后，曾托好友、外戚王晋卿（王诜）帮助参寥子从朝廷得赐紫衣和师号。但直到他元祐八年（1093 年）再次被贬出任定州时，经“吕丞相”（吕大防）上奏，参寥子才得以赐号“妙总”。苏轼此后在诗文中常以“妙总大师参寥子”“妙总师参寥子”“参寥子妙总”等来称参寥子。

在苏轼贬居惠州、海南昌化时，参寥子还打算去看他，苏轼写信极力加以劝阻，最终才作罢。他与苏轼一直保持着书信往来，苏轼会把自己的生活情况告诉他，也托人将新写的诗文转给他。在苏轼获赦，参寥子得知他北归已过岭北时，兴奋异常，写诗《次韵东坡居士过岭》道“造物定知还岭北，暮年宁许丧天南”，“他日相逢长夜语，残灯飞烬落毵毵”。苏轼回来后，虽然在重病中，却也不忘给参寥子写信。

苏轼与参寥子的友情将近三十年，他十分了解参寥子，曾写《参寥子赞》，对参寥子作了相当全面的评价，他说：

> 维参寥子，身寒而道富。辩于文而讷于口。外尪柔而中健武。与人无竞，而好刺讥朋友之过。枯形灰心，而喜为感时玩物不能忘情之语。此余所谓参寥子有不可晓者五也。

参寥子对苏轼也是既有敬仰之情，也有师生之谊。在苏轼去世后，他满怀悲痛地写下《东坡先生挽词》，由十四首诗组成。其中的“经纶等伊吕，辞学过班扬”，“博学无前古，雄文冠两京，笔头千字落，词力九河倾”，写出了苏轼的旷世之才；“初复中原日，人争拜马蹄，梅花辞庾岭，甘溜酌曹溪”，写出了苏轼被赦北归时受到世人的欢迎和参访南华寺的情景；“当年吴会友名缁（大觉、海月、辩才），尽是人天大导师。拔俗高标元自悟，妙明真觉本何疑。篮舆行处依然在，莲社风流固已衰。他日西湖吊陈迹，断桥堤柳不胜悲”，写出了苏轼当年在杭州佛教界结交的尽是大德高僧，而苏轼自己原本就具有超凡脱俗的悟性。可惜现在人去物在，

怎能不令人睹景伤情。

据陆游《老学庵笔记》卷七载，参寥子于宋徽宗政和（1111—1117 年）年间“老矣，亦还俗而死，然不知其故”。

04. 辞别黄州

宋神宗元丰七年（1084 年）三月，苏轼接到朝廷诏书：“苏轼黜居思咎，阅岁滋深；人才实难，不忍终弃。”诏书迁移苏轼为汝州团练副使，本州安置，不得签书公事。

这份诏书，让苏轼不知该惊喜还是忧伤。虽然只是地域上的移动，本质上仍为团练副使，本州安置，不得签书公事，但是，从中可以看出皇帝对他的眷顾。实际上，皇帝是想将苏轼召回京师掌史馆，怎奈一众大臣反对阻拦，无奈之下，只好亲书诏书，将他调到离京城比较近的汝州。

神宗皇帝对苏轼的赏识和怜爱，从苏轼在黄州期间发生的一件笑话事就可以看得出来。

神宗元丰六年（1083 年）二月，苏轼得了一种疮疖病。起初，他也没在意，谁知到后来疮疖面积越来越大，而且疼痛难忍。没有办法，苏轼只能在家中卧床静养。可是，疮疖不但不见好，最后还波及右眼，红肿胀痛，几近失明的程度。无奈之下，苏轼只得在寺院中借一间僧舍，打坐调养。苏轼在养病期间，除了在雪堂寓居的四位远客以及陈慥等几位最亲密的朋友外，其余人苏轼一律不再接见。

在黄州，苏轼可是一位人尽皆知的“名人”，人们每天看着他出入东门，呼朋唤友，他的洒脱随性、幽默快乐感染着大家，大家也快乐着他的快乐。可自从入春以来，人们已经好久没看见他了。有人说，苏轼先生病了，而且病得不轻。这时，苏轼的同门师兄、散文大家曾巩在临川病逝了。于是，谣言四起，说苏轼也在同一天去世了。谣言很快就传到了京城，神宗皇帝听说后，立即召见尚书左丞蒲宗孟了解情况。蒲宗孟是苏轼的同乡，两家还有一点远亲，所以神宗想从他那里得到确实而可信的消息。可是，蒲宗孟带回的消息与市井传闻一模一样。当时，神宗皇帝正在吃饭，听了蒲宗孟的消息后，顿时感到无比的失落，再没有心情去吞咽食物，他叹息着说：“难得再有此等人才！”神宗皇帝相信苏轼已经离世，闷闷不乐地起身回了书房。

黄州虽然是谪居之地，却给了苏轼最舒适最浪漫最自在的四年生活。这四年多的时间里，他已经从最初的落魄绝望到适应了这里的平淡与悠闲。这里有他的东坡，有他的雪堂，还有他的一众邻里好友。苏轼很想上书给皇帝，请求在黄州长久居住。可又一想，皇帝也是一番好意，自己怎么能去拂逆呢？汝州城的繁华富庶比黄州不知要强多少倍。实际上，苏轼虽然追崇陶渊明的田园生活，但他骨子里还深藏着儒家忠君爱国的思想，他还想施展自己远大的理想和抱负。尽管心怀不舍，苏轼还是按例给神宗皇帝上了一封《谢量移汝州表》。

出发的日子定下来后，苏轼开始接受一个接一个的饯行宴饮，完成一个又一个的索字题诗请求。对前来题诗索字的人，苏轼从不烦躁，总是一个一个耐心答复，有时为了满足大家的要求，他甚至忙到深更半夜。

苏轼开始收拾行囊，与黄州的友人告别。他把东坡、雪堂、临皋亭旁后修的南堂以及乳母任氏的坟墓，都委托给要好的邻居和朋友帮忙打理，并用书信将自己即将离开的消息告知了王齐愈、王齐万两兄弟。

苏轼到黄州后，结识了犍为王氏书楼的主人王齐愈、王齐万两兄弟。王氏兄弟原本是西蜀的富贵之家，还是皇亲，犍为王氏书楼就是王家人建的，在四川岷江边犍为县子云山下。苏轼二十四岁那年，为母丁忧结束回京途中，路过书楼，曾进去游览，并写下了《犍为王氏书楼》一诗，来赞美书楼的恢宏壮观。

树林幽翠满山谷，楼观突兀起江滨。
云是昔人藏书处，磊落万卷今生尘。
江边日出红雾散，绮窗画阁青氛氲。
山猿悲啸谷泉响，野鸟嘐戛岩花春。
借问主人今何在？被甲远戍长苦辛。
先登搏战事斩级，区区何者为三坟。
书生古亦有战阵，葛巾羽扇挥三军。
古人不见悲世俗，回首苍山空白云。

书楼的第一代主人王蒙正，后来戍守鄂州，他的儿子王齐愈、王齐万兄弟俩寓居在武昌车湖刘郎洑（今湖北鄂州市扬叶）。

王齐愈，字文甫，弟弟王齐万，字子辩，兄弟俩是嘉州（今四川乐山市）人。苏轼到贬谪地黄州十多天后，王齐万闻讯渡江到定惠院去看望他。老乡相见，分外亲切，乡音俚语中二人越聊越投机。得知王齐万是王氏书楼的主人，苏轼谈起了当年他游览书楼一事，感慨不已。因为快到寒食节了，王齐万辞别苏轼，并诚邀他过江去车湖做客。苏轼目送王齐万的小船在绵绵的细雨中顺流而下，直到成为天际间的一个黑点。回到家中，写下了《王齐万秀才寓居武昌县刘郎洑，正与伍洲相对，伍子胥奔吴所从渡江也》一诗：

君家稻田冠西蜀，捣玉扬珠三万斛。
塞江流柹起书楼，碧瓦朱栏照山谷。
倾家取乐不论命，散尽黄金如转烛。
惟馀旧书一百车，方舟载入荆江曲。
江上青山亦何有，伍洲遥望刘郎薮。
明朝寒食当过君，请杀耕牛压私酒。
与君饮酒细论文，酒酣访古江之渍。
仲谋公瑾不须吊，一酹波神英烈君。

后来，苏轼过江拜访王氏兄弟。交往中，三人志趣相投，遂成为亲密无间的好友。元丰三年（1080 年）五月末，苏辙护送苏轼的家眷到达黄州，在小住数日后，于六月九日返回江州。苏轼依依不舍地将弟弟送到车湖刘郎洑，王齐愈置酒宴热情相待，为苏辙饯别。苏辙第一次见到王家兄弟，欣喜中作诗一首《将还江州，子瞻相送至刘郎洑王生家饮别》：

相从恨不多，送我三十里。
车湖风雨交，松竹相披靡。
系舟枯木根，会面两王子。

嘉眉虽异郡，鸡犬固犹尔。
相逢勿空过，一醉不须起。
风涛未可涉，隔竹见奔驶。
渡江买羔豚，收网得鲂鲤。
朝畦甘瓠熟，冬盎香醪美。
乌菱不论价，白藕如泥耳。
谁言百口活，仰给一湖水。
夺官正无赖，生事应且尔。
卜居请连屋，扣户容屣履。
人生定何为，食足真已矣。
愆尤未见雪，世俗多相鄙。
买田信良计，蔬食期没齿。
手持一竿竹，分子长湖尾。

苏辙非常羡慕王家兄弟恬淡恣意的田园生活，不觉产生了归隐的想法。车湖风景秀美，历史厚重，有晋车武子[①]墓，也有车武子的故居。苏轼送走弟弟苏辙回到黄州后，写了一篇《记樊山》，对樊山的由来、孙权泊樊口、吴王舰、寒溪寺、曲山、菩萨泉、圣母庙等历史风物、人文轶事一一做了记述。

元丰五年（1082 年）三月三十一日，苏轼过江拜访王齐愈。当时正是春天，原野碧绿，百花齐放。郊游踏青结束回到达轩书斋后，大家余兴未尽，谈及荼蘼花、桃花、海棠花和罂粟花，各

① 车武子，即车胤。字武子，南平郡人，自幼聪颖好学，囊萤映雪就是有关他刻苦攻读的故事。

抒己见。最后，苏轼作了《四花相似》并以文记之：

> 荼蘼花似通草花，桃花似蜡花，海棠花似绢花，罂粟花似纸花。三月三十一日，会王文甫家，众议评花如此。

王齐愈的儿子王十六因特别喜欢苏轼的书法，当即又请苏轼为他写字。王十六，字禹锡，十分好学。每次苏轼来，他都在书房备好笔墨纸砚，待苏轼酒酣耳热时，恳请他留字。苏轼每次都欣然应允，两三年下来，已经累积有厚厚的一摞了。这次，苏轼给王禹锡留的第一幅字是：

> 王十六秀才禹锡，好蓄余书，相从三年，得两牛腰（四箱子）。既入太学，重不可致，乃留文甫许分遣，然缄锁甚牢。文甫曰："相与有瓜葛，那得尔耶？"

苏轼记述了王齐愈父子二人对他书法作品的珍爱。第二幅字源于苏轼和王齐愈两人赌约：王十六是否及第。苏轼写道：

> 十六及第当以凤字大砚与之，请文甫收为此据。十六及第，当以石绿、天猊为仆作利市也。

这场赌约实际上是苏轼和王齐愈的一场双赢，相互之间都能得到自己心仪的物品。苏轼对王齐愈的儿子禹锡，寄予厚望，无论是作文还是做人都悉心教诲。

元丰七年（1084 年）四月一日，苏轼就要离开黄州启程了。

王家兄弟从车湖来到黄州，与苏轼的其他朋友相聚，给苏轼送行。苏轼决定自己先去看望弟弟苏辙，由长子苏迈带领家眷暂留在黄州，待端午节后，他从苏辙处返回，一家人再去九江会合。

苏轼留别雪堂，将其与东坡田地托付给潘丙照管。因为难舍江南江北的文朋诗友，苏轼与一帮送行的朋友于七日上午渡江至樊口。中午，潘丙为苏轼饯行，大家在潘丙的酒肆里欢聚半日，到傍晚时分，才重新开船将苏轼送到车湖。路过吴王舰时，苏轼听到黄州城里传来鼓角声声，想到自己就此一去，后会不知何期，感慨万千："黄州鼓角亦多情，送我南来不辞远。""他年一叶溯江来，还吹此曲相迎饯。"（《过江夜行武昌山上，闻黄州鼓角》船到车湖刘郎洑后，苏轼在王家兄弟的盛情挽留下，又做了短暂的停留。苏轼追忆初识时的情景，满怀深情地写下了《赠别王文甫》：

仆以元丰三年二月一日至黄州，时家在南都，独与儿子迈来郡中，无一人旧识者。时时策杖至江上，望云涛渺然，亦不知有文甫兄弟在江南也。居十余日，有长而髯者，惠然见过，乃文甫之弟子辩。留语半日，云："迫寒食，且归车湖。"仆送之江上，微风细雨，叶舟横江而去。仆登夏隩尾高丘以望之，彷佛见舟及武昌，乃还。尔后遂相往来。及今四周岁，相过殆百数，遂欲买田而老焉，然竟不遂。近忽量移临汝，念将复去此而后期不可必，感物凄然，有不胜怀者。浮屠不三宿桑下，有以也哉。七年三月九日。

当苏轼依依不舍地离开车湖王家，踏上征程时，又作《再书赠王文甫》一文：

昨日大风，欲去而不可，今日无风，可去而我意欲留，文甫欲我去者，当使风水与我意会，如此便当作留客过岁准备也。

四年来的友谊与离别的不舍，都生动地反映在两篇文章里了。

在黄州期间，苏轼共创作诗歌三百三十多首，填词近六十篇。他的《念奴娇·赤壁怀古》《前赤壁赋》《后赤壁赋》《记承天寺夜游》等流传千古的诗词歌赋，都是在黄州写的。黄州造就了苏轼的文学辉煌，苏轼又以作品使黄州声名远播。苏轼对黄州的眷恋，全都化作了字符，从笔尖流淌出来。他在《别黄州》中写道：

病疮老马不任鞿，犹向君王得敝帷。
桑下岂无三宿恋，樽前聊与一身归。
长腰尚载撑肠未，阔领先裁盖瘿衣。
投老江湖终不失，来时莫遣故人非。

05. 探望荆公

就要离别生活了四年多的黄州，在众人为苏轼饯行的宴会上，苏轼满含不舍，写下了《满庭芳·归去来兮》，来抒发自己对黄州的依恋之情。

归去来兮，吾归何处？万里家在岷峨。百年强半，来日苦无多。坐见黄州再闰，儿童尽楚语吴歌。山中友，鸡豚社酒，相劝老东坡。　　云何，当此去，人生底事，来往如梭。待闲看秋风，洛水清波。好在堂前细柳，应念我，莫剪柔柯。仍传语，江南父老，时与晒渔蓑。

元丰七年（1084年）四月十四日，苏轼在潘丙、古耕道、王氏兄弟等十几位好友乡邻的护送下抵达慈湖。准备顺江而下，前往九江。送君千里，终有一别。经苏轼再三劝阻，大家才依依不舍地返回，但参寥子、陈慥和乔仝三人还是坚持一定要送苏轼到九江。

陈慥是当年苏轼在凤翔任通判时，太守陈希亮的儿子，现隐居在黄州岐亭的杏花村。陈慥与古板严正的父亲不同，他性情豪爽，与苏轼一见如故，常常一起欢聚畅游，谈古论今。后来，苏轼从凤翔府离任，两人便少了联系。苏轼在贬谪黄州的途中意外遇到陈慥，很是高兴。此时，陈慥早已没有了当初的放浪之气，已经成了一位修身内敛的隐士。在苏轼人生最失落潦倒的时候，陈慥在精神和物质上都给予了他很大的帮助。

那次相逢，苏轼在陈慥家里逗留了五日。此后，陈慥经常来黄州陪他，苏轼也经常到陈家做客。

有一次，苏轼到陈家拜访，与陈慥一起谈佛论道，不知不觉间到了后半夜还意犹未尽。陈慥的妻子柳氏突然一声断喝：“咋还不睡觉！”吓得陈慥拐杖都掉到地上了。他一脸茫然地看着苏轼，平日里男子汉大丈夫的意气风发丝毫不见，样子非常可笑。苏轼曾在一首《寄吴德仁兼简陈季常》中写道：

龙丘居士亦可怜，谈空说有夜不眠。

忽闻河东狮子吼，拄杖落手心茫然。

陈慥的妻子柳氏是河东望族，性格凶悍善妒。有时陈慥宴请宾客，会邀请一些营妓在场歌舞，她便用拐杖敲打墙壁，直至把客人赶走，陈慥非常怕她。狮吼在佛家是指威严，苏轼此诗出来后，河东狮吼就被世人用来比喻性格凶悍、声音很大的妇人，并演变成成语。

乔仝是位道士，到了九江，苏轼为了把他交给兴国的一个朋友照顾，特意离开了原本要走的路，改走一百多里的陆路。乔仝喜欢鸟兽，旅行时都要带着它们。

在九江，苏轼还与参寥子一同游览了庐山，这在佛教界数百和尚中引起了极大的轰动。苏轼当时写了三首诗赞美庐山，其中一首《题西林壁》成了描写庐山的千古绝句。

横看成岭侧成峰，远近高低各不同。

不识庐山真面目，只缘身在此山中。

苏轼去看弟弟苏辙时，三个侄子出行八里地去迎接他。兄弟俩已经近四年没见面了，苏辙的身材似乎比之前又肥胖了些，看起来也并不十分健康。苏轼在那里住了六七天，然后顺流而下到达九江，与苏迈及家人会合。一家人于七月抵达江宁（今江苏南京），苏轼去拜见了退隐在此的王安石。

熙宁八年（1075 年）二月，王安石第二次出任宰相。但是，由于宋神宗对变法态度的动摇，变法派内部已经出现了严重的分裂，主要人物吕惠卿施展各种手段排挤王安石。他把王安石以前写给他的几封带有“无使上知”字样的信交给了神宗皇帝，神宗受他的鼓动，对王安石产生罅隙，不再倚重。与此同时，反对变法的呼声也日益高涨，就连皇太后也站了出来。这时，王安石三十三岁的儿子王雱英年早逝，丧子之痛让王安石一下子变得心灰意冷，于是，他以年老多病为由，向神宗上表请求辞职。第二年十月，王安石的辞呈得到批准，他辞掉相位，回到江宁蒋山居住，并在城外筑了个“半山园”，从此清心寡欲，吟诗念佛。八年来，王安石俨然如出世之人。

苏轼这么多年的贬谪生活，一直和底层百姓保持着密切的联系。虽然新法有很多弊端，但他也亲眼见证了新法的便民之处，所以，他没有像其他反对派那样偏执。罢相后的王安石不再关心任何与政治有关的事，心态也渐渐归于平淡。

“乌台诗案”发生时，王安石已经退隐，不但他的弟弟王安礼极力在神宗面前为苏轼开脱，他知道后，也连夜写信派人进京送给神宗皇帝。他在信中说：“岂有圣世而杀才士夫？”犹疑不决的神宗看了王安石的信终于拿定了主意，下旨将苏轼从狱中放出，贬为黄州团练副使。王安石离任时，神宗曾赋予他专门奏事权，王安石离京后从没用过，哪怕是他的亲弟弟和儿子有事。而为了苏轼，在关键时刻他能上表求情，可见他胸怀的坦荡无私，人品的正直高洁。不但神宗对他肃然起敬，他也因此赢得了苏轼以及天下人的敬重与钦佩。

苏轼贬居黄州后，王安石一直默默关注着他。每当有人从黄州来或者路过江宁，王安石总要问：“最近子瞻有没有什么妙语啊？”他们之间淡化了往日的政敌关系，彼此更加欣赏对方的才气和学问。

有一次，苏轼新写了一篇文章，很快就传到了江宁。王安石得到后，当时正是黄昏，他等不及家人点灯，在屋檐底下就着黄昏微弱的光亮一口气读完。他边读边感叹说："子瞻真是人中之龙啊！"他对苏轼身处逆境却不怨天尤人、仍能乐观达观的襟怀由衷地钦佩，并给出了极高的评价。

王安石听说苏轼已经到了江宁，既想见又有些顾虑，毕竟两个人曾经是朝堂之上针锋相对的政敌，此番见面，会不会尴尬？但转念一想，当初的争执都是出于公心，彼此之间并没有任何个人恩怨。于是，王安石坦然地亲自去江边迎接苏轼。

苏轼一家人乘坐的船到达江边时，他远远地就看见一个瘦削的老人，穿着一身便服骑在毛驴上缓缓而来，苏轼的心中不禁感慨万千。岁月真是无情，想王安石当年是多么精明强干、雷厉风行，如今竟也已是风烛残年。苏轼来不及多想，急忙跳下船快步迎上前去。相差十五岁的两个人在经历了世事的无常后，如今执手相对，一时竟不知说什么好。半晌，苏轼打破僵局说道："苏轼今日敢以野服见大丞相。"

王安石闻听朗声大笑说："礼仪岂是为我辈所设！"

一问一答间，十多年的隔阂顷刻间烟消云散，两位伟大的文学家在这一刻握手言和，在历史上留下了一段佳话。

此后的一个月里，苏轼成了王安石家里的常客。两人在一起谈佛论道，评诗议史，总有谈不完的话题。经过这段时间的接触，苏轼深刻地体会到了当初王安石推行新法、实行改革的良苦用心，觉得王安石的确是个胸怀天下的人。在两人的交谈中，苏轼也总是有意避开政治敏感的话题。但是，经过几次谈话后，苏轼还是希望王安石利用自己的影响，上书朝廷，对当时推行的一些弊政进行阻止。

一天，两人谈得正兴高采烈时，苏轼突然严肃地说："我想与您谈论一下有关天下安危的大事。"

王安石有些疑虑地说："子瞻但请明言。"

苏轼忧心忡忡地说："屡起战端，严于刑律，乃是强汉盛唐灭亡的先兆，自太祖立朝，列祖列宗皆以仁厚治天下，正是为了避免重蹈覆辙。但是，眼下西、北与辽、西夏连年交战，屡战屡败，而在中原繁华之地，蔡确[1]等又罗织罪名，大兴冤狱，军队疲惫作战，百姓忧恐不安。这些都是国家动荡的根源，您为什么不置一词，拯救这种危难的局面呢？"

王安石伸出两个指头说："这两件事都是吕惠卿引起的，我已经不在朝里，能说些什么呢？"

"在朝做事就议论朝事，在朝外就不议论，这是对待皇帝的一般礼仪。"苏轼继续说道，"可是皇上待你不同一般，你怎能拿一般礼仪对待皇上呢？"

"好，我一定要说话！"苏轼的一番话让王安石自觉有些惭愧，他激动地说："不过，这些话出于我的口，入于你的耳，要绝对保密。"因为王安石曾被吕惠卿出卖过，所以处处十分小心谨慎。王安石又问苏轼："做人必须知道'做一件不仁义的事，杀死一个无罪的人，即使能得到天下也不去做'，这才是可以的！"苏轼开玩笑地说："现在的读书人，为了减少半年的努力，就算杀

① 蔡确，字持正，泉州郡城人，北宋哲宗时宰相，王安石变法的主要支持者之一。

人也会做！”王安石笑了笑没再作答。

在六朝古都金陵，苏轼与王安石携手同游，每到一处，都不忘同题赋诗，两人的心情都无比舒畅。

蒋山距离半山园有七里的路程，因东汉秣陵尉蒋子文葬于此山而得名。山上树木荫翳，古迹留存，是金陵的一大胜地。苏轼游览此山时，王安石因为年迈没有一同前往，他的旧友、新任江宁太守王胜之陪同苏轼前往游览。归来后，苏轼作了一首《同王胜之游蒋山》：

到郡席不暖，居民空惘然。好山无十里，遗恨恐他年。
欲款南朝寺，同登北郭船。朱门收画戟，绀宇出青莲。
夹路苍髯古，迎人翠麓偏。龙腰蟠故国，鸟爪寄层巅。
竹杪飞华屋，松根泫细泉。峰多巧障日，江远欲浮天。
略彴横秋水，浮图插暮烟。归来踏人影，云细月娟娟。

这首诗送到王安石手上时，他读到“峰多巧障日，江远欲浮天”一句，不禁拍案叫绝说：“老夫平生作诗，无此二句！”他又兴致勃勃地谈起苏轼的旧作《雪后书北台壁二首》中“冻合玉楼寒起粟，光摇银海眼生花”两句，认为用典极为精妙。当时王安石的女婿蔡卞恰巧在座，不解地问岳父：“这两句诗不就是描写雪后的景色吗？难道有什么特别之处？”

王安石一笑，说：“这里的典故出自道家典籍，道家以两肩为玉楼，以双目为银海。子瞻，是这样吗？”

苏轼会心地笑了。自从这首诗写出来，王安石是唯一能看出自己在这里用典并深知其意的人。

王安石希望苏轼也能在江宁买田置产，两人比邻而居，于是写了《读蜀志》一诗：

> 千载纷争共一毛，可怜身世两徒劳。
> 无人语与刘玄德，问舍求田意最高。

王安石在诗里用《三国志》许汜拜访陈登的故事，比拟有才有志的人都有远大的志向，而不会只注重那些置办田产的俗事。王安石与苏轼年轻时何尝不是胸怀抱负的人？只是仕途的坎坷，已磨平了他们的锐气和棱角，让他们心生倦怠，渴望回归平淡的乡间生活。

苏轼感动之余，在《次荆公韵四绝》三首中诚恳地写道：

> 骑驴渺渺入荒陂，想见先生未病时。
> 劝我试求三亩宅，从公已觉十年迟。

苏轼终未在江宁买田置地，而一代政治家、文学家王安石也在一年多后离开了人世。

06. 丧子之痛

苏轼的侍妾王朝云，字子霞，浙江钱塘（今杭州）人，十二岁时，与苏轼在杭州西湖上相识。王朝云自幼家境贫寒，沦落在歌舞班中，以自己的聪颖伶俐成为西湖名妓。孔凡礼先生《苏轼年谱》载："《燕石斋补》谓朝云乃名妓，苏轼爱幸之，纳为常侍。"

朝云天生丽质，虽沦落风尘，却保持着清新脱俗的气质。宋神宗熙宁四年（1071 年），苏轼因反对王安石的新法被贬到杭州做通判。一天，他与朋友们同游西湖，宴饮时找来朝云所在的歌舞班助兴。在数名浓妆艳抹、长袖曼舞的舞姬中，朝云以其艳丽的姿色和高超的舞技居于中央，特别引人注目。一曲结束，大家纷纷入座侍酒，朝云来到苏轼身边。此时，她已换上了一身素雅的衣裙，洗净铅华，淡扫蛾眉，微点朱唇，看上去清丽可人，仿佛一株空谷幽兰，让苏轼因世事变迁而黯淡的心怦然一动。正当苏轼心神恍惚时，刚刚还艳阳高照、波光潋滟的西湖突然间阴云蔽日，烟雨迷蒙。湖山秀水映衬着妙龄佳人，苏轼顿时来了灵感，挥毫写下了：

水光潋滟晴方好，山色空蒙雨亦奇。
欲把西湖比西子，淡妆浓抹总相宜。

这首诗虽然看似写西湖的风光，实际上却是苏轼初遇朝云时心动的感受。朝云当时才十二岁，却聪慧无比。她仰慕苏轼的才华，与苏夫人王闰之相处融洽，于是，王闰之将她买回去做侍女。朝云十分庆幸自己能够与苏轼结缘，走进苏家。她一生追随苏轼，始终随侍左右。苏轼被贬谪到黄州后，朝云布衣荆钗与他一同躬耕田园，此时，苏轼才将十八岁的朝云由侍女改为侍妾。

元丰六年（1083 年）九月二十七日，朝云为苏轼生下了第四个儿子，苏轼为孩子取名苏遁。当时，苏轼正遵照父亲苏洵的遗命，为《易经》作《传》，“遯”取自《易经》中的第三十七卦“遯”，是远离政治漩涡、消遁、归隐的意思。在卦的爻辞中说：“嘉遯，贞吉”，“好遯，君子吉”，由此可知，这个名字既寄寓了苏轼自己远遁世外之义，又包含了对小儿子的诸多美好祝愿。

苏遯，小名斡儿，生得眉眼清秀，颇有苏轼的神韵。四十九岁的苏轼老来得子，十分高兴，在孩子出生三天后举行洗礼时，苏轼写下了《洗儿戏作》一诗：

人皆养子望聪明，我被聪明误一生。
惟愿吾儿愚且鲁，无灾无难到公卿。

洗儿是在婴儿出生三天后或者满月时，亲朋好友会聚一起加以庆贺，给婴儿清洗身体。苏轼的这首诗表面上看似写孩子的教育话题，实则是对官场进行了暗讽。

遯儿的出生，给苏轼的生活增添了无限的欢乐。他一面享受着大自然的山水田畴，一面享受着家庭的幸福和美。除了小儿子苏遯在襁褓中不谙世事外，其余三个儿子苏迈、苏迨和苏过都已长大成人。他们善良懂事，体贴父母，常常为父母分忧解难，而且个个勤奋好学。苏轼曾在《次韵和王巩六首》中自豪地写道：

平生我亦轻余子，晚岁人谁念此翁。
巧语屡曾遭薏苡，瘦词聊复托芎䓖。
子还可责同元亮，妻却差贤胜敬通。
若问我贫天所赋，不因迁谪始囊空。

“平生我亦轻余子，晚岁人谁念此翁”，这句诗点明了苏轼对小儿子苏遯的在意和担忧，害怕一旦自己被害，“余子”没有人照顾。同时，也是在向王巩报喜讯。

苏轼认为，自己的几个儿子也许不是十分出色，却是孺子可教，相比之下，还是很欣慰的。苏轼原本也不是那种传统意义上的严父，他不仅经常和孩子们嬉戏玩耍，孩子们只要有出色的表现，他都会不失时机地给以鼓励赞美，偶尔兴致来了，他还会和长子苏迈进行联句，并毫不谦虚地称苏迈作诗已经超过了宗武。

宗武是杜甫的儿子，杜甫曾写《示宗武》一诗来夸儿子善于作诗，能够传承他的衣钵。若从祖上论，杜甫的祖父杜审言与苏轼的远祖苏味道同是武则天时期的重臣和诗人，二人与李峤、崔融合称为“文章四友”。杜甫曾自豪地说：“诗是吾家事。”苏轼这句话也表达了同样的意思。

好像老天爷嫉妒苏轼，不想让他过平静的日子似的，他们一家刚在黄州安稳下来，朝廷的一纸诏书又将苏轼调往汝州。从黄州到汝州，五百公里的路程，一家人舟车劳顿，于七月份到达了江宁。这时，小儿子苏遯因中暑生病了。十个月大的孩子，最终没能医治过来，于元丰七年（1084年）七月二十八日夭折。苏遯的夭折对苏轼和朝云来说是极其沉痛的打击，朝云整日以泪洗面，苏轼悲痛难抑，写下了《去年九月廿七，在黄州，生子名遯小名幹儿》一诗：

吾年四十九，羁旅失幼子。幼子真吾儿，眉角生已似。
未期观所好，蹁跹逐书史。摇头却梨栗，似识非分耻。
吾老常鲜欢，赖此一笑喜。忽然遭夺去，恶业我累尔。

衣薪那免俗，变灭须臾耳。归来怀抱空，老泪如泻水。
我泪犹可拭，日远当日忘。母哭不可闻，欲与汝俱亡。
故衣尚悬架，涨乳已流床。感此欲忘生，一卧终日僵。
中年忝闻道，梦幻讲已详。储药如丘山，临病更求方。
仍将恩爱刃，割此衰老肠。知迷欲自反，一恸送余伤。

从这首诗中，可以看出苏轼对小儿子苏遯的喜爱。看到孩子对他的诗书感兴趣，便以为他将来又是块读书的料；孩子摇头不要水果，即认为是像孔融那样懂得仁让礼仪。年近半百的苏轼因为这个儿子，心理上得到很大的抚慰，谁知孩子竟意外夭折。苏轼深深地自责着，甚至认为幹儿的死是受到自己的连累：“忽然遭夺去，恶业我累尔！”苏轼的悲痛和伤心，可以化作笔下的诗句发泄出来，而年轻的朝云，只能任凭肝肠寸断，整天躺在床上精神恍惚。生活上一向大而化之的苏轼，对朝云的同情和理解，几乎到了心愫相通、脉搏连动的地步。“我泪犹可拭，日远当日忘。母哭不可闻，欲与汝俱亡。故衣尚悬架，涨乳已流床。感此欲忘生，一卧终日僵。”在对朝云爱怜的同时，苏轼也在追悔，在不停地埋怨自己：“储药如丘山，临病更求方。仍将恩爱刃，割此衰老肠。”如果由通晓医道的自己来医治儿子的病，也许孩子就不会死去。可是，就是因为太珍爱、怕失去这个孩子，苏轼才胆怯，才不敢下手，他怕孩子在他手上有个好歹，那他一辈子都将生活在阴暗当中。可越是小心，越是怕越出事，最终还是没能留住孩子离他们而去。

幹儿死后，苏轼决定不去汝州了。之前那里的山水和风土民情应该最称朝云的心意，如今孩子没了，朝云心里的痛会很难治愈。

此后，朝云再没生过孩子。十七年后，苏轼也是在七月二十八日这一天离开了人世。不管是巧合还是冥冥之中的天意，他与小儿子苏遯竟然同一个忌日。

07. 旅中趣事

江南一带自古以来就土地肥沃，景色秀美，当苏轼往返于靖江与江宁之间，感受着鱼米之乡的氛围，享受着自然山水的大美时，内心不知不觉地爱上了这里。苏轼产生了在这里买房置地，久居下去的想法。他认为，皇帝既然体谅他，把他从黄州调往汝州，那么也一定能听从劝说，让他在别处安居。总之，不论在哪儿，他都是想找一个年老退隐之后的安身之地，能够平平安安地享受晚年生活。

对于这件事，朋友们都积极地给他出主意。佛印的家产在扬州，所以他劝苏轼在扬州定居；范镇在许下（今河南许昌），他希望苏轼来许下，两人做邻居；王安石劝他到江宁买田置地，两人可以经常相聚交流。苏轼自己则看中了丹徒县（今江苏镇江）蒜山的一片林地。

宋神宗元丰七年（1084年）八月十四日，苏轼去半山园辞别王安石，一家人准备启程离开江宁，前往汝州。苏轼的离去令王安石十分伤感，谁也没想到，这一别竟成了永诀。苏轼在行船上望着两岸逐渐后移的景色，想着王安石老去孤寂的身形，唏嘘不已，不觉感喟人生的无常。第二天醒来，苏轼还是无法释怀，便提笔给王安石写了一封信："某游门下久矣，然未尝得如此行，朝夕闻所未闻，慰幸之极。已别经宿，怅仰不可言。"

船行至长江北岸的仪真（今江苏扬州）时，太守袁陟邀请苏轼到此居住。仪真靠近江宁，在苏轼没有最后拿定主意将家安在哪里之前，他们急需的是要先找一个地方暂时安顿下来。在袁陟的帮助下，苏轼将家人安置在仪真的一所学堂内。苏轼与太守袁陟做了短暂的相聚，并写下《赠袁陟》一诗：

是身如虚空，万物皆我储。胡为强分别，百金买田庐。
不见袁夫子，神马载尻舆。游乎无何有，一饭不愿余。
官湖为我池，学舍为我居。何以遗子孙，此身自籧篨。
薰风暗杨柳，秋水静芙蕖。应观我知子，不怪子知鱼。

《赠袁陟》记叙了苏轼与袁陟之间的友情。苏轼留下家眷，自己依照先前的约定，与老友滕元发相聚去了。

滕元发，名滕甫，字达道，浙江东阳人，北宋名臣范仲淹是他的舅舅。滕元发是文武兼具的全才，他高大魁梧，仪态巍然，性情豪迈，不拘小节，处事洒脱而机敏，是当时有名的将领。他和张方平一样，在苏轼的心目中占有重要的位置。

滕元发与苏轼秉性相近，意气相投。苏轼在黄州时，滕元发利用调任之机，曾绕道黄州去探望他。后来，两人书信往来，相交甚密。此时，滕元发正任太湖南岸湖州的太守，他劝苏轼将家安在位于常州太湖左岸的宜兴。早在宋神宗熙宁七年（1074 年），苏轼离任杭州通判前，就已经在常州买过一些田产。于是，苏轼与滕元发两人暗中计划，在宜兴再买一块田产，然后上奏皇帝，请求允许他在宜兴居住下来。滕元发的一个亲戚找到一块地，在宜兴城外二十里的深山中，一年可产八百石粮食，够苏轼一家人舒适地生活了。九月，苏轼独自下乡去看那块田。他曾记述此事说：

> 吾来阳羡（宜兴），船入荆溪，意思豁然，如惬平生之欲。誓将归老，殆是前缘。吾性好种植，能手自接果木，尤好栽橘。阳羡在洞庭上，柑橘栽至易，得当买一小园种柑橘三百。元丰七年十月二日于舟中。

当初，苏轼同意移任汝州，是不忍拂了神宗的一片好意。如今，苏轼又一次来到他所熟悉的江南，去汝州任职的心思便更加动摇。到金山后，滕元发等好友纷纷劝他向朝廷上表，乞求定居江淮一带。

神宗元丰七年（1084年）十月，苏轼写了《乞常州居住表》给皇帝，希望神宗能够恩准他在常州居留下来。苏轼一边等待朝廷的答复，一边托人帮助买田置产。在朝廷没答复之前，他还得继续北上。载着苏轼一家人的船缓缓行驶，苏轼这时也不着急，而是一路走亲访友，一路等待皇帝的谕旨，免得到了再往回返，浪费不必要的费用。十二月初，苏轼携家人抵达泗州。一路走来，他们的境况已经很窘迫，饿肚子是常事。当泗州太守刘士彦给船上送来食物时，孩子们高兴得欢呼雀跃。

刘士彦，字倩叔，山东人，也是一位老学究，他对苏轼十分仰慕。当他得知苏轼乘船要经过泗州时，便早早地来到岸边等候。船一靠岸，他就立即前去拜访，并为苏轼设宴洗尘。苏轼在泗州逗留期间，刘士彦几乎天天陪着他出游，欣赏山水风光，爬僧伽塔、游都梁山、看禹王台晓月、听龟山寺晚钟。苏轼在这里与新朋故友谈诗论政，唱和酬答，不亦乐乎。刘士彦还陪苏轼一同去游览了南山，在微寒的天气里，山野笼罩着淡淡的烟雾，两人走累了，就在田野里边吃边休息。当年的新茶泛着乳白色的细浪，就着新鲜的野菜，让原本就喜欢亲近自然的苏轼心情大好。他在《浣溪沙·细雨斜风作晓寒》中记述了此次出游：

细雨斜风作晓寒，淡烟疏柳媚晴滩。入淮清洛渐漫漫。　雪沫乳花浮午盏，蓼茸蒿笋试春盘。人间有味是清欢。

这期间发生了一件趣事。从泗州城到都梁山，在淮河上架有一座长长的浮桥，桥长约有二里，被称为“长桥”。这一天，天气晴好，刘士彦又约苏轼出城游玩。他们沿着长桥渡过淮水，来到了都梁山。两人一路走一路倾谈，兴致都很高，不知不觉就到了晚上。

因为当时泗州是军事要隘，所以有个规定：天黑以后，桥上是不允许行人通过的，如有违反者，将会受到重罚。太守作为一方长官，自是不必在意这种禁令。一向循规蹈矩的刘太守趁着几分醉意，与苏轼直到深夜才沿着长桥尽兴而归。当晚，苏轼按捺不住激情，为了记录此次出游的快乐，写下了《行香子·与泗守过南山，晚归作》：

北望平川。野水荒湾。共寻春、飞步孱颜。和风弄袖，香雾萦鬟。正酒酣时，人语笑，白云间。　飞鸿落照，相将归去，淡娟娟、玉宇清闲。何人无事，宴坐空山。望长桥上，灯火闹，使君还。

第二天上午，老实的刘太守看到这首词后，吓出了一身冷汗。他急忙赶到苏轼的船上说，你这首词千万不能外传，如果传到京城就糟了。违反禁令，夜晚过桥后果是很严重的，普通老百姓要罚两年苦役，我作为太守，处罚一定会更重。苏轼并不知道其中利害，追悔不已，忙笑着说："真是我的罪过，没想到一开口就是两年的劳役。"

此时，汝州已是天寒地冻，苏轼决定暂时住下来，一是等消息，再者想过完除夕再启程北上。在泗州，他又写了一篇《乞常州居住表》，言辞更加恳切：

> 但以禄廪久空，衣食不继。累重道远，不免舟行。自离黄州，风涛惊恐，举家重病，一子丧亡。今虽已至泗州，而赀用罄竭，去汝尚远，难于陆行。无屋可居，无田可食，二十余口，不知所归，饥寒之忧，近在朝夕。与其强颜忍耻，干求于众人；不若归命投诚，控告于君父。
>
> 臣有薄田在常州宜兴县，粗给饘粥，欲望圣慈，许于常州居住。

表状写好后，苏轼立即派人送往京城，于闻鼓院投递。

时间如流水，转眼间就到了年关，泗水上的船只也少了很多。此时，苏辙的儿女亲家、淮南东路提举常平官黄寔，因出公差路过泗州，除夕之夜泊船汴口，看到苏轼拄杖于雪中独立岸边，他忙叫手下人将船移过去。这次的意外相逢，让苏轼非常惊喜。得知苏轼一家窘迫的情况后，黄寔连忙返回船舱，取出两樽上好的扬州府酿和一大盒精美酥脆的点心。黄寔的举动犹如雪中送炭，让苏轼一家人既高兴又感动，苏轼在《泗州除夕夜雪中黄师宪送酥酒二首》中写道：

其一：

暮雪纷纷投碎米，春流咽咽走黄沙。
旧游似梦徒能说，逐客如僧岂有家。
冷砚欲书先自冻，孤灯何事独成花。
使君半夜分酥酒，惊起妻孥一笑哗。

其二：

关右土酥黄似酒，扬州云液却如酥。
欲从元放觅拄杖，忽有麴生来坐隅。
对雪不堪令饱暖，隔船应已厌歌呼。
明朝积玉深三尺，高枕床头尚一壶。

神宗元丰八年（1085 年）二月，苏轼一家离开泗州，经宿州到达南都（今河南省南阳），拜谒了恩师张方平。

张方平已是七十九岁高龄的老人了，三十多年来，他对苏轼兄弟像自家孩子一样。而苏轼、苏辙也非常爱戴这位德高望重、才识不凡的长辈，兄弟俩只要有机会，就会去看望他。苏轼这次来，张方平高兴之余执意留他一家多住些时日。

苏轼在南都住下的日子里，染病已久的神宗皇帝于三月五日驾崩。随后，已于三月一日开始摄政的高太后传旨，允许苏轼在常州居住，但身份仍是检校尚书水部员外郎、团练副使、不得签书公事。这份旨意对苏轼来说太重要了，他们一家终于不必再长途奔波，可以在常州安定下来了。四月初三，苏轼一家人离开南都，于五月二十二日抵达宜兴湖边的新居。

苏轼以为自己会在常州终老，他在诗中写道“十年归梦寄西风，此去真为田舍翁”。在苏轼看来，能在富有田园之美的江南度过余生，也是人生的一大幸事了。

08. 任职登州

元丰八年（1085 年）三月初，三十八岁的神宗皇帝由于积劳成疾，带着事业未竟的遗憾，离开了人世。随后，年幼的太子赵煦即位，是为哲宗。

初闻神宗皇帝病逝的噩耗，苏轼禁不住悲痛万分。这其中有文人志士的忠君思想，也有对神宗给予他的赏识以及暗中对他进行保护的感激。尽管这么多年来苏轼仕途多舛，甚至差点因为“文字狱”死于非命，但他对神宗的感情却是真挚的。君臣之间那种无须言表的爱惜，让苏轼刻骨铭心。尤其是经过这么多世事后，苏轼在反思中，已经进一步理解了神宗锐意革新的苦心。为了痛悼神宗的英年早逝，苏轼写了三首挽词，来歌颂神宗皇帝所创立的功业：

文武固天纵，钦明又日新。

化民何止圣，妙物独称神。

政已三王上，言皆六籍醇。
巍巍本无象，刻画愧孤臣。

未易名尧德，何须数舜功。
小心仍致孝，余事及平戎。
典礼从周旧，官仪与汉隆。
谁知本无作，千古自承风。

接统真千岁，膺期止一章。
周南稍留滞，宣室遂凄凉。
病马空嘶枥，枯葵已泫霜。
余生卧江海，归梦泣嵩邙。

神宗殁后，年仅九岁的哲宗即位，因他年幼无法理政，便由祖母高太后临朝听政。高太后原本就反对新法，她重新启用司马光为相，将王安石的一切政令或予终止，或予废除。朝廷政令改弦更张，以王安石为首的新党遭到了打压，司马光、文彦博等保守派重臣重心回归朝堂，让反对变法的力量又聚集在了一起。北宋历史由此进入了一个新的阶段，史称“元祐更化”。

朝廷这边政坛上暗流涌动，大有山雨欲来风满楼之势。苏轼那边正居于宜兴的新家，梦想着乘一叶扁舟“神游八极万缘虚”，过着悠闲的退隐生活。虽然苏轼从不错过朝廷邸报，每一份都仔细阅读，也关注着朝中发生的事情，但他已不再轻易发表意见。他还常常写信劝告朋友，不要非议新法。此时的苏轼，已将自己置身于政治之外，甘心做一个超然事外的旁观者。可很快这样清闲的日子就被打破了。

司马光已经拜相，大批因反对新法而遭到贬黜的官员逐渐被召回京城。以苏轼的名气和地位，又曾因“乌台诗案”而下狱遭贬，自然要被召回重用。

元丰八年（1085年）六月初，京城传闻苏轼即将被起用的消息。王巩听到后，火速派人去给苏轼送信，其他与苏轼交好的人也纷纷写信向他报告这个好消息。苏轼听到这些信息时，刚到宜兴十天左右。他并没有多么高兴，反倒感叹，若真如此，自己的命运自己又无法把握了。再者，苏轼深知，京师一向好传谣言，对这样的消息他并不十分相信，因为他在四月十七日的邸报上并没看到这个消息。

尽管苏轼不愿意去相信一切是真的，六月下旬，他还是接到了朝廷的诏令，任命他以朝奉郎起知登州（今山东省蓬莱市）军州事。这个消息让全家人欣喜若狂，苏迨、苏过兄弟俩更是兴奋得把诏令和当月的邸报翻来覆去看了好几遍，唯恐看错了，一些好朋友闻讯也纷纷前来祝贺。

苏轼此时的心情是复杂的。当他的心态刚刚平和下来，决心要退出险恶的官场，过着平淡悠然的田园生活时，命运却又一次向他抛来了橄榄枝。这些年官场上的浮浮沉沉、瞬息万变，已经让他对前路是好是坏没有多少憧憬了。出仕即意味着身不由己，他的内心不免有些惆怅。但最后，苏轼还是接受了任命，因为他听说司马光被任命时，皇太后是派全副武装的士卒从家中将司马光请出来，一直护送到府衙里的。太后之所以如此行事，是怕司马光接到任命会辞谢不就，或者拖延赴任。太后如此用心良苦，把情势推动起来，苏轼怎能辜负太后她老人家的一片苦心呢。

七月，苏轼一家再次启程，前往山东登州去履任新职。途中，在淮口遇上大风，由于风浪太大，整整三天无法开船。被困舟中的苏轼，只好与儿子们谈诗论文，消磨时间。在此期间，苏迨心有所感，写下了《淮口遇风》一诗，并请父亲指教。苏轼读后，大加赞赏，立即步韵和诗《迨作〈淮口遇风〉诗，戏用其韵》：

我诗如病骥，悲鸣向衰草。有儿真骥子，一喷群马倒。
养气勿吟哦，声名忌太早。风涛借笔力，势逐孤云扫。
何如陶家儿，绕舍觅梨枣。君看押强韵，已胜郊与岛。

苏轼在诗中盛赞苏迨才气不凡，可胜过唐朝诗人孟郊、贾岛了。

途中，苏轼一家经过密州境内，面对已阔别十年的密州故地，回想起当年那场可怕的旱蝗之灾，苏轼禁不住热泪盈眶。密州的父老乡亲得知苏轼要经过密州去赴任，奔走相告。人们扶老携幼，纷纷走出家门，夹道欢迎苏轼。现任密州太守霍翔，在超然台设宴热情款待苏轼一行。

重上超然台，抚摸着台上保存完好的碑文，苏轼感慨万千。席间，他殷切地嘱咐霍翔要利用好当地的水源，发展农田水利，防患于未然，并作诗一首，《再过超然台赠太守霍翔》：

昔饮雩泉别常山，天寒岁在龙蛇间。
山中儿童拍手笑，问我西去何当还。
十年不赴竹马约，扁舟独与渔蓑闲。
重来父老喜我在，扶挈老幼相遮攀。
当时襁褓皆七尺，而我安得留朱颜。

问今太守为谁欤，护羌充国鬓未斑。
躬持牛酒劳行役，无复杞菊嘲寒悭。
超然置酒寻旧迹，尚有诗赋镵坚顽。
孤云落日在马耳，照耀金碧开烟鬟。
郑淇自古北流水，跳波下濑鸣玦环。
愿公谈笑作石埭，坐使城郭生溪湾。

苏轼的行船绕山东半岛而行，元丰八年（1085年）十月十五日到达登州。到登州后，苏轼照例写了一份《登州谢上表》，便投入到了工作当中。

苏轼一生忧国忧民，不论是在贬谪期间还是在任职内，都未曾改变心系天下苍生的赤诚之心。登州是沿海地区，“地瘠民贫，商贾不至”，苏轼千里迢迢上任后，马上深入民间了解情况。他发现，登州百姓深受“榷盐法”之苦。这一带百姓靠海吃饭，大多数人家是以煮盐换钱为生的“灶户”，自从朝廷颁布实施“榷盐法”，推行食盐专卖制度后，灶户生产出来的盐必须卖给官府，不准私自出售。可官府收购的价钱低得连直接卖给百姓的三分之一都不到，许多灶户被逼无奈，只能破产，背井离乡，外出逃荒。而老百姓从官府买盐，价格又非常昂贵，导致普通百姓吃不起盐，官府囤积的食盐“有入无出”，“一二年间即化为粪土”，主管官吏还要因此受到惩罚。苏轼认为，食盐官卖不仅国家得不到一点好处，老百姓也深受其害。苏轼毅然向朝廷递呈了奏折《乞罢登州榷盐法》，力陈罢行榷盐法的利害得失，皇帝收到奏折后，看罢立即予以准奏。

苏轼还走访了登州城北的水军营地——刀鱼寨，刀鱼寨是防御辽国的重要军事基地。这里原来设有四位指挥官，教习水战。辽国知道登州有所准备，所以一直不敢来侵犯。渐渐地，水军开始麻痹起来，而且四位指挥官轮番出差，也不再演习水战了，士兵还时有外调的现象。苏轼了解情况后深感不安，觉得这样下去非常危险。在上任后的第五天，他又向朝廷递上了《登州召还议水军状》的奏折，向皇帝直陈登州武备松懈的现象，建议改变当地军事部署，加强登州边防，以保国家安全。

苏轼到登州任上仅仅五天，就敏锐地发现了有关军政与财税的两大弊政，先后两上奏折，一惠民，一忧国。正当他准备大展宏图，尽心尽力为登州百姓办实事时，又接到朝廷的诏命，任命他为礼部郎中，限期赴任。苏轼不得不收拾行囊，再次携全家踏上征程。

对苏轼来说，登州可谓来去匆匆。在这短暂的时间里，苏轼却有幸见到了海市之境。罕见的冬季海市蜃楼持续了整整一天，到黄昏时才渐渐散去。看着这繁华的海市绚然而来，又倏然而去，苏轼一瞬间顿悟了人世间的无常。所谓的荣华富贵，宠辱得失，不过都是幻境泡影，过眼云烟。怀着这样平静超然的心情，苏轼踏上了回京的路途。

第六章　浓妆淡抹总相宜

01. 连升六级

元丰八年（1085 年）十二月十五日，苏轼一家抵达京城。苏轼安顿好家眷，立即入朝就任礼部郎中一职。这一切，都仰仗高太后对他的赏识。

宋朝很幸运，接连出现了几位贤德的皇后。苏轼也很幸运，先后得到了三位皇后的庇佑。

“乌台诗案”中，仁宗的曹皇后在弥留之际，将皇孙神宗叫到病榻前，叮嘱他说：“当年仁宗在科举考试中得到苏轼、苏辙两兄弟，高兴地对我说：‘皇后，我替子孙觅得了两个宰相之才。’现在苏轼入狱，你怎知不是仇人中伤呢？就算他的诗有些言语上的不当，也只是小过错，万不可伤了朝廷的中正平和之本。”神宗遵照祖母的遗嘱，加上众大臣的力保，苏轼的性命才得以保全。

如今神宗病逝，年幼的哲宗即位，宋英宗的高皇后被尊为太皇太后。因为九岁的哲宗还年幼，群臣奏请高太后垂帘听政。为了稳固朝政，顾全大局，五十四岁的高氏以太皇太后的身份垂帘听政，开启了元祐新纪年。她不但让司马光复位，废止了王安石的一切新法，苏轼也得到了迅速的提升，由登州召回京师任职礼部郎中。

苏轼任礼部郎中不到十天，又接到朝廷新的诏令，被迁为起居舍人。

起居舍人与礼部郎中都是从六品官职，重要性却有所不同。北宋自“元丰改制”以来，门下省的起居郎、中书省的起居舍人恢复了原来的职能，共同担任着修起居注的职责，共同记录皇帝的言行，所以又被称为左右史。皇帝临朝时，起居郎与起居舍人分别侍立两侧；皇帝外出时，要随侍左右。凡是礼乐法度的因革损益、文武百官的任免赏罚、群臣进对、祭祀宴享、临幸引见，以及四时气候、户口增减、州县废置等朝廷所有大小事务，起居舍人都参与其中。

好运气来了似乎什么都挡不住。苏轼从一个四处漂泊，被贬谪的戴罪之身，一跃成为众人艳羡的起居舍人，这是多少人梦寐以求的职位。但已经经历了官场起起伏伏的苏轼，深感自己现在的急剧得势并不是什么好事。看淡名利与仕宦的他，一连写了两道奏折，对这一职位请辞不受。

《辞免起居舍人第一状》：

右轼准阁门告报，已降告命，除臣依前官守起居舍人者。臣受材浅薄，临事迂疏。起于罪废之中，未有丝毫之效。骤升清职，必致烦言。愿回虚授之恩，庶免素餐之愧。所有告身，不敢祗受。

《辞免起居舍人第二状》：

> 右臣近奏乞辞免起居舍人恩命，准尚书省札子奉圣旨不许辞免者。天威在颜，不违咫尺。父命于子，惟所东西。况滋久废之余，敢有不回之意。伏念臣受性褊狷，赋命奇穷。既早窃于贤科，复滥登于册府。多取天下之公器，又处众人之所争。若此而全，从来未有。今者出于九死之地，始有再生之心。危迹粗安，惊魂未返。若骤膺非分之宠，恐别生意外之忧。纵无人灾，必有鬼责。伏望圣慈，廓天地包函之量，携父母爱怜之心。知其实出于至诚，止欲自处于无过。追还新命，更选异材。使之识分以安身，孰与包羞而冒宠。再伸微恳，伏俟重诛。所有告身，臣不敢邸受。

苏轼写了奏表请辞，又专程到宰相府当面提出辞呈，但最终都没有得到批准。无奈之下，苏轼只好怀着超然与平静的心态去赴任。

苏轼任起居舍人不满三个月，板凳还没坐热，又接到一纸诏令，元祐元年（1086年）元月，朝廷传下谕旨，任命苏轼为四品中书舍人，免试赴任。中书舍人这一职位，因主管中书省六房[1]，参与起草有关诏令及朝廷各部官员的选拔与任免，尤显重要。苏轼此时的地位已相当显赫，宋朝自开国以来，被免试任命这一职位的只有陈尧佐、杨亿、欧阳修三人。如今，苏轼也位列其中，可见太后对他的宠爱和重视。苏轼仍是上表请辞，与上次一样，他的请辞依旧未被批准。

---

① 六房：吏、户、礼、兵、刑、工。

苏轼任中书舍人，草拟了几次圣旨，其中有一道，是虢夺李定官职，命他依照礼法，将之前隐瞒未报的母丧重新按三年居守。还有一道是贬谪吕惠卿，苏轼虽然不能决定圣旨的内容，但措辞结构却是由他来完成。对于吕惠卿这种奸佞小人，疾恶如仇的苏轼写道："使于知己，共为欺君，喜则摩足以相欢，怒则反目以相噬。"这年四月，王安石去世，苏轼必须以皇帝的名义草拟一份圣旨，对王安石生前的生活和品格加以赞美，并追赠"太傅"荣衔。这道圣旨要求措辞必须巧妙，要寓贬于褒。苏轼在草拟时，表面看是赞美王安石富有巧思，实际是指他妄自尊大，欺人欺己。苏轼说："网罗六艺之遗文，断以己意；糠秕百家之陈述，作新欺人。"在最后，苏轼写道："胡不百年，为之一涕。"读到的人不知道这是在赞颂王安石还是在诽谤他。

到了九月，苏轼又奉诏荣升，官居翰林学士，知制诰。翰林学士知制诰是正三品的官职，负责承命撰写有关任命将相大臣、册立皇后、太子等重大国事的文书，以及与周边国家往来的国书等，还可以参与对大臣奏章的批答，再往上升就是宰相了。实际上，翰林学士知制诰就是皇帝身边最亲近的顾问兼机要秘书。这一职务一直都是由名气最高的学者来担任，在苏轼之前，只有欧阳修、王安石、司马光等少数人担任过。宋朝宰相为二品，一品几乎没有颁赠过。翰林学士知制诰虽然比宰相低一级，但因为能比宰相更亲密地接近和影响皇帝，重要性不亚于宰相。此时的苏轼，已经接近了权力的顶峰。皇太后亲自命人将任命诏书送到苏轼家中，同时颁赠的还有一件官服、一条金带、一匹白马、一套镀金的缰绳以及鞍鞯上的各种搭配饰物。皇帝的赏赐，代表着一种尊荣，换作别人会高兴得忘乎所以，可苏轼在感激皇家知遇之恩的同时，却倍感压力。早已看透官场起伏、淡泊名利的他，只想安安静静地真正做点事情，不想再卷入官场的纷争当中，也不想成为别人眼红、嫉妒的对象。苏轼再次写了《辞免翰林学士状》，呈递给皇帝，可皇帝对他的辞呈还是不予批准。

苏轼从元丰八年(1085年)六月下旬迁任登州到元祐元年(1086年）九月荣任翰林学士知制诰，在一年多的时间里连升六级。这一连串的升迁，让经历了宦海浮沉的苏轼深深感到不安，在屡次请辞不准的情况下，他只好欣然接受。

翰林院办公的地方靠近皇宫北门，也算是皇宫中的一部分了。翰林的工作几乎都是在晚上，通常情况下，翰林是单日夜里在宫院值班，草拟圣旨，双日的时候发布。每到黄昏，苏轼就顺着皇宫的东墙进去，直到内东门，那里有专门为他准备的一间屋子，与皇帝的住处相连。

翰林办公时被称为“锁禁深夜”。有时候无事可做，漫漫长夜，苏轼只能凝望着燃烧的红烛，在火焰的明灭中，静听宫漏的声音划破寂静。有时皇太后也会派人给苏轼送来热酒，抵御夜晚的寒凉。而那些要发布的诏令，一般都是由皇太后口述，苏轼再用典雅庄重的文体写出来，第二天再以皇帝的名义对外颁布。苏轼在任翰林学士知制诰期间，拟了大约有八百道圣旨，都收录在他的全集中。苏轼所拟的圣旨，不但文字上严谨工巧，而且用典妥帖。那些例证譬喻对苏轼来说驾轻就熟，毫不费力。在苏轼离开后，另一个姓洪的人接替了他的位置。洪翰林自认文采斐然，他曾问当年侍候过苏轼的老仆人，他的文采比苏轼如何？老仆人回答说：“苏大人写的并不一定比大人写得好，只是，苏大人从来不用查书。”

皇太后曾经问苏轼：“你知道自己为什么升迁得如此之快

吗？”

苏轼毕恭毕敬地回答道：“仰仗太后的恩典。”

太后说：“这与老身无关。”

苏轼心下暗自思忖道：“那一定是皇上的恩典。”

“与皇上也无关。”

苏轼听了颇觉迷惑，说道：“那就是有老臣推荐。”

皇太后说：“与他们也没关系。”

苏轼呆呆地站在那里，不知道到底是什么原因。片刻后，他凛然说道：“臣虽不才，但从没有运用关系为自己谋得一官半职。”

皇太后见苏轼误会了她的意思，就说：“这事我早就想对你说，这是神宗皇帝的遗诏。先帝在世时，每当用膳时就举箸不下，大家都知道，他是在看你写的文字。他常常说起你的才华，一直都在想着怎么用你，可惜啊，他的愿望还未实现，就崩逝了。”

皇太后为了让苏轼尽忠尽职辅保幼主宋哲宗，常常赐给苏轼一些礼品。苏轼如今的地位让一些小人很是眼红，嫉妒一旦烧成红炭就会烫人。苏轼此时左右为难，他一面为了报答神宗和皇太后的知遇之恩，努力辅佐新皇帝，另一面又对政客们的嫉妒深恶痛绝。

宋哲宗元祐二年（1087 年）八月，苏轼又兼任了经筵侍读。经筵，是汉唐以来为帝王讲经论史特设的御前讲席。宋朝开始称经筵，主讲官由翰林学士或其他德高望重的官员担任或兼任。宋朝时以每年二月至端午节、八月至冬至节为讲期，每逢单日入侍，轮流讲读。这一职位也相当于皇帝的老师，几乎是儒臣接近皇帝，影响其行为、涵养其德行的唯一机会，自然受到特别的重视。苏轼很喜欢这份兼职，致君尧舜是中国千百年来传统知识分子的最高理想，能够成为皇帝的老师，也是自身价值和学识的体现。此时，哲宗皇帝年仅十岁，还是一名顽童，摄政的高太皇太后对苏轼又极其尊崇，在大家眼中，苏轼位极人臣已经不远了。

02. 治丧结怨

高太后对苏轼的重用，让他平步青云，仕途一路顺畅。

高太后是支持旧党的，苏轼又因反对新党变法而锒铛入狱，遭到贬谪流放，现在旧党当权，又有太后的垂爱，苏轼的前途按理说应是一片光明。可是，生性耿直的苏轼，不但具有文人的傲骨，还有着坚持正义、不随波逐流的品性。在废止新法的事情上，他没有舍弃人品中的正直与忠善，反倒因反对旧党对新法的全盘否定而成为众矢之的。

苏轼之所以令后世推崇和敬仰，皆因他刚正不阿，不论身居何职，身在何处，都能抛弃一己私利，为天下苍生着想，坚持公正、乐观、豁达的人生态度。在涉及百姓利益的时候，他会据理力争，而不会为了保全自己去逢迎当权派。为此，苏轼得罪了许多人。像他这样保持着清正的政治思想，真正为国、为民做实事的人，是不适合在庸碌腐败的官场的。苏轼从小树立的高远理想，在尔虞我诈、拉帮结派的现实政治环境中被撞得粉碎。而他又不肯忍韧，对那些看不惯的人和事常语含讥讽。虽然弟弟苏辙经常提醒他要谨言慎行，可江山易改，本性难移。回到京城任职不久，苏轼就再一次成为大家谈论的焦点，并且成为旧党的眼中钉、肉中刺。

苏轼刚担任起居舍人时，就与重新掌权的司马光因新法的废止产生了分歧。司马光一派废除了王安石时期的一切新法，这种一刀切的做法，让苏轼很是反感。苏轼虽然在王安石刚刚推行免役法时，也曾激烈地反对，但在他担任地方官后，从多年与底层百姓打交道所积累的实践经验中认识到，原来认为不可取代的差役法，早已是贪官污吏用来欺压百姓的借口。而新推出的免役法，虽然称不上尽善尽美，但是，它让老百姓真正获得了好处。它的有钱出钱，有力出力原则，避免了百姓受到官吏的盘剥。同时，在国家常备军队的组建、加强军队战斗力等方面也有明显益处。

北宋开始实行的差役法，军队是由轮流当差的农民组成的，非常不专业，造成了北宋军事力量的薄弱。免役法纠正了差役法的错误，让部队恢复了专业性。虽然在实施当中不可避免地增加了农民的负担，但是，也令国家的税收和军事力量有所增强，利还是大于弊的。苏轼认为，在国家处于大辽、西夏两大强敌虎视眈眈的情况下，废除免役法无疑是亡国之道。在他看来，对国家、对百姓没有益处的可以废止，而像免役法等受百姓欢迎、对国家有益的，应该予以保留。尽管苏轼当初因为反对新法而蒙受了极大的苦难，甚至颠沛流离，但他完全摒弃了个人的好恶，而是真正从利国利民的客观角度来思考问题。

旧党没有想到，在扳倒王安石的新党后，苏轼会成为免役法的大力维护者。而实际上，苏轼对司马光的学识和人品都十分敬重，也特别感激司马光对自己的提携。他和那些有识之士一样，盼着司马光能重返朝堂，重新执政，给国家和人民带来安定和富强。苏轼从登州返京后，第一次面见司马光时，就把自己多年来对新法利弊的真知灼见和盘托出。他希望自己从现实中获得的经验教训，能够对司马光的执政有所帮助，让他在处理免役法的存废问题上有所慎重。可是，司马光对新法的成见，让他固执己见，听不进苏轼的忠言，更看不到免疫法的好处。不管苏轼怎么说，司马光始终板着面孔，一言不发。偏偏苏轼不合时宜，又公开在朝堂之上陈述自己的反对意见。苏轼的做法无异于公然与司马光作对，司马光铁青着脸，对苏轼的辩说置若罔闻。这让苏轼极为愤慨，退朝回家后，依然难平胸中的怒火，气冲冲地边换衣服边连声怒骂："司马牛，司马牛！"

苏轼没想到，司马光会重蹈王安石的覆辙，在处理国家大事上也是刚愎自用、独断专行，这令他非常担忧。为了证明免役法能给国家和人民带来益处，苏轼起草了《论给田募役状》一文，阐述了当年在密州推行免役法时便民的经验，准备上奏朝廷，以供参考。

就在这时，重新为相仅八个月的司马光，于哲宗元祐元年（1086年）九月初一日病逝。那天，正好也是神宗的灵位送入太庙的斋戒之日。依照礼数，要举行盛大的典礼，文武百官都要参加。神宗的灵位要在庄严肃穆的礼乐声中安置于太庙，同时，朝廷举行大赦，罢朝三日。

司马光的灵柩停在灵堂里，大臣们和他生前的好友本来应该前去祭拜，并且吊丧者应当痛哭几声才是。可偏巧赶上送神宗的灵柩入太庙，全体官员遵礼都去斋戒了，反倒没能第一时间吊祭去世的宰相。

司马光的丧礼是由理学大师程颢的弟弟程颐主持的。

程颐是洛阳人，世人称其为伊川先生，也被称为"洛党"领袖。程颐与哥哥程颢一起，师从北宋理学代表人物、理学的创始人周敦颐。英宗、神宗在位时，大臣们屡次举荐程颐，但他始终不肯出仕，只是授徒讲学，门人弟子遍布朝野，对当时的学术界有着深远的影响。程颐为人不但拘谨刻板，而且自命不凡，常常搬出三代古礼，不容变通，处处讲存天理，灭人欲。程颐这种刻板认死理的人，与苏轼的洒脱豁达、不拘小节自然有着天壤之别。正因此，在司马光的丧礼上，率性的苏轼与古板的程颐产生了不愉快。

程颐作为著名的理学家，完全遵照古礼来操办司马光的丧事。按当时的习俗，死者的亲人要站在灵柩一侧，向前来灵前吊唁的客人还礼，这种习俗已经有数百年的历史了。但是，程颐却认为那习俗不符合古礼，禁止司马光的儿子站在灵柩一旁，向前来吊祭的人还礼。他的理由是，孝子如果真孝，应该是悲痛得不能见客才是。

那天，朝廷文武百官参加完太庙的大典仪式后，在苏轼的带领下，众人正要赶往司马光家中去吊唁已故的宰相，却被因有事也要前往相府的程颐拦住，程颐说："子于是日哭，则不歌。"程颐的意思是说，早上大家刚在太庙唱过歌，听过奏乐，怎么可以在同一天去吊丧哭泣呢？这违背了孔子的话。如果在一天内参加了葬礼等悲伤的活动，就不能再参加一些喜庆的活动，这在礼节上是不允许的。

到了相府门前，程颐拦着大家不让进门，说："你们没念过《论语》吗？'子于是日哭，则不歌。'"

众人纷纷与程颐争辩说："《论语》上并没说子于是日歌，则不哭。"大家认为，孔子说参加了悲伤的活动不能参加喜庆的活动，但并没说参加了喜庆的活动就不能参加悲伤的活动了。程颐据理力争，坚决反对大家入内。苏轼本来就反对这些酸腐的繁文缛节，他不顾程颐的反对，率领大家进了门。

大家站在灵柩前面向逝者行礼，在离去之时都依照习俗以袖拭目。苏轼没有看到司马光的儿子出来接待客人，就向一旁的仆人询问，才知道，是程颐不让出来，说是于古无征。苏轼忍不住说道："伊川可谓鏖糟陂里叔孙通。"大家听了哄堂大笑，程颐窘得满面通红。叔孙通是秦汉时候的儒生，刘邦打败项羽，得了天下，做了皇帝，需要有人为他制定规矩。叔孙通就为刘邦定了一整套朝廷上上下下的规矩，所以叔孙通是汉朝的一个大儒，是汉朝的开国大臣。鏖糟陂则是开封府郊区的一处沼泽地，这话听起来像夸人，实际是骂人。意思是从脏乱之地而来的冒牌叔孙通，再直白一点儿呢就是骂他土鳖。此言一出，一针见血，入木三分，极为恰当。不论程颐还是苏轼自己，对这句挖苦讥讽之言都毕生难忘。

这番话，表面上看只是同事之间的口舌之争，无关大体，不过是苏轼与程颐两个人在思想、志趣和性格上的差异，但是，程颐是皇上的老师，是有头有脸的人物，被苏轼如此羞辱，怎能不怀恨在心。从此，苏轼与程颐结了怨，也留下了无穷的后患。正是这一句话，拉开了"洛蜀党争"的序幕。

就在大家争执之时，皇帝和太后也乘坐龙车凤辇前来吊唁司马光。在灵前，皇帝和太后为失去国家的栋梁而悲伤落泪。

司马光之丧是朝廷赋予大臣最高的荣耀，他的遗体上盖着皇帝赏赐的水银龙脑。另外又赏赐白银三千两，绸缎四千匹，家中有十人被赐予官职，朝廷还派两名官员护卫司马光的灵柩返回故里。

哲宗元祐二年（1087 年）二月初，朝廷下诏，罢黜一切免役钱，随后成立了负责研究役法改定的专门机构——详定役法所，苏轼也位列其中。此时，朝堂之上已被司马光旧党统领，没人敢再发表不同的声音。苏轼没有料到，和自己曾经并肩一起战斗的同僚，与王安石的新党没什么两样，也是容不下不同的声音存在。这样的政治氛围让苏轼深感苦闷，他将心中积郁化作诗行，写下了《送吕行甫司门倅河阳》：

结交不在久，倾盖如平生。识子今几日，送别亦有情。
子生公相家，高义久峥嵘。天才既超诣，世故亦屡更。
譬如追风骥，岂免羁与缨。念我山中人，久与麋鹿并。
误出挂世网，举动俗所惊。归田虽未果，已觉去就轻。
河阳岂云远，出处恐异程。便当从此别，有酒无徒倾。

苏轼厌倦了这种争权夺势的生活，一再请求辞去详定役法所的差事，并要求离开京城出任地方官，但都没能获得朝廷的批准。

03. 京城生活

苏轼回到阔别十多年的京城后，随着官职的连续升迁，全家人的生活也比贬谪黄州时的穷困潦倒好了几倍。

之前苏家在京城的那栋老房子，在苏轼贬谪黄州时，为了缓解生活的贫困卖掉了。而今，他在百家巷又买了栋房子。新住宅离东华门很近，每到黎明，文武百官都要从东华门进宫上早朝。

苏轼的新住宅是个寸土寸金的闹市区，因其繁华，各种商铺和饭馆都开在这条街上。他们家四周是珠宝店、绸缎庄、药铺、酒楼……各种奇珍异宝、物产精华都陈列在这条街上。与黄州贫瘠的田园生活相比，简直一个天上，一个地下。此时，苏轼的大儿子苏迈已经去江西任德兴县尉了；两个小儿子苏迨和苏过留在京城，一个十七岁，一个十五岁；苏夫人王闰之和侍妾王朝云如今告别了颠沛流离的日子，也可以安享生活的快乐了。

苏轼的收入远远高于京城其他平级的官员，因为他除了三品文官的待遇外，还有撰写内外制所得的润笔钱。苏轼完全有条件好好享受一番京城的繁华生活，可他却和以往一样，照常练他的气功，醉心于养生之道。这么多年的宦海浮沉和在黄州的参禅礼佛，早已让他看透一切，超然物外了。

身为翰林，苏轼每隔一夜就要值宿在宫中。不论在宫中还是在家中，他都在黎明时起床，先梳头发一百次，再穿上官衣官靴，然后再躺下小睡片刻。在苏轼看来，天下没有什么事可以媲美那种小睡之美。待到上朝的时间一到，他穿戴整齐，骑上镀金鞍的白马，出门直奔东华门而去。

早朝一般在上午十点钟都已完毕，如果没有特殊的事情需要处理，苏轼就可以自由支配时间了。这时的他如果没有交往应酬，就会带着妻儿去逛店铺买东西。相国寺就在他家附近，寺内挤满各种商贩，有卖扇子、刀剪的，也有卖珍品、古物、字画、拓片等东西的。有时，苏轼会带着全家人去逛东城的商铺，在那里理发、买盆花、买只鸟或买个笼子，一天的时间就这样在不知不觉中打发过去了。有时一家人也会穿过朱雀门到外城去，那里还有一大片住宅区，孔庙和国子监都在南外城，再往远处就是各式各样的道观了。他们一家游逛回来后，有时会在汴梁最好的酒馆“台楼”吃饭。“台楼”进门后，会看到在走廊下站着一排等着顾客召唤去陪酒的歌伎。男孩子跟着家人进去，眼睛或直视前方或盯着地上，是不敢乱瞅的。有时，苏轼一家人也走南门街，去逛京城著名的唐家珠宝店，买上几件温州的漆器，或是在报慈寺那条街的药铺里抓点儿上好的草药。

事实上，苏轼对京城奢侈豪华的生活并不太在意，因为与简单朴素的生活相比，苏轼心中的幸福指数并没有什么不同。一个能力超凡的人，一旦过足了官瘾，做高官的快乐不一定比做个丰收的农夫快乐多少。苏轼在哲宗元祐三年（1088 年）八月五日记的一则杂感“乐苦说”中，表达了他的这种观点：

> 乐事可慕，苦事可畏，此是未至时心耳。及苦乐既至，以身履之，求畏慕者初不可得。况既过之后，复有何物比之，寻声捕影，系风趁梦，此四者犹有仿佛也。如此推究，不免是病，且以此病对治彼病，彼此相密，安得乐处，当以至理语君，今则不可。
>
> 元祐三年八月五日书

这篇篇幅极短的杂感，鲜明地表达出了苏轼严谨的思维和豁达的襟怀。苦与乐概括了一切人生经历，畏苦、慕乐是人之常情。苏轼针对这一点，以其独特的人生体验，揭示出苦乐未至、苦乐既至以及苦乐既过的三种情形。指出畏苦慕乐只是人们没有经历苦乐之前的心态，在苦乐既至和既过之后，这种心态都会不复存在了。由此推究出畏苦慕乐“不免是病”，这两种欲念交织在心中，人生便没有了快乐。反之，人只有超脱畏苦慕乐的欲念，才能获得真正的人生快乐。

身处京城的苏轼，早已参透浮华如过眼烟云、一切皆空的佛理禅宗。对他来说，佛道思想已不再是脱离思想意识之外的理论工具，也不再是用来排忧解闷、聊以自慰的精神寄托，而是他生命中的组成部分。与他骨子里的儒家思想融会贯通、相辅相成，已然构成了他旷达超逸的强大内心世界。因此，当他面对回京后的顺畅仕途、顺遂生活、身处的满眼繁华以及美女如云等巨大诱惑时，没有丝毫的沉溺和迷恋。环境的改变并没有让苏轼迷失自我，他依旧过着恬淡简朴的生活。

在苏轼回到京城任职不到一个月的时候，弟弟苏辙也以秘书省校书郎的官职，被朝廷召回，于哲宗元祐元年（1086 年）正月下旬抵达京城。回朝不久，苏辙又改任左司谏。和苏轼一样，在此后的几年里，苏辙不断升迁，历任起居郎、中书舍人、户部侍郎、翰林学士知制诰、御史中丞等职。哲宗元祐六年（1091 年），苏辙官拜尚书右丞，第二年再迁为门下侍郎，即为副宰相。

苏轼、苏辙兄弟二人自从为官踏上仕途，总是天各一方，聚少离多。如今相聚京城，同朝为官，两家的走动自是十分亲密，这也是兄弟俩一件大喜事。

苏辙的府邸在城西，与苏轼家两家既相互照应，又彼此独立。每当退朝后，苏辙总是要顺道去哥哥家里小坐一会儿，有时与苏轼对饮闲聊，有时看看侄儿们读书作文，习字临帖。苏轼在这种手足之情与天伦之乐中，享受着精神上的极大满足。

哲宗元祐元年（1086 年）春末，苏轼以中书舍人侍读迩英阁。这年的秋末冬初之时，苏辙也以起居郎的职位相继入侍。迩英阁在崇政殿西南方向，是侍读给皇帝讲课的地方。这里环境优美，冬暖夏凉，阁前有两株盘根错节、状如龙蛇的百年古槐，被人称为凤凰槐。大臣们能在迩英阁陪皇帝听讲，也是一种身份和地位的象征。苏轼、苏辙两兄弟同时荣膺此列，在当时的朝堂之上被奉为美谈，苏轼内心也是十分荣耀，他曾在《轼以去岁春夏，侍立迩英，而秋冬之交，子由相继入侍，次韵绝句四首，各述所怀》中写道：

瞳瞳日脚晓犹清，细细槐花暖自零。
坐阅诸公半廊庙，时看黄色起天庭。

苏轼、苏辙两家人团聚京城，只有苏轼的长子苏迈远在江西为官，元祐元年（1086 年）六月，苏辙上表启奏《乞兄子迈罢德兴尉状》。不久，苏迈便解除江西的职务，带着妻小回到京城与家人团聚。苏轼享受着三代同堂、儿孙绕膝的快乐，家里也更加热闹了。

八月，苏迈被任命为位于京城西北九十里处的酸枣县县尉，既能做官，又可以经常回家照顾父母。人们不无羡慕赞叹，苏轼兄弟的好朋友，人称“临江三孔”[①]的老二孔武仲曾写诗赞道：

酷暑日逾退，凉风生早秋。
翩翩苏公子，一官不远游。

---

① 临江三孔：孔文仲、孔武仲、孔平仲三兄弟，三人在北宋文坛颇有名气。黄庭坚说：“二苏联璧，三孔分鼎。”

仕养两得意，人生复何求。
骏马如飞星，锦带垂吴钩。
到邑罍讼少，官闲吏兵休。
还当有佳吟，吟到黄河头。

此时，年近弱冠的苏迨，承蒙皇上和高太皇太后的恩典，赐官承务郎。承务郎为文散官第二十五阶，相当于校书郎的官职。当时，欧阳修的两个儿子欧阳耒、欧阳辩都在京城为官，苏轼兄弟与他们相交甚好，常常一起出游欢宴。当苏轼得知欧阳耒的女儿与苏迨年纪差不多，性格气质也有很多相似之处时，便有了做儿女亲家的想法。苏轼特意择了一个吉日，正式到欧阳府上拜见师母欧阳老夫人，为苏迨提亲。老夫人一听非常高兴，觉得孙女能嫁到苏家，可谓门当户对，是最好的归宿了，既有师友之谊，又成为儿女亲家，可谓两全其美，当即便把婚事定了下来。

苏轼的小儿子苏过当时正值少年，是读书上进最好的年纪。苏轼有时公务繁忙，顾不上苏过的学习，就请苏辙的女婿王适来做指导。在苏轼的三个儿子中，苏过天资聪颖，性情最像苏轼，不但幽默风趣，而且喜欢吟诗作文。在苏轼看来，将来能继承他翰墨文章的人非苏过莫属。苏轼对这个聪明伶俐的小儿子多了几分偏爱，百忙之中，常常抽出时间悉心调教，教苏过体会辨别诗句的优劣，学习写诗作文的技巧。在苏轼的言传身教下，苏过进步非常快。

04. 谈书论画

宋朝是中国历史上商品经济、文化教育、科学创新高度繁荣的时代。集中国现代历史学家、古典文学研究家、语言学家、诗人于一身的陈寅恪曾说：“华夏民族之文化，历数千载之演进，造极于赵宋之世。”在西方与日本的史学界中，也有学者认为宋朝是中国历史上的文艺复兴与经济革命时期。宋朝可以说是官僚的乐园，在宋朝，一名中级官员的俸禄已经相当可观，三、四品以上的重臣，待遇就更加优厚了。

经济的发展，城市的繁荣，加上朝廷的重文轻武，涵养了士大夫的才气。宽松的环境，使得宋朝的文艺达到了空前的繁荣。此时的苏轼，随着高官厚禄加身，早已没了生活之忧，他在艺术上的才华，也得到了充分的展现。

苏轼除了写诗作文，他的才华还体现在书画上。他不但自创了有名的“墨竹”，还开创了中国文人书画，扛起“尚意”书风的大旗。尚意书风突破了唐代书风以理性为主、强调法则的审美原则，提倡以情为主，重主观、尚个性，从人的内在精神表现上探讨书法艺术的审美本质，强调创作主体的人品、学养；注重个人意趣的自由抒发；并强烈地要求摆脱法的束缚、摆脱理性的规范，从而创造新的书风。“尚意”书风要求的表现学识、强调人品、注意表现个人意趣、要有强烈的创新意识这四点，在苏轼、黄庭坚、米芾的书法及其书学思想中，都得到了充分的体现。

宋代的书法艺术在中国书法史上有着重要的地位，书法从尚法发展到尚意，其审美原则也由唐代那种侧重外在骨势的壮美理想，转化为对内在韵味的追求，表现了宋代文人在当时人文背景下所具有的个人意趣。其中最主要的实践者就是苏轼、黄庭坚、米芾、蔡襄四人。盛时泰[①]《苍润轩碑跋》中说：“宋世称能书者，四家独胜。然四家之中，苏蕴藉，黄流丽，米峭拔，而蔡公又独以浑厚居其上。”

苏轼曾经遍学晋、唐、五代书法名家之长，他将王僧虔、徐浩、李邕、颜真卿等名家的创作风格融会贯通后自成一家。“我书意造本无法”“自出新意，不践古人”。苏轼一生命运多舛，屡经坎坷，这也促成了他书法风格的跌宕，最后归于自然，“天真烂漫是吾师”。《寒食诗帖》是苏轼行书的代表作，在诗作书法中，“无意于佳乃佳”，通篇书法起伏跌宕，光彩照人，气势雄浑奔放，在书法史上有着巨大的影响，被称为“天下第三行书”。

苏轼回到京城任职，与他唱和交往最密切的，除了他的门生之外，还有王诜、李公麟、米芾等书画朋友。

黄庭坚作为苏轼的门生，两人都是当时知名的书法家，经常在一起谈论书法。一次，苏轼评论黄庭坚的书法说：“鲁直近字虽清劲，而笔势有时大瘦，几如树梢挂蛇。”黄庭坚反唇相讥地说：“公之字固不敢轻议，然间觉褊浅，亦甚似石压蛤蟆。”说罢，二人相对而视，哈哈大笑起来。这种直击要害所在的坦率风气，实在是非常难得。

米芾此时也在京城，担任太学博士。他气宇轩昂，傲骨天成，不仅书法自出新意，所画山水树木也是恣意挥洒，不求工细但求

① 盛时泰，字仲交，号云浦，晚号大城山樵，上元（今江苏南京）人。明代诗文家、史学家、画家。

神似，世人称之为“米家山水”。

米芾曾经专程去黄州拜访过苏轼，元丰五年（1082年）三月，米芾卸任长沙掾，经黄州回京城候补。当时，苏轼遭遇“乌台诗案”后被贬谪为黄州团练副使，米芾专程前往东坡雪堂拜访求教。苏轼作墨竹，从下一直起至顶，运思清拔。米芾问道：“何不一节一节画呢？”苏轼回答说：“你什么时候看见竹是一节一节长来着？”又作枯木、怪石，枝干虬曲无端，石皴硬，米芾有《题苏东坡木石图》诗：

四十谁云是，三年不制衣。
贫知世路险，老觉道心微。
已是致身晚，何妨知我稀。
欣逢风雅伴，岁晏未言归。

米芾在《画史》中说：“吾自湖南从事过黄州，初见公（苏轼）酒酣曰：‘君贴此纸壁上’，观音纸也，即起作两竹枝、一枯树、一怪石见与。”苏轼曾在《偃松图》上自题云：“怪怪奇奇，盖是描写胸中磊落不平之气，以玩世者也。”苏轼笔下的枯木怪石，反映了他壮志未酬、积压在胸中的郁结，淋漓尽致地抒发了他胸中的抑郁与不平之气。米芾向苏轼请教画竹的技法，苏轼也对米芾的书法给予了高度的评价，并提出了学习晋人的建议。米芾曾说：“学书贵弄翰，谓把笔轻，自然手心虚，振迅天真，出乎意外。”又说，“心既贮之，随意落笔，皆得自然。”这“天真”“自然”“意外”都是笔墨与情感，形与神的高度统一，有着意想不到的天然情趣。米芾的“真”论，不仅与苏轼、黄庭坚的艺术思想相吻合，而且也是尚意书风审美情趣的高度总结。

李公麟是苏轼回到京城新交的朋友，字伯时，号龙眠居士、龙眠山人，熙宁三年（1070 年）进士。他生长于书画世家，见多识广，博学多才，与王安石、苏轼、米芾、黄庭坚都是至交好友，并且是驸马王诜的座上客。李公麟作画无以计数，人物、史事、释道、仕女、山水、鞍马、走兽、花鸟无所不能，无所不精，尤擅画马。他曾为王安石画过像，形态逼真，后来被藏于金陵定林庵。李公麟也曾经为苏轼画了一幅画像，至今仍然流传于世。画中的苏轼乌帽道服，轻松地斜坐在石头上，左手拿着一根藤杖，横置膝前，眉目细长，神情疏朗，甚至右颊上的几颗黑痣都清晰可数，黄庭坚说："极似子瞻醉时意态。"

苏轼经常与这些书画名家相聚，一起游山玩水，诗酒流连。遇到美景，会一边饮酒赋诗，一边作画。苏轼最爱澄心堂的纸，宣城的诸葛笔或鼠毫笔，歙州的墨、砚，并因此与潘谷结下了"翰墨情缘"。潘谷是歙州人，制墨精妙，有"墨仙"之称，他所制的墨被称为"潘谷墨"。苏轼曾在《孙祖志寄墨》诗中赞道：

徂徕无老松，易水无良工。
珍材取乐浪，妙手惟潘翁。
鱼胞熟万杵，犀角盘双龙。
墨成不敢用，进入蓬莱宫；
金笺溅飞白，瑞雾索长虹。
遥怜醉常侍，一笑开天容。

苏轼与文朋画友们饮酒泼墨，常常是一个人画完一幅画，另外那些人在上面写几首诗作为评语，或写上大家刚刚说过的几句戏言。有时苏轼和李公麟会合作画上一幅，苏轼画石头，李公麟就画柏树，苏辙和黄庭坚则在上面题词。这种洋溢着浪漫与自由气息的创作氛围，让苏轼的才思得到了很好的发挥，创作了大量的题画诗。

一天，苏轼在晁补之家中欣赏表兄文与可的一幅墨竹，让他油然想起当年表兄画竹的情景。于是，他在《书晁补之所藏与可三首》之一中写道：

与可画竹时，见竹不见人。岂独不见人，嗒然遗其身。
其身与竹化，无穷出清新。庄周世无有，谁知此凝神。

这首诗形象地描绘出文与可物我两忘、化身为竹的绘画状态，也表达了苏轼对表兄深深的怀念。

元祐二年（1087 年）秋，驸马都尉王诜在位于京城西园的府中设宴集会，很多文人墨客悉数到场。其中最著名的有苏轼、苏辙、黄庭坚、秦观、陈师道、张耒、李之仪、晁补之、李公麟、米芾、蔡肇、郑靖老、王钦臣、刘泾、僧圆通、道士陈碧虚十六人，这次集会因此被称为中国艺术史上著名的“西园雅集”。

李公麟擅长画人物，王诜请他把自己和众位友人画在一起，取名《西园雅集图》。图上主友十六人，加上侍姬、书童，共二十二人；石桌石凳置于苍松翠竹之下，画的上方，小桥流水，一只飞蝉正向岸边茂密的竹林飞去。王诜的两个侍妾高绾着发髻，珠光宝气，侍立于桌后。苏轼头戴高帽，身着黄袍，正在石桌前挥毫疾书，驸马王诜立在一旁观看。在另外一边，李公麟在石桌上书写陶渊明的一首诗，苏辙、黄庭坚、张耒、晁补之都围在桌旁。米芾站在附近一块岩石前，正仰着头在上面题字。秦观坐在虬结凸起的树根上听人弹琴，僧人道士和其他人则分散各处，或坐或站，或读书题字，或拨阮讲经。众人皆称，此次集会，可与晋王羲之“兰亭集会”相媲美。米芾特为此图作《西园雅集图记》：

李伯时效唐小李将军为著色泉石，云物草木花竹皆妙绝动人，而人物秀发，各肖其形，自有林下风味，无一点尘埃之气。其着乌帽黄道服捉笔而书者，为东坡先生；仙桃巾紫裘而坐观者，为王晋卿；幅巾青衣，据方几而凝伫者，为丹阳蔡天启；捉椅而视者，为李端叔；后有女奴，云环翠饰侍立，自然富贵风韵，乃晋卿之家姬也。孤松盘郁，上有凌霄缠络，红绿相间。下有大石案，陈设古器瑶琴，芭蕉围绕。坐于石磐旁，道帽紫衣，右手倚石，左手执卷而观书者，为苏子由。团巾茧衣，秉蕉箑而熟视者，为黄鲁直。幅巾野褐，据横卷画归去来者，为李伯时。披巾青服，抚肩而立者，为晁无咎。跪而作石观画者，为张文潜。道巾素衣，按膝而俯视者，为郑靖老。后有童子执灵寿杖而立。二人坐于磐根古桧下，幅巾青衣，袖手侧听者，为秦少游。琴尾冠、紫道服，摘阮者，为陈碧虚。唐巾深衣，昂首而题石者，为米元章。幅巾袖手而仰观者，为王仲至。前有髯头顽童捧古砚而立，后有锦石桥、竹径，缭绕于清溪深处，翠阴茂密。中有袈裟坐蒲团而说无生论者，为圆通大师。旁有幅巾褐衣而谛听者，为刘巨济。二人并坐于怪石之上，下有激湍潨流于大溪之中，水石潺湲，风竹相吞，炉烟方袅，草木自馨，人间清旷之乐，不过于此。嗟呼！汹涌于名利之域而不知退者，岂易得此耶！自东坡而下，凡十有六人，以文章议论，博学辨识，英辞妙墨，好古多闻，雄豪绝俗之资，高僧羽流之杰，卓然高致，名动四夷，后之览者，不独图画之可观，亦足仿佛其人耳！

中国的书法和绘画艺术，讲究一挥而就的潇洒明快。有人说，苏轼最好的作品都是在他微醉后或兴致昂扬时所作。哲宗元祐三年（1088 年），苏轼任主考官，他和朋友李公麟、黄庭坚、张耒等陪考官入闱近两个月。宋朝规定，在阅卷完毕之前不得出闱，也不能与外界联络。空闲无事，李公麟画马自娱，黄庭坚则写阴森凄惨的鬼诗，彼此讲着奇异的神鬼故事。至于苏轼，黄庭坚记载说：

东坡居士极不惜书，然不可乞。有乞书者，正色诘责之，或终不与一字。元祐中锁试礼部，每来见过案上纸，不择精粗，书遍乃已。性喜酒，然不过四五龠已烂醉，不辞谢而就卧。鼻鼾如雷，少焉苏醒，落笔如风雨。虽谑弄皆有意味，真神仙中人。

苏轼评论自己的书画说：“吾书虽不甚佳，然自出新意，不践古人，是一快也。”一次，杜介[①]带来一张上好的纸张，请苏轼在上面写字，但是，他提出了字的大小如何排列等问题。苏轼笑着问他说：“我现在是不是卖菜？”

① 杜介，字几先，善草书，风格清爽圆媚世人称为奇绝。

哲宗元祐二年（1087 年）三月，当时有名的医学家康师孟已经出版了苏氏兄弟九本字帖的精摹本，苏轼的若干朋友也都热心于搜集他的字。一天晚上，他的几个朋友聚在他家，欢饮后翻查几个旧箱子，有人找到一张纸，上面是苏轼写的字，虽然模糊，但字迹还依稀可读。仔细读下来，才发现是他在黄州贬谪期间醉酒后写的“黄泥板词”。由于时间久了，有的地方已然污损，连苏轼自己都辨认不出来了。张耒重新抄写一遍交给苏轼，自己则把那张真迹收藏了。几天后，驸马王诜给苏轼寄来一封信。在信里，王诜说道：“吾日夕购子书不厌，近又以三缣博得两纸字。有近画当稍以遗我，勿多费我绢也。”

元祐三年（1088 年），王诜创作了古画《烟江叠嶂图》，苏轼在朋友王巩处看到画后，有所感触，遂写下《书王定国所藏王晋卿画〈烟江叠嶂图〉》一诗，来表达自己的归隐之意。

江上愁心千叠山，浮空积翠如云烟。
山耶云耶远莫知，烟空云散山依然。
但见两崖苍苍暗，绝谷中有百道飞来泉。
萦林络石隐复见，下赴谷口为奔川。
川平山开林麓断，小桥野店依山前。
行人稍度乔木外，渔舟一叶江吞天。
使君何从得此本？点缀毫末分清妍。
不知人间何处有此境，径欲往买二顷田。
君不见，武昌樊口幽绝处，东坡先生留五年。
春风摇江天漠漠，暮云卷雨山娟娟。
丹枫翻鸦伴水宿，长松落雪惊醉眠。

桃花流水在人世，武陵岂必皆神仙。
江山清空我尘土，虽有去路寻无缘。
还君此画三叹息，山中故人应有招我归来篇。

苏轼所见的《烟江叠嶂图》是王诜专门给王巩画的，为设色本。王诜见到苏轼这首题画诗后，随即画出一张水墨卷的《烟江叠嶂图》，并就苏轼的题画诗和诗一首《和子瞻内翰见赠长韵》，赠于苏轼。

帝子相从玉斗边，洞箫忽断散非烟。
平生未省山水窟，一朝身到心茫然。
长安日远那复见，掘地宁知能及泉。
几年漂泊汉江上，东流不舍悲长川。
山重水远景无尽，翠幕金屏开目前。
晴云幕幕晓笼岫，碧嶂溶溶春接天。
四时为我供画本，巧自增损媸与妍。
心匠构尽远江意，笔锋耕遍西山田。
苍颜华发何所遣，聊将戏墨忘余年。
将军色山自金碧，萧郎翠竹夸婵娟。
风流千载无虎头，于今妙绝推龙眠。
岂图俗笔挂高咏，从此得名因谪仙。
爱诗好画本天性，辋口先生疑宿缘。
会当别写一匹烟霞境，更应消得玉堂醉笔挥长篇。

苏轼收到王诜的和诗后，再次次韵和诗并作跋曰：

晋卿作《烟江叠嶂图》，仆为作诗十四韵而晋卿和之，语特奇丽。因复次韵，非独纪其诗画之美，亦为道其出处契阔之故，而终之以不忘在莒之戒，亦朋友忠爱之义也。

山中举头望日边，长安不见空云烟。
归来长安望山上，时移事改应潸然。
管弦去尽宾客散，惟有马埒编金泉。
渥洼故自千里足，要饱风雪轻山川。
屈居华屋啖枣脯，十年俯仰龙旗前。
却因病瘦出奇骨，盐车之厄宁非天。
风流文采磨不尽，水墨自与诗争妍。
画山何不独中人，田歌自古非知田。
郑虔三绝君有二，笔势挽回三百年。
欲将岩谷乱窈窕，眉峰修嫮夸连娟。
人间何有春一梦，此身将老蚕三眠。
山中幽绝不可久，要作平地家居仙。
能令水石长在眼，非君好我当谁缘。
愿君终不忘在莒，乐时更赋囚山篇。

闰十二月晦日醉后写此

王诜接到苏轼的跋和和诗后，提笔再作和诗曰：

子瞻再和前篇，非唯格韵高绝而语意郑重，相与甚厚，因复用韵答谢之。

忆从南涧北山边，惯见岭云和野烟。
山深路僻空吊影，梦惊松竹风萧然。

杖藜芒屩谢尘境，已甘老去栖林泉。
春篮采术问康伯，夜灶养丹陪稚川。
渔樵每笑坐争席，鸥鹭无机驯我前。
一朝忽作长安梦，此生犹欲更问天。
归来未央拜天子，枯荄敢自期春妍。
造物潜移真幻影，感时未用惊桑田。
醉来却画山中景，水墨想像追当年。
玉堂故人相与厚，意使嫫母齐联娟。
岂知忧患耗心力，读书懒去但欲眠。
屠龙学就本无用，只堪投老依金仙。
更得新诗写珠玉，劝我不作区中缘。
佩服忠言匪论报，短章重次木瓜篇。

元祐己巳正月初吉，晋卿书。

一张画，两个人，四首诗，诗、书、画三绝，成就了中国画难得的境界。

苏轼有几封给最亲密朋友的信，被刻在石头上，在他去世之后，以拓片来卖，也就是所谓的“西楼帖”，这本字帖至今还在。

苏轼在论到画的内在精神和外在形体时曾说：

余尝论画，以为人禽宫室器用皆有常形；至于山石竹木水波烟云，虽无常形，而有常理。常形之失，人皆知之；常理之不当，虽晓画者有不知。故凡可以欺世取名者，必托于无常形者也。虽然常形之失，止于所失，而不能病其全；若常理之不当，则举废之矣。以其形之无常，是以其理不可不谨也。

世之工人，或能曲尽其形，而至于其理，非高人逸士不能辨。与可之于竹石枯木，真可谓得其理者矣。如是而生，如是而死，如是而挛拳瘠蹙，如是而条达遂茂。根茎节叶、牙角脉缕，千变万化，未始相袭，而各当其处，合于天造，餍于人意。盖达士之所寓也……必有明于理而深观之者，然后知余言之不妄。

——《苏轼文集〈净因院画记〉》

苏轼对于中国画的天人合一与生命运行的和谐之道，在他给朋友郭祥正家墙壁的题诗上，表达得最为清楚。《郭祥正家醉画竹石壁上郭作诗为谢且遗古铜剑》：

空肠得酒芒角出，肝肺槎牙生竹石。
森然欲作不可回，吐向君家雪色壁。
平生好诗仍好画，书墙涴壁长遭骂。
不嗔不骂喜有余，世间谁复如君者。
一双铜剑秋水光，两首新诗争剑铓。
剑在床头诗在手，不知谁作蛟龙吼。

诗记述了苏轼在郭家醉后作画的情景，《唐宋诗醇》评论说："画从醉出，诗特为醉笔洗剔精神。读起四句，森然动魄也。句句巉绝，在集中另辟一格。"苏轼平时喜好诗画，更喜欢在墙壁上写诗作画，因而常常将墙壁弄脏，遭到人们咒骂。而今苏轼又将郭祥正家的墙壁弄脏了，郭祥正不但不嗔不骂，反而非常高兴，所以诗人激动地说：世间谁复如君者。

05. 朋党之争

欧阳修在《朋党论》中说：

> 臣闻朋党之说，自古有之，惟幸人君辨其君子小人而已。大凡君子与君子以同道为朋，小人与小人以同利为朋，此自然之理也。然臣谓小人无朋，惟君子则有之。其故何哉？小人所好者禄利也，所贪者财货也。当其同利之时，暂相党引以为朋者，伪也；及其见利而争先，或利尽而交疏，则反相贼害，虽其兄弟亲戚，不能自保。故臣谓小人无朋，其暂为朋者，伪也。君子则不然。所守者道义，所行者忠信，所惜者名节。以之修身，则同道而相益；以之事国，则同心而共济；终始如一，此君子之朋也。故为人君者，但当退小人之伪朋，用君子之真朋，则天下治矣。

在欧阳修看来，君子与小人各自有党，区分的唯一标准是“道”和“利”。从欧阳修写下《朋党论》开始，北宋士大夫间的政党之分就已经萌芽。

以司马光、欧阳修为首的旧党，以君子自居，他们用“君子守义，小人言利”为武器，来反对以理财为宗旨的王安石变法派，形成了新旧两党水火不容的态势。

神宗年间，因反对变法而被罢官的重臣文彦博、司马光、范纯仁等人，经常在一起聚会，被时人称为“洛阳耆英会”。他们每次聚会时都引来许多人围观，成为洛阳的一大景观。

哲宗即位后，由于年幼，高太后临朝，重新启用司马光为相，“以复祖宗法度为先务，尽行仁宗之政”。司马光上台重新掌权后，全盘否定了王安石的新法，将旧法一一恢复，并起用了大批保守派人物，其中包括苏轼、苏辙兄弟。

把苏轼划入旧党，似乎不太准确，因为他并不是个顽固的守旧派。苏轼贬谪黄州的四年时间里，他深入民间与百姓打成一片，知道哪些改革措施给老百姓真正带来了好处。苏轼之前坚定地反对新法的立场，让司马光将他纳入自己一派，才会在重新执政后重用他。但司马光没有料到，苏轼会反对自己尽废新法，并与自己展开正面冲突。在旧党看来，苏轼此举无疑与章惇、蔡确一样，属于另类。

性格耿介的苏轼，只知道表达自己的政见，从不以一己私利患得患失。他坚持公正的态度，使得自己在新旧两党站队中，既得罪了新党，也得罪了旧党，两边都不受欢迎。司马光是苏轼复出的恩人，但他为了维护新法，照样会和司马光在朝堂上激烈争辩，这种个性，让当权者十分忌恨。

苏轼小时候同母亲程氏学《范滂传》时，就立下了远大的抱负，为了实现自己的政治理想，坚定自己的政治操守和独立的人格操守，他不愿意虚伪地去粉饰现实，也不愿曲意逢迎司马光，唯司马光马首是瞻，更不懂明哲保身的官场权术。

元祐元年（1086 年），王安石与司马光相继病逝，但守旧派仍然掌握大权。旧党由谁来担任领袖，是当时新旧两党都关心的问题。在众人眼中，苏轼才华出众，又深受高太后的赏识，是最有可能出任宰相执政的人选。而此时，党争并没有因为两派领袖的去世而停息，而是愈演愈烈。随着新法的全面罢废，变法派官员先后被逐出朝廷，史称“元祐更化”。支持变法者被称为“元丰党人”，反对变法者被称为“元祐党人”。不过，在反对王安石变法的“元祐党人”中，却又分成了以程颐为首的“洛党”，以苏轼为首的“蜀党”和以刘挚为首的“朔党”三个派别。朔党、洛党的领袖都是理学家，蜀党则以苏轼、苏辙兄弟为首，他们在政见上各执一词，很难统一，后来竟演变为党派之争。

在司马光治丧期间，苏轼与程颐结了怨，让两个本来就政见不同的人，关系变得格格不入。两人的门生故吏也紧随其后，因程颢、程颐兄弟是洛阳人，苏轼、苏辙兄弟是四川人，“洛蜀党争”便由此而得名。

苏轼厌倦这种政治倾轧，多次上表请求外放，远离是非之地，都没能获准。哲宗元祐元年（1086 年）十一月，苏轼首次主持进士候选馆职的考试，他在试题《策问·师仁祖之忠厚，法神考之励精》中说：

> 今朝廷欲施仁祖之忠厚，惧百官有司不举其职而或至于偷；欲法神宗之励精，恐监司守令不识其意，而入于刻。

苏轼本意是让考生针对仁宗、神宗两朝施政方针的不同特点申论中庸之道，却被程颐的门生、左谏官朱光庭断章取义，用来攻击苏轼。朱光庭上表弹劾苏轼说，此题目是“借而喻今，乃是王莽、曹操等篡国之难易，缙绅见之，莫不惊骇”。他们指控苏轼对仁宗和神宗犯下了谤讪等大不敬之罪，要求朝廷对苏轼予以惩处。从十二月到元祐二年（1087 年）正月，“洛党”贾易、朱光庭等弹劾苏轼的奏章多达五六份。高太后虽是一介女流，却深谙此中就里。历经丈夫英宗、儿子神宗两朝，她早已明了那些谏官为了打击异己的不择手段。她并不相信那些人对苏轼的指控，将弹劾的奏章放在一旁不去理会。但是，“洛党”那些人并不想就此罢休，虽然高太后已经敕令停止弹劾，并下诏对苏轼免罪，他们依旧不依不饶，甚至违抗圣旨，于正月十四又上一表。

处于政治漩涡中的苏轼，这期间并没有与他们辩论，而是上了四份表章，依旧请求远离京城，外放为官。宋朝为广开言路，特别尊重台谏的意见，言者无罪是谏官的特权。对于谏官的指责，大臣们只允许自辩，不能反击，所以，无论朱光庭之辈如何出言歪曲事实、指鹿为马，苏轼都只能辩解，不能以牙还牙地反击。高太后为了显示对苏轼的支持，于正月十六日对大臣们说，苏轼并没有对皇帝有何不敬，这件事到此为止。高太后的信任和宽仁，令苏轼万分感激，他决定不要求外放了，而是写了一封两千字的表章《辩试馆职策问扎子》呈给高太后，为自己辩白。

高太后看到辩状，再次下诏免去苏轼之罪。但朱光庭认为苏轼罪不可赦，上奏章继续攻击，始终不肯罢休。殿中侍御史吕陶是苏轼的同乡好友，见此情形，很为苏轼愤愤不平。吕陶上疏弹劾朱光庭假借事由以报私隙，并一针见血地指出事情的真实缘由：“议者谓轼尝戏薄程颐，光庭乃其门人，故为报怨。夫欲加轼罪，何所不可！必指其策问以为讪谤，恐朋党之弊自此起矣。”身为“蜀党”的吕陶认为，贾易、朱光庭不应公报私仇。“洛党”贾易见势又弹劾吕陶与苏轼结为朋党，并牵连文彦博、吕公著等人。

在北宋，台谏是利用舆论牵制宰相权力，维持权力制衡的一项重要制度。那些攻击苏轼的谏官，他们的动机当然不是什么“意气之争”，而是权力的角逐。苏轼根本无心参与党争，但他的政治取向和耿介、真挚的性格，让他招来攻击。在个人进退上，苏轼淡泊名利，不以个人进退为意，视功名利禄为“鸿毛敝屣”，多次主动请求外放，就是为了避免陷入政治斗争之中，他甚至做好了回家的准备。这种政治上的光明磊落和个人进退上的淡泊名利，让苏轼的人格、志趣、追求更上了一个台阶。

置身污浊官场中的苏轼，亲历了现实利害冲突中翻云覆雨的人情世故，越来越怀念黄州淳朴的民风和那些患难之中结识的真挚朋友。元祐三年（1088年），监察御史王彭年又攻击苏轼“多以汉、唐人君杀戮臣下，及大臣不奉法令，欲以擅行诛斩小臣等事上进，怀挟私意，妄论政事”。这些攻击都指向苏轼对先皇不忠。他们抓住苏轼的历史问题做文章，指出苏轼政治上的不可靠，并利用强大的舆论轮番进攻，让苏轼成为众矢之的，四面受敌。

四月，高太后宣谕苏轼。苏轼觉得高太后收到弹劾他的奏章一定比他知道的还要多，只是都被太后压下来不予理睬。苏轼请求太后将那些奏章公开，以便让自己有机会申辩澄清，但高太后没有同意。她告诉苏轼：“直须尽心事官家，以报先帝知遇。”高太后的谕旨充分显示出对苏轼的器重，也释放出苏轼有可能担任宰相的信号。这让苏轼的政敌很是不安，在他们看来，“使轼得志，将无所不为矣”。

苏轼知道那些政敌不推翻他誓不罢休的险恶用心，就连他起草惩处奸佞小人吕惠卿的圣旨，都被人攻击为含有诽谤先皇的话。“元祐党争”引发了无休无止的政治倾轧，不止苏轼被弹劾，连他的朋友秦观、王巩、孙觉，门人黄庭坚等都跟着遭殃，不断地遭受批评，甚至被弹劾、污蔑。虽然这些人从来没有埋怨过，也并没有疏远苏轼，但苏轼心中的愤懑和痛苦，远远胜过自己受到的侮辱和损害。阴险的谣言，让人没有自卫的余地，苏轼觉得自己四周荆棘密布，他决定要逃出去。

“元祐党争”对苏轼产生了极大的影响。洛、朔二党对苏轼的穷追不放，弟弟苏辙担任谏官时连章攻伐吕惠卿、蔡确、章惇等人，并将一干人等悉数贬谪。而这么多年来，那些人的党羽遍及朝野，仍然拥有相当大的潜在势力，他们无不视苏轼兄弟为仇敌，接二连三地上表章弹劾苏轼，让他难以在朝中安心尽职。

苏轼回京这两年，因为高太后的宠信和坦荡直言，得罪了很多人。除了王安石余党将他当成眼中钉，还包括“洛党”和“朔党”，也视他为肉中刺。在他们看来，苏轼不去，他们就没有出头之日。那些经苏轼推荐为官的人，也遭受到无故的污蔑。苏轼曾经提醒高太后说，在变法派当政时，他也遭到过李定的污蔑弹劾。但那时，他的确写讽喻诗，希望引起皇帝的注意，能够体察民间的疾苦而改变政策。只是那些人歪曲事实真相，把他的忠心攻击成“毁谤”，但那些控告他的文字总还有些“近似”真实之处，而现在，完全是望风扑影，一丝一毫的近似之处都没有。苏轼请求太后将他的奏章交与宰相府公开调查，并再次请求外任，他在奏章中说：“臣若不早去，必致倾危。”

经过苏轼的一再请求，哲宗元祐四年（1089 年）三月十一日，朝廷终于批准苏轼的请奏，任命他以龙图阁学士身份出任两浙西路兵马钤辖（管辖隶属于浙西路的六个州郡）兼杭州太守。皇帝钦赐茶叶、银器、一匹白马以及镀金的鞍鞯、官服上的金腰带等物品。

苏轼启程时，年已八十三岁的老臣文彦博为他送行，并劝告他不要再写诗了。苏轼在马上大笑说：“我知道，很多人在等着给我写的诗作注释呢！”

元祐五年（1090 年），文彦博年老告退，吕大防为左相，“朔党”领袖刘挚为右相，左右二相不合，闹得朝堂之上整日不得安宁。御史杨畏依附吕大防，弹劾刘挚，刘挚被罢相。朱光庭为刘挚辩解，也被罢官。此时的争论，已经由最初对变法与否，转为朝廷官员间相互攻击、相互排斥的党争。

06. 急流勇退

苏轼回到京城三年多的时间，就因他的才学和耿直成了众矢之的。不擅长官场权谋之术的他，无奈之下只好急流勇退，躲开那些苍蝇般的奸佞小人，请求离京外任。

元祐四年（1089 年）七月，苏轼再次抵达杭州，这与他熙宁二年（1069 年）第一次调任杭州通判整整隔了二十年。如今的苏轼五十二岁了，已不再年轻。此次以龙图阁学士身份出任两浙西路兵马钤辖兼任杭州太守，重回杭州上任，可见高太后对他的信任。因为这些官职品级都在二品以上，而且大多都是由皇帝的亲信来担任。此时，弟弟苏辙也已经由户部侍郎晋升为吏部尚书，赐翰林学士。这年冬天，苏辙以皇帝特使的身份出使契丹，来回要四个月的时间。

此次来杭州，秦观与苏轼同住。苏轼上任后，全部身心都投入到了工作当中。秦观后来说，有一年半的时间，他没看到苏轼打开过书，一直忙碌于各种政务当中。太守的府衙在杭州城的中心位置，可是苏轼不喜欢在那里办公，他喜欢富有诗情画意的地方。葛岭下面的寿星院有十三间房子，那里风景优美，如诗如画，苏轼常常去那里办公。雨奇堂是因苏轼的诗句“山色空蒙雨亦奇”而得名，四周修竹挺拔，溪流潺潺，苏轼看公文或处理公文，总是喜欢来这里或寒碧轩。有时，他还会跑到离杭州城十多里远的大山里去办公。

每到这时，苏轼就会让衙役们打着旗，打着伞走钱塘门，自己则带两个年长的侍卫从涌金门坐船，前往西湖西面的普安寺用餐。他和几个文书坐在冷泉亭里，谈笑间就把公事处理完了。很多时候他都要和同事们畅饮一番，然后，在夕阳西下的余晖里骑着马回家。杭州城里的居民常常站在街道两旁，看着他们才华横溢、大名鼎鼎的太守打马经过。

远离京城，让苏轼的身心又恢复了自由，在处理各种纠纷案件时也更加得心应手。一天，一个绸缎商将一个年轻人告到府衙。苏轼审讯中得知，年轻人开了一家扇子铺，曾向绸缎商赊了绫绢来制扇。谁知他父亲去年去世了，留下一些债务，今年春夏雨水多，扇子根本卖不动，都积压下来。年轻人说自己也不想赖账，只是扇子卖不出去，哪里有钱还赊欠的货款呢。

问明了缘由，苏轼沉思片刻，抬眼看到桌上的笔墨纸砚，忽然眼睛一亮，有了解决的办法。他让年轻的扇商取来一捆扇子，由他来帮着卖，年轻人很快取来二十把素绢团扇。苏轼拿起一把扇子，又从桌上拿起一支笔，挥毫泼墨，在扇面上画画点点，很快几棵落尽叶子的枯树、几杆瘦竹、一块丑陋的岩石，加上恣意飞扬的草书题诗和落款就栩栩如生地跃然扇面上。大约一个时辰，二十把扇子全部画好，苏轼嘱咐扇商将扇子拿到集市上去卖，并且一定要卖到一千文一把。

仰慕苏轼的人闻听他亲自为扇商画扇面，急忙赶来聚在衙门口，都想求得一把字画扇。扇商抱着扇子刚到门口，就被抢购一空，而来晚没有买到的人，连连大呼遗憾。年轻的扇商喜出望外，对苏轼千恩万谢，没想到自己走投无路之时，苏轼救了他。

时隔不久，苏轼又遇到了一件涉嫌欺诈的偷税案。嫌疑人是一位年近六旬进京赶考的老书生。官差将他带到苏轼面前时，随身还有两个巨大的包裹。包裹上写着：交京都竹竿巷苏侍郎子由，下面署名苏轼。这个人不但偷税，并且还冒用苏轼的名号，很明显是欺诈。

苏轼觉得其中必有蹊跷，就问老书生包裹里面装的是什么东西。老书生见了真的苏轼本人，羞得满脸愧色，说："我真是罪该万死，不该打着大人兄弟的旗号。我这包裹里是两百匹绸缎，是学生家乡的亲戚朋友资助给我进京赶考的盘缠。我怕一路上被税吏抽税，到京城就所剩无几了，只好斗胆冒用您兄弟二人的名字，因为普天下都知道您兄弟二人的名气，又慷慨好施，如果被抓到了，您一定会体谅学生，还望大人开恩恕罪，学生再也不敢了。"原来，这个老书生是福建的乡贡举人吴味道，准备上京参加科举考试。若按北宋的税务制度规定，他携带的绸缎沿途都得抽税，如果那样，等他到京城时，除去税费就剩不下什么了。

这个贫穷落魄的老书生的话，让苏轼顿生同情之心。他让人揭去包裹上的旧字条，亲自提笔，重新写上了收信人和寄信人的姓名地址，并且给弟弟苏辙写了一封信，嘱咐苏辙关照一下这位不坠青云之志的老书生。苏轼笑着对吴味道说："老前辈，这回你大可放心，就是官差真把你抓到皇帝面前，你也不用怕了，我保你万无一失。只是你若明年金榜题名，可不要忘了我呀！”吴味道激动得双手颤抖着接过信件，对苏轼的宽仁大量万分感激。

后来，吴味道在科举考试中果然高中进士，他写信给苏轼，表达自己的感激之情。苏轼接到喜讯也特别高兴，在吴味道回家路过杭州时，特意请他到自己家中小住了几日。

杭州府的公务对苏轼来说完全可以轻松应对，杭州是他曾经工作过的地方，这里的每一条街巷，每一处山水他都熟悉，这里有他的旧识故交。每当苏轼处理完一天需要做的公务后，就会抽出时间，呼朋唤友、约客携伎四处去游玩，并因此与琴操结缘。

琴操原系大家闺秀，父亲也是为官的。琴操十三岁那年，做官的父亲因受宫廷牵连被打入大牢。抄家时琴操正在家中后院弹琴，那把心爱的琴也让当差的给摔毁了。从小聪明伶俐，受到过良好教育的琴操天资聪颖，才华出众，琴棋书画、歌舞、诗词样样精通。突然遭受家庭的变故，让琴操的母亲怒急身亡，家遭籍没，琴操也沦为杭州歌唱院的艺人。“琴操”二字原出自蔡邕所撰的《琴操》一书，以琴操为名，可见她的才气造诣绝非一般。琴操虽说是官妓，但她卖艺不卖身。十六岁那年，因改作秦观的《满庭芳·山抹微云》红极一时，苏轼对琴操非常赏识，引为红颜知己。

宋人《泊宅编》中记载，苏轼在杭州时，一天携琴操游西湖。二人游至高兴处，谈笑风生。苏轼与琴操开玩笑说：“予为长老，汝试参禅，如何？”

琴操含笑答道：“好啊。”

苏轼问：“何谓湖中景？”

琴操回答：“秋水共长天一色，落霞与孤鹜齐飞。”

苏轼又问：“何谓景中人？”

琴操回答道："裙拖六幅湘江水，髻挽巫山一段云。"

苏轼接着再问："何谓人中意？"

琴操回答说："随他杨学士，鳖杀鲍参军。"

苏轼继续问："如此究竟如何？"

琴操看着远山没有作答。

苏轼说："门前冷落车马稀，老大嫁作商人妇。"

苏轼一语惊醒梦中人，他是想劝说琴操从良。琴操是何等聪明之人，岂不知诗中的意蕴，下拜说："谢学士，醒黄粱，世事升沉梦一场。奴也不愿苦从良，奴也不愿乐从良，从今念佛往西方。"（《东坡笔记》）于是，苏轼为琴操落籍，琴操削发为尼，在玲珑山别院修行。这种结局是苏轼万万没有想到的，一句玩笑，竟让琴操遁入空门，成了玲珑山一位伴着青灯古佛修行的僧尼。

琴操出家后，前两年苏轼、黄庭坚、佛印还经常到玲珑山，和她品琴论诗。两年后，苏东坡离任北上，琴操的心扉也渐渐关上了。那是个草长莺飞的四月，苏东坡策马狂奔，猛然回头时那忧伤的一瞥，在琴操的心中铭刻了一生。而那一个裙裾飘飘，抚琴而歌的少女琴操，她曼妙的手势和那空谷琴声，同样烙在了苏轼的怀想中。望着苏轼渐渐远去的背影，琴操的双眸被泪水模糊，任凭风吹着裙裾。这是他们最后一次相见，八年后，被朝廷勒令还俗的诗僧参寥子，带来了苏轼已被贬到南海儋州的消息。琴操站在薄暮中望着远方怅然若失，最后郁郁而终，时年才二十四岁。苏轼已是垂暮之年，听说琴操的死讯，忍不住面壁而泣，说："是我害了她。"苏轼后来在玲珑山琴操修行的地方重新埋葬了这位红颜知己，并亲自写了一方墓碑。

琴操卑微的出身，让她与苏轼的相识相知只能成为千古悲歌。

他们之间的故事多流传自民间，没有载入正史，所以无据可考。岁月荏苒，民国时期，诗人郁达夫被他们的故事打动，专程跑到杭州去寻访。郁达夫看完了八卷《临安志》，也没找到有关琴操的记述。当他寻访到玲珑山琴操墓时，只剩下“一坡荒土，一块粗碑”，上面刻着“琴操墓”三个大字。郁达夫所见的墓碑，早已不是苏轼所写，应该是后人重修时的碑碣。

苏轼在杭州任太守期间，佛印在金山寺任住持，高僧辩才经常与两人一同出游。这时，苏轼的老朋友参寥子也从于潜来到杭州，在孤山的智果精舍做住持。智果精舍环境清幽，苏轼在《参寥上人初得智果院，会者十六人，分韵赋诗，轼得心字》一诗中写道：

涨水返旧壑，飞云思故岑。念君忘家客，亦有怀归心。
三间得幽寂，数步藏清深。攒金卢橘坞，散火杨梅林。
茶笋尽禅味，松杉真法音。云崖有浅井，玉醴常半寻。
遂名参寥泉，可濯幽人襟。相携横岭上，未觉衰年侵。
一眼吞江湖，万象涵古今。愿君更小筑，岁晚解我簪。

元祐六年（1091 年）寒食节，苏轼与朋友去孤山拜访参寥子。智果精舍下有一眼旧泉，寒食节又刚刚开凿拓修，水从石缝间汩汩流出，清澈甘甜。参寥子取来新茶新泉水，生火烹茶，招待苏轼和朋友们。此情此景，不由得让苏轼想起贬谪黄州时夜里梦见参寥子携诗相见，醒来后只记得其中两句：“寒食清明都过了，石泉槐火一时新。”梦中苏轼曾问：“火固新矣，泉何故新？”答曰：“俗以清明掏井。”谈诗论茶之梦，九年后居然情景完全相符。提及旧梦，苏轼与众人皆大为惊奇，没想到，当年梦中的情景，今天竟然全都应验。苏轼遂写《参寥泉铭》记之：

余谪居黄，参寥子不远数千里从余于东城，留期年。尝与同游武昌之西山，梦相与赋诗，有“寒食清明”“石泉槐火”之句，语甚美，而不知其所谓。其后七年，余出守钱塘，参寥子在焉。明年，卜智果精舍居之。又明年，新居成，而余以寒食去郡，实来告行。舍下旧有泉，出石间，是月又凿石得泉，加冽。参寥子撷新茶，钻火煮泉而瀹之，笑曰：“是见于梦九年，卫公之为灵也久矣。”坐人皆怅然太息，有知命无求之意。乃名之参寥泉，为之铭曰：

在天雨露，在地江湖。皆我四大，滋相所濡。
伟哉参寥，弹指八极。退守斯泉，一谦四益。
余晚闻道，梦幻是身。真即是梦，梦即是真。
石泉槐火，九年而信。夫求何神，实弊汝神。

杭州是苏轼的福地，这里远离朝廷的权利纷争，他大可忘却蝇营狗苟，真真正正为老百姓解决实际困难，心无旁骛地处理各种公务。他可以放任自己的思想，纵情山水，寻幽访友，吟诗赋句。在这里，他真真切切地为老百姓办实事，所以深受百姓的爱戴。

07. 造福苏杭

重回杭州的苏轼，站在西湖迷蒙的烟岚雾霭中，有种浮生若梦的感觉。他在与时任两浙提刑官的莫君陈雨中观赏西湖时，写下了《与莫同年雨中饮湖上》一诗，来抒发胸中的感慨之情。

到处相逢是偶然，梦中相对各华颠。
还来一醉西湖雨，不见跳珠十五年。

与二十年前任通判无权决策时不同，这次出任太守，苏轼有更实际的权力，也有更广大的空间施展自己的才干。虽然年华逝去，两鬓风霜，但回到这片曾给予自己无限慰藉的山水，苏轼内心的欣喜和激动还是难以言喻的。他下决心要回报这片土地，要用自己的努力为这方山水增色，为这方民众造福。

苏轼依仗高太后对他的恩宠，向朝廷请求特别拨款，对重点事项进行行之有效的革新。在短短一年的时间里，他为杭州城的百姓做出了非凡的贡献。首先实施了城市公共卫生方案，建立一座医疗设施，清洁水源供水系统；接下来又疏浚了盐道，修建了西湖，稳定了谷价；还不惜与邻州的官员意见相左，以勇往直前的精神，以一己之力展开了救济灾民的工作。

苏轼刚到杭州就遇到了严重的自然灾害，冬春水涝，之后又是大旱。他决定先放弃修葺官舍，把钱用来买米赈济饥民。同时，他反复上表奏请朝廷，减轻本路赋税，免除以往的积欠，加大常平仓米的购入，以备饥荒之需。在苏轼的反复请求下，朝廷决定拨本路供米二十万石用以赈饥，宽减三分之一的供米，并赐度牒三百道以助赈饥。度牒是官府发给出家僧尼证明合法身份的凭证，可免赋役。按元丰年间的规定，每道度牒一百三十千钱。这些措施，确保了杭州米价的平稳，到元祐五年（1090 年）正月，米价由之前的九十五文一斗，又降到了七十五文一石。

这年春天雨水丰足，老百姓本以为收成有望，便借钱播种耕作，满心期待着夏季的丰收。不料，五月初开始，杭州一带连下大雨，雨水倒灌进市民家中，深及一尺。根据经验，这一年的收成又没指望了，一旦存粮吃光，势必将挨饿。苏轼派人到苏、常二州去视察情况，接到的消息是两地全境都已经被水淹没。水库决堤，导致大部分稻田被洪水淹没，很多百姓划着小船忙着打捞物品。那些捞上来的湿稻子，稻草可以喂牛，还可以晾晒干了烧火。严峻的灾情，让苏轼知道，必须设法自救，以济时艰。

苏轼一向相信常平仓制度，他认为那远胜过饥荒之后的救济，所以他早就陆陆续续将购买的谷子存满常平仓，以便用来应付荒年。连绵的阴雨，让苏轼不得不时刻提高警惕，一刻也不敢懈怠。自七月开始，在半年之内他给皇太后和朝廷上表七次，陈述实情，吁请急速设法。前两次表章叫“浙西灾伤第一状、第二状”，后面五个叫“相度准备赈济状”，七个表章组成一个紧急的陈请。他的不停呼救，让朝廷那些尸位素餐的人大感厌烦。

有些地方官吏也无意恤民，他们只专注于拉关系搞献媚。看到春天没有被饿死的灾民，就立即向朝廷上奏说本年丰收，没有流民，要求收回度牒钱粮。对此，苏轼很是愤慨，他反驳道：“去年灾情的严重程度众所周知，即便今年秋天有所收获，恐怕也不能弥补去年的损失。更何况现在正处于春夏之交，稻禾未熟，不知道各路提刑转运官如何断定今年就是个丰收之年？”

苏轼接连多次向朝廷报告灾情，要求宽减本路供米，并高价收购常平米，以备来年救饥。在苏轼再三请求下，朝廷拨贡米二十万石。苏轼把这些粮食有计划有步骤地投放市场，再一次平抑了物价。

百姓吃饭的问题解决了，另一个严峻的问题又出现了。此时，瘟疫开始流行，这是水旱灾害带来的一个灾难性后果，比灾荒甚至更加可怕。面对疯狂而来的疫情，人们毫无抵抗的能力，只能坐以待毙。

瘟疫很快在整个杭州城蔓延，气势汹涌。危急时刻，忙着救灾的苏轼想起了精通医术的巢谷给他的“圣散子”药方。

“圣散子”是巢谷过去收集的中药秘方，连自己的亲生儿子都没有传。巢谷把秘方传给苏轼时，曾要求他对江水发誓，永不外传。苏轼在被贬谪居黄州时，当地发生疫情，他想起巢谷的秘方，为了治病救人他把秘方给了当地的名医庞安常，让他用秘方为百姓治病。事后中，苏轼写信给巢谷说明情况，请求他的原谅。作为好朋友巢谷原谅了苏轼。苏轼遭遇“乌台诗案”风波时，巢谷不远千里赶去黄州与苏轼做伴，并做了苏迨、苏过的家庭教师。后来，苏轼、苏辙兄弟被贬岭南，巢谷又不顾已经七十三岁的高龄，万里步行，从家乡眉山赶往岭南，看望兄弟二人。见到苏辙后，他说还要赶到海南岛去看望苏轼。苏辙感激他的真情，担心他年老路艰，劝他不必前往，但巢谷执意前行，却不幸染病死于路上。

疫情比想象中蔓延得更快，染病的人不断增加，一人得病，一家俱病。一家病，则一街俱病，乃至一城俱病。今日死两人，明日死百人，五十万的城市，一旦瘟疫蔓延，就算华佗在世也无可奈何了。街上已经有了许多尸体，老百姓怕瘟疫传染，都不敢上前掩埋尸体，致使整个街巷臭气熏天。苏轼亲自带着差役察访百姓，观察病人病状，对这次瘟疫的大致情况有了了解。因药商谋利，药价居高，苏轼自掏腰包购买了大批药材，根据药方配制成药剂，命人在街头架起大锅熬制汤剂。凡是过往行人，无论男女老少，各服一大碗。同时，苏轼还组织懂医术的僧人，由官吏带领走街串巷为老百姓治病。

为了防止病情继续蔓延，苏轼接受朝云的建议，找了一个宽敞通透、四面通风的废弃官仓，将染病的人集中在一起统一救治。苏轼还拨出公款两千缗[1]，又以身作则，自掏腰包捐出黄金五十两，加上大家的集资和富豪们的捐赠，在众安桥创办了一所慈善医院，取名为“安乐坊”。后来又迁到西湖边上，改名为“安济坊”，专门用来收治贫苦的病人。苏轼请懂医术的寺院僧人去管理病坊，并且聘请了专业的郎中每天坐堂诊治，并规定每年从地方税收中拨出少许资金，作为维持医坊的经费。对于医术高明、医德高尚、三年之内治愈病人达到上千名的僧人，官府会呈报朝廷，赏赐紫衣以示奖掖。他还制定规则，按照病人病情的轻重分开治疗，防止交叉传染。安济坊不但平时开业看病，每年还由专人配置“圣散子”，从立春开始到春夏之交，期间免费为民众发放。苏轼的这些做法，很快在全国各地得到传播，各地纷纷效仿，有力地防止了疫情的蔓延扩散。杭州城又恢复了往日的繁华和安定。据考证，这是中国历史上第一家公办私助传染病医院，直到苏轼去世时一直都在使用。

在苏轼有条不紊地指挥部署下，这场可怕的瘟疫终于被制服了，杭州城数千人免于死难，百姓无不感激涕零。杭州百姓爱戴苏轼，以至于家家悬挂苏轼的画像，每到吃饭时都要为苏轼祷告祈福，甚至为苏轼修了生祠来报答他。《宋史》记载：“轼二十

---

① 两千缗，一缗为十串铜钱，一般每串为一千文。

年间再莅杭，有德于民，家有画像，饮食必祝。又作生祠以报。”

面对百姓的爱戴，苏轼没有一丝喜悦，他陷入了深深的思考当中。杭州地处交通要塞，是水利的枢纽，往来客商云集，疾病的传播比其他地方更为迅速。为了未雨绸缪，苏轼决定采取措施，做到早预防、早控制。他通过实地调查了解到，发生大瘟疫的原因是西湖水遭到污染所致，如果不把西湖治理好，今后说不定还会发生更大的瘟疫。苏轼决定对污染的西湖以及周边的河道，进行一次彻底的改造治理。

08. 疏河治湖

元祐四年（1089 年）三月，苏轼以龙图阁学士知杭州。在任上，苏轼济赈灾民，祛除瘟疫，治理西湖淤泥，疏浚茅山、盐桥二河，并在竣工之后以余力淘筑钱塘六井，解决百姓的饮水问题。美丽的杭州西湖和“苏堤春晓”“三潭印月”等景观，以及周围的一些水利工程，都是当年苏轼留下的政绩。

苏轼七月到任杭州后，做了很多的寻访和考察，得知由于西湖长期没有疏浚，蔓草和淤泥已经将西湖淤塞过半，“葑台平湖久芜漫，人经丰岁尚凋疏”。眼见逐渐干涸的湖水中野草疯长，严重影响了城市的公共卫生安全和农业生产，杭州城数万人因为西湖水的污染，导致传染上了瘟疫疾病，苏轼用巢谷给他的“圣散子”药方救治，又建立医坊，才控制住疫情。灾荒和瘟疫，让苏轼感到治理河道、兴修水利、疏河治湖的重要性，他更加关心杭州百姓的饮用水安全和杭州城的运河淤泥清理问题了。

杭州城有茅山河、盐桥河两道运河，盐桥河横穿繁华热闹的城区，茅山河则绕经人口稀少的东郊。两条河以南北方向穿过城市，在城北闸口连接，注入大运河，把内河航运与海运连接在一起，也是沟通大运河与钱塘江的要道。但是，一旦涨潮就有大量泥沙被海水裹挟倒灌，造成河道淤塞。还是在吴越时代，沿海曾筑有长墙，防止海水进入运河，免得海盐污染城市内的淡水。那道长墙如今年久失修，早已失去了作用，大量淤泥堆积，导致河床增高，每隔四五年就要疏浚一次。运河有四五里长，河床挖出的淤泥腥臭难闻，堆积在岸边，不但疏浚的花费大，令老百姓厌烦，而且还堵塞交通。一只船要走好几天才能出得城去，岸上还得有纤夫或牛来帮助拉拽。运河上本该有的风景变得混乱不堪，让人不忍目睹。

苏轼为了解决问题，一面向专家请教，一面进行实地走访勘察。他测量运河的高度，拟定计划，准备治理运河淤泥的沉淀问题，以保持运河地区的水源清洁和交通顺畅。这是苏轼到杭州的第一项工程，开始于十月，到次年四月竣工。

在疏浚过程中苏轼发现，两条运河必须要有海水才能保持交通的顺畅，而海水会携带进大量淤泥。经过反复研究、仔细论证后，苏轼确定下来，盐桥河通过市区，必须保持清洁；茅山河是流经人口稀少的城东郊区，可以想办法让海水从别处流入茅山河。除此之外，钱塘江每日潮起潮落，携带大量的泥沙，为了避免三五年后又淤填如旧，恢复原来的样子，苏轼采纳了下属苏坚的建议，在钱塘江南部两河交汇处建造堰闸。海潮高时将堰闸关闭，海潮低时再放水，以控制潮水的进入。等钱塘湾的水经过郊区的运河，流过三四里后，泥沙早已经得到了很好的沉淀。盐桥河河面比茅山河水面低四尺，所以那条河的水可以供给城市中的盐桥河一部分，那水经过一路过滤几乎也很干净了。为了保持城内运河的水位，苏轼又在城北余杭门外开了一条新运河，与西湖相通，这样，水的供给就不再匮乏了。新运河的开凿，避免了疏浚城内盐桥河带来的花费与麻烦，只要定期疏浚城外的茅山河就能保证河道的清洁和水运的畅通，既节省了人力物力，又便利了施工，还不会影响居民的日常生活。

在疏浚河道的工程中，苏轼利用钤辖浙西兵马的职权，调集一千多名地方兵卒参与其中。当时正值青黄不接的季节，无数灾民都依赖官府的救济度日，苏轼“以工代赈”，将救灾与兴修水利结合在一起。他自己也每天穿梭忙碌在工程现场，百姓见了，纷纷走出家门自愿加入到疏浚大军当中。从元祐四年（1089 年）十月开始到第二年四月竣工，杭州军民仅仅用半年时间，就疏浚完长达十余里的两河，使运河的水深达到八尺。一时间，舟船畅通无阻，杭州城的父老乡亲欢欣鼓舞，连连称赞说，这真是三十多年来从没有过的盛景啊！

在苏轼心中，和运河交通同样重要的，还有杭州城的供水问题。他已经试用过很多方法，想把由山泉汇聚到西湖的淡水引入城中。神宗熙宁年间，他在杭州做通判时曾与太守陈襄一道疏浚了六井。如今二十年过去了，西湖中的植物根脉交错，蔓延生长，导致湖底上升，湖水变浅，原来的输水管也遭到了破坏，六井重新又被淤塞。居民无奈只好饮用带有咸味的苦水，或者花钱买西湖的水，而一文钱只能买到一桶。

苏轼了解情况后，派人去寻访当年参与治井的四位僧人，想请他们再次主持六井的修治工程。可惜的是，有三个人已经亡故，只有年逾七十的子珪还依然健在。子珪建议，把以前用毛竹做的水管，改换成用坚固的胶泥烧成的陶瓦管子，上下再用石板加以保护。子珪的这个建议，因为要筑三百码长的陶瓦管，由一个水库通到另一个水库，需要花费大笔的工程款，但是，却很坚固，可以一劳永逸。苏轼不但采纳了子珪的建议，还在北郊新挖了两口大井，将湖水引到以前难以到达的地方，供军营饮用。这项工程完工后，杭州城中家家都有西湖的淡水喝了。

苏轼任职杭州短短一年的时间里，战饥馑，祛瘟疫，疏浚两河，整治六井，赢得了杭州百姓深深的爱戴。在老百姓眼中，这位太守脚踏实地、真正为老百姓着想，为老百姓办实事，是全城人的福气。苏轼第一次来杭州时，西湖淤塞的面积就已达到了湖面的三分之一，如今，苏轼再次来到杭州重游西湖才发现，西湖淤塞荒芜的面积已占了湖面的一半。如果再这样下去，西湖必将全部被淤塞填平，西湖美景将不复存在。

正当苏轼忧心忡忡的时候，杭州当地有远见的人士找到苏轼。他们已经认识到西湖对杭州人民的重要性，上至运河，下及民田，亿万生灵饮食所资都仰仗于西湖，并非只是游览观赏它的美。西湖对杭州百姓来说，不仅是湖山胜境，更是杭州农田灌溉、生活饮水的主要淡水资源，也是保证运河通畅的重要水源。在《申三省起请开湖六条状》中他们写道："而近年以来，堙塞几半，水面日减，菱日滋……更二十年，无西湖矣。"他们集体请求苏轼治理西湖，生怕再过十几年西湖将不复存在了。苏轼两任杭州，也认识到西湖的重要性，假如杭州没有了西湖，就像人失去了原来的眉眼，那还能是原来的人吗？既然治理西湖是造福一方的大好事，苏轼决心克服一切困难将它完成。

在经过全面的调查、走访，广泛征求水利专家的意见后，苏轼制定了治湖规划，决心重新治理西湖，让杭州百姓能够长久受益。

西湖作为人工创造出的美景，相当于一件无以复加的艺术品，让杭州有了“人间天堂”的美誉。要治理西湖，可不是一件轻松的事，不但需要大量的财力、物力、人力，还需要合理的规划，才能让这项浩大的工程事半功倍，能够永绝后患，真正造福百姓。

苏轼经过实地勘察，于元祐五年（1090 年）四月，给太后写了一份表章《乞开杭州西湖状》，在表章中，苏轼陈述了他治理西湖的计划和理由，指出了西湖淤塞严重的形势。五月，他又上书给门下、尚书各省，指出若不急行设法，二十年后，湖面将全部被野草遮蔽，杭州百姓必将失去淡水的来源。他还从养鱼、蓄水、灌溉、助航、酿酒等五个方面，指出了西湖的重要性，说明一定不能让这种后果出现。

苏轼的计划得到了朝廷的批准，他按规划，提出要先清理遮蔽湖面的水草，此项工作需要二十万天的人工，全部计划下来需要花费三万四千贯钱。苏轼利用手头尚存的救灾钱款，又请太后再拨给他一万七千贯，趁黄梅雨后葑草浮动之时动工，召集民工以工代赈，开掘葑滩，疏浚湖底。

为赶工期，苏轼不分昼夜在工地上巡视，和民工吃一样的饭，喝一样的水。转眼到了端午节，杭州百姓抬着猪肉，担着美酒，来工地上慰问这位为民造福的好官。苏轼命人将猪肉切成方块，按照他在黄州时的烹调方法，将精心烹制出来的美味猪肉分发给干活儿的百姓。从此，杭州百姓知道了他们的太守不但精于理政为民，还会烹调美食，而“东坡肉”的烹调方法也在民间流传开来，

成了杭州一道特色名菜。

由于当时西湖的葑田面积很大，被挖出的淤泥和水草如果堆在岸上，既费工费时又影响交通，还会带来环境上的污染。苏轼绕着西湖左思右想，终于想到一个万全之策。

西湖景色秀美，当地很多有钱人在西湖岸边建了楼阁庭院，而南北两岸相距有三十里地，两岸的人来往很不方便，需要绕湖而行才能到达。要是修一条直堤，既可供人马通行，缩短往来的距离，又可以增加湖面的景观，还可以废物利用，使挖出的淤泥水草派上用场，岂不是三全其美。苏轼决定，用无处安置的淤泥与葑草相混合，筑一条南起南屏山，北至栖霞岭，跨越西湖南北的长堤。

长堤建好后，南北往来极为便利，再也不用绕湖而行了。苏轼还命人在长堤两岸遍植杨柳花卉，并修建了映波、锁澜、望山、压堤、东浦、跨虹六座拱形桥，用来沟通里湖和外湖，还建了九座精致的小亭子，供人们歇息。原本美丽的西湖，在苏轼的治理下，更增添了妩媚与神韵。杭州百姓为了纪念苏轼对地方做出的德政，将其中一个亭子作为苏轼的生祠，里面供有他的画像，大家常常去焚香膜拜，还将这道新筑的长堤称为“苏公堤”，后简称为“苏堤”。

整治后的西湖碧波万顷，一条长堤如彩带横卧在碧波之上。一时间，湖畔堤上游人如织，美女如云。此番盛况，让苏轼心情大好，挥毫泼墨，写下了《南歌子·湖景》词一阕：

古岸开青葑，新渠走碧流。会看光满万家楼。记取他年扶路入西州。

佳节连梅雨，余生寄叶舟。只将菱角与鸡头。更有月明千顷一时留。

西湖的水草淤泥全部清除后，湖面豁然开朗，但是，沿岸水浅的地方，仍然极易繁殖水草。为了防止西湖再度被水草淤塞，苏轼采纳了钱塘主簿许敦仁的建议，将靠近岸边的湖面租给居民种植菱角。菱角必须在寸草不生的地方才可以种植，这样一来，可谓一举数得，不但租金和税收可以用于后续对西湖的疏浚和修葺，而且种植菱角还可以解决部分人家的生计，并使西湖每年都得到一次清理，是一项长治久安的大计。为了防止过犹不及，保持西湖大部分水域的开阔和清澈，苏轼又让人在湖上建造了三座石塔，禁止在石塔以内水域种植菱角、茭白等水生作物。随着岁月的演变，这三座石塔成为今天著名的西湖风景“三潭印月”。

苏轼的一系列举措，不但让西湖面貌一新，还杜绝了淤塞的后患，为百姓谋得了福利，苏轼心下也极为高兴，说：“我凿西湖还旧观，一眼已尽西南碧。”苏轼在二十年内两次任职杭州，有德于民，有功于民，许多老百姓家里供奉着他的画像，日常生活中时常祝祷，以纪念他的功德。

第七章　一蓑烟雨任平生

01. 奸佞弄权

苏轼成功治理西湖后，又有了一个更大的计划，想要扩展江苏的运河水系，这是苏州城外一项拖船驳运计划。苏轼还想把在杭州西湖所做的工程，也在阜阳的西湖实施。这些计划都附有周密翔实的地图，可见苏轼造福一方的决心。但这项庞大的工程计划还没来得及实施，苏轼又被召回京城任职。

元祐六年（1091 年）二月二十八日，朝廷下诏，以翰林学士召还苏轼。苏轼带着对未竟事业的遗憾，怀着对杭州的眷恋和不舍，奉旨离开杭州。

对于重新回到京城为官，苏轼并没有多么高兴，而是心存余悸。此时，苏轼的弟弟苏辙已经位居尚书右丞，兄弟俩同朝为官，又同居高位，免不了遭到一些小人的嫉妒。接到谕旨当天，苏轼就写了一道辞状，请求免去任命，继续外任。

苏轼的请辞并没有得到皇帝的批准，他只好于三月九日启程赴京。因为决心不在京城任职，他这次没有带家眷，只身一人前往京城。杭州百姓闻听太守苏轼要走了，纷纷走出家门，夹道相送。曾与苏轼一起疏浚河道、治理西湖的人们禁不住掩面垂泪，与苏轼依依不舍地道别。

赴京途中，一路上阴雨绵绵，苏轼目睹了庄稼被淹忧心如焚，一路走一路与沿途各地方官员讨论解决的方案。这样一路走走停停，苏轼于四月和五月两次给朝廷上了辞免状，但请求仍然没有获批准。五月二十六日，苏轼抵达京城，暂时住在弟弟苏辙家中。六月一日，不得已的苏轼赴任翰林承旨兼侍读。

当政的高太后之所以执意调苏轼回京城任职，一方面是出于对他的赞赏，另一方面却是北宋皇帝固有的驭人之术，是为了对宰相权力加以制衡。苏轼兄弟有治国理政之才，人品刚正不阿，又不肯趋炎附势，随波逐流，这样的人在朝为官，是对当时朝堂之上左右相最好的制衡。

高太后只考虑了对朝廷有利，却没想过，她这一番操作给苏轼带来了多大的麻烦和灾难。苏辙为人一直比较沉稳谨慎，不容易让人抓到他的不是，但性情率真的苏轼则不一样，他往往口无遮拦，自然容易成为政敌重点攻击的对象。

苏轼还没到京城，政敌们就已经惶惶不可终日。在他们看来，此次太后召苏轼进京，是要升他为宰相。不久前，苏辙已经由尚书右丞又高升为门下侍郎，相当于宰相之一了，皇太后又召回才气过人的苏轼，哪里还有他们的出头之日。

苏轼刚一到京城，那些反对他的人就开始蠢蠢欲动了。他们旧事重提，借口神宗去世时，苏轼写的诗中有“野花啼鸟亦欣然”之句，诽谤他在先帝驾崩之时竟然作诗庆贺。政敌们用心险恶，试图再制造一次“乌台诗案”，而他们所检举的那首诗，实际上是在神宗去世两个月后写的，表达的是苏轼回到宜兴的喜悦心情。

程颐的门人贾易更是揪住苏轼不放，不但污蔑苏轼请求辞去任命，继续外任的表章是为了谋得相位向朝廷施压，还指责西湖的苏堤“于公于私，两无利益”。他控告苏轼关于杭州灾情始终给朝廷错误的奏报。忍无可忍的苏轼只好给高太后上一道名为“乞外补以回避贾易子”的表章，奏请说：“易等但务快其私忿，苟可以倾臣，即不顾一方生灵坠在沟壑。”贾易作为苏轼的政敌，后来在“朔党”被推翻后，又背弃了“朔党”，完全是小人嘴脸；还有一个一肚子坏水的奸佞小人杨畏，人送绰号“三面杨”，因为他曾先后背叛过王安石、司马光、吕大防、范纯仁等人，更是令人不齿。

对于这些毫无新意的诬陷坑害，苏轼厌恶至极。一向善于和稀泥的老好人吕大防实在看不下去了，在宰辅大臣当庭议事的时候，他仗义执言地说：“当年真宗皇帝即位，宽免百姓积欠，仁宗皇帝即位，罢休宫观，都是因时施宜，以弥补前朝的缺失，从来不曾听当时的士大夫说过这是毁谤先帝。唯有元祐以来，言事官每每以此为借口中伤士人，动摇朝廷，可谓用意极为不善。”

尽管这些小人的攻击诬陷没能真正伤害到苏轼，但苏轼实在是厌倦了这种无休无止的党派斗争。他再次上表请求外放越州（今浙江省绍兴市一带），但朝廷依旧没有批准他的请求。

苏轼之所以一再请求外放，除了想远离党派之争外，另一个原因是对哲宗皇帝的失望。作为皇帝的老师，苏轼深深感激高太后对他的知遇之恩，以及对小皇帝的殷切相托。苏轼对哲宗的教育也颇为尽心尽力，不敢有一丝懈怠。然而，一切并不是他和太后期望的那样，已经成人的哲宗皇帝，早已不是当年的少年。他性情暴躁，好色懒惰，对于祖母的严加管教和对政务上的涉入，他有着极强的逆反心理。高太后身体比较肥硕，每次上朝，她走在前面，哲宗皇帝在后面就会抱怨说："朕只见她的臀背。"凡是高太后赏识、信任的人，哲宗都不喜欢。苏轼精心准备的教材，仿佛对牛弹琴。小小年纪的哲宗对政务毫无兴趣，却对女色十分上心，积累了不少经验。苏轼在这边煞费苦心地施教，哲宗在那边早与宫女滚作一团。苏轼在劝谏尽忠的同时，又不免心灰意冷。

既然苏轼的政敌志在驱逐他离开京城，别无所求的他正好借此远离是非之地，一走了之。这次进京的遭遇，让苏轼再次体会到了人心的险恶，他实在是不愿留在朝中做官，于是不断上书请求外任。终于，苏轼被获准以龙图阁学士出知颍州（今安徽阜阳）。朝廷以"不为朕留"之语对苏轼的请辞深表惋惜，然后赐给苏轼锦衣、金腰带等赏赐，送他风风光光上任。

三个月后，苏轼外放到颍州为官，这场政治斗争最终才算收场。

颍州是一个小州郡，政务不是很多，而且同僚部属大多是苏轼的至交好友。颍州通判赵德麟是皇室子弟，不但精明干练，而且才华出众，与苏轼性情比较相投。而州学教授陈师道是"苏门六君子"之一，与苏轼的感情更不用说。这时，师母欧阳太夫人因病离世，欧阳耒、欧阳辩兄弟俩扶柩回乡，如今都在颍州为母守丧。两家既是世交，又是姻亲，关系自然比别人更加亲密，经常聚在一起饮酒论诗。

实际上，元祐六年（1091 年）并不是风调雨顺的丰收年，苏轼在颍州为官八个月，亲眼见证了成群的难民从东南逃向淮河边。他在陈报中描述了老百姓扒下榆树皮和马齿苋、麦麸子放在一起煮着吃。饥荒导致流寇蜂起，抢劫案不断发生，苏轼担心这样下去，难民将会成群逃离江南。

除夕这天，颍州下了一场大雪。苏轼与赵德麟登上城楼，看着难民在没膝深的大雪中跋涉前行，心中十分难过。如果官府无力赈济这些灾民，那么，横尸布路、盗贼群起的局面将不可避免。这天夜里，苏轼躺在床上辗转反侧，难以入眠，一直在思考如何赈济灾民。夫人闰之提醒他说："签判赵德麟曾经在陈州赈济灾民，很有成效，为什么你不请他来商议呢？"第二天天还没亮，苏轼就来找赵德麟，苏轼对他说："我昨夜一宿没睡，心里一直想着那些难民。我想，咱们是不是应该帮帮他们。你看咱们能不能从官仓里弄点儿麦子，给他们烙点儿饼吃？"

赵德麟对赈灾一事果然胸有成竹。他说："我也想过，这些人无非是需要柴和米来渡过难关。现在官仓里有米几千石，酒务局还有很多柴，我们现在就可以发给他们。"

苏轼连连说好，采纳了他的意见，两个人立刻着手，采用分层次赈济的措施办理。

灾民得到及时的救助，给颍州百姓带来了安定与祥和的治安环境，百姓十分感念苏轼的恩德。可是邻近地区淮河以南，官府还在征收米柴税。苏轼立刻上表，奏明朝廷废止这种荒唐事，为了尽快解决燃眉之急，柴米急需自由运输。

哲宗元祐七年（1092 年）二月，苏轼又接到朝廷的诏令，以龙图阁学士充淮南东路兵马钤辖知扬州军州事。苏轼本来准备等颍州任期结束后，再伺机上表请求退隐，没想到朝廷这么快就下达了新的任命。二月下旬，苏轼一家再次启程奔赴扬州任上。时任扬州通判的是晁补之，他是苏轼的得意门生，能与自己的门生同治一郡，对苏轼来说无疑是件非常高兴的事。

元祐七年（1092年）三月二十六日，苏轼到达扬州任上。扬州也是欧阳修的旧治之一，欧阳修曾在扬州修建了江南胜境平山堂，成为专供文人雅士吟诗作赋的场所。苏轼置身清幽的平山堂，极目远眺，江南诸山，尽览无余，想起恩师欧阳修，追思与怀念越发浓郁。他在《次韵和晁无咎学士相迎》长诗中，满怀深情地写道：

每到平山忆醉翁，悬知他日君思我。
路傍小儿笑相逢，齐歌万事转头空。

此时，长子苏迈已被朝廷任命到外地做官。苏轼去视察安徽各地时，随身相伴的是他的两个小儿子。他亲自到乡下与村民交谈，这让他看到了令人无法置信的情景：虽然处处麦苗青翠，但大多数的农家院却荒废无人。因为这时候府衙的差吏会带着兵卒来逼索以前的本金利息，拿不出就会把人带走投进监狱。一年的丰收，反倒成了村民最害怕的事情。苏轼在《扬州谢恩表》里说："丰凶皆病。"王安石的新政成了套在农民和生意人脖子上的枷锁，他们遇歉年，只是忍饥挨饿；遇丰年，则要锒铛入狱。

还是苏轼在杭州时，除去上表请款、请米、预防灾荒等不断麻烦朝廷外，还给朝廷上了一道长表章，请求宽免老百姓欠朝廷的债务。元祐七年（1092年），他又上报朝廷：苏州，湖州（吴兴），秀州（嘉兴）地区，百姓死亡半数，大批逃荒的难民渡江北来："有田无人，有人无粮，有种无牛。殍死之余，人如鬼腊。"在苏轼看来，即便朝廷立即给予扶持，这一地区要恢复到从前的样子也需要十年的时间。苏轼指出，倘若当初朝廷采用他的建议，所需要的款项只不过是后来赈济所需要费用的一半而已。他说："小人浅见，只为朝廷惜钱，不为君父惜民。"

这年五月十六日，苏轼又上表再谈宽免官债一事。他不管其他地区的官吏如何去做，只将圣旨按照自己的看法解释，在自己管辖的范围内宽恕了圣旨所列的一切案件。对于情况不明的案件，他就延期一年再办理，等待朝廷最新的决定。苏轼深信，人民的信用若不及时恢复，严峻的现实矛盾就不会缓和，商业也不能复原，巨债高利必将滋生恶行。他上了一道五千字的长表，详细论述处理呆账的办法，前后共有青苗贷款债、春税和秋税债等十多种。苏轼一再上奏，最后朝廷终于先后下令宽免部分债务。苏轼把情况从头到尾仔细梳理后，又拟了一份详尽的办法，他说：

臣顷知杭州，又知颍州，今知扬州。亲见两浙、京西、淮南三路之民，皆为积欠所压，日就穷蹙。死亡半年，而欠籍不除，以至亏欠两税，走陷课利，农末皆病，公私并困。以此推之，天下率皆然矣。

臣自颍移扬，舟过濠、寿、楚、泗等州，所至麻黄如云。臣每屏去吏卒，亲入村落。访问父老，皆有忧色，云："丰年不如凶年天灾流行，民虽乏食，缩衣节口，犹以生。若丰年举债积欠，胥徒在门，枷棒在身，则人户求死不得。"言讫泪下，臣亦不觉流涕。

孔子曰："苛政猛于虎。"昔常不信其言，以今观之，殆有甚者。水旱杀人，百倍于虎；而人畏催欠，乃甚于水旱。臣窃度之，每州催欠吏卒，不下五百人。以天下言之，是常有二十余万虎狼散在民间，百姓何由安生？朝廷仁政，何由得成乎？

这道表章呈上去一个月后，苏轼又给高太后上了一道私人表章，并代拟了一份圣旨：“访闻淮浙积欠最多。累岁灾伤，流殍相属。今来淮南始获一麦，浙西未保丰凶。应淮南、东西浙、京田诸般欠负，不问新旧，有旧官本，并特予权住催理一年。使久困之民，稍知之饱之乐。”他建议高太后按他所拟颁布一道圣旨，照他之前那道详细的表章来拟定条文，处理债务。

元祐七年（1092 年）七月，苏轼所催请的各项条款朝廷正式颁布施行。他表章中提到的公债朝廷也下令全部免除，他一心为国为民的愿望终于得以实现。

02. 两个女人

哲宗元祐七年（1092 年）八月下旬，朝廷再次下诏，以兵部尚书兼差充南郊卤簿使的职位召回苏轼。这个官职，是掌管御驾出行时扈从的仪仗队。

哲宗已经年满十八岁，马上就要亲政了。元祐六年（1091 年）十月，哲宗已经举行了初幸太学的大典。元祐七年（1092 年）四月又举行了大婚仪式，册立了皇后；冬季的郊祀之礼，也开始紧锣密鼓地筹备着。苏轼这次被召回京，就是负责来掌管这次大典的仪仗队的。

郊祀之礼是皇帝在郊外举行祭祀天地的仪式，苏轼对此丝毫不敢怠慢，卸任后即刻启程。归途中，他又写了好几道辞免状，请求祭礼过后依然外任知州。

此时，朝堂之上，“朔党”领袖刘挚已被弹劾去职，由吕大防、苏颂分任左右二相。苏辙已于六月高升为门下侍郎，按当时的说法，也是宰相之一。苏轼以兵部尚书之职被召还，兼端明殿学士又兼侍读，做皇帝的老师。此前，苏轼已是龙图阁学士，现又兼端明殿学士，双学士集于一身，这在有宋以来的翰林院中是不多见的。苏家兄弟二人同居高位，令有些官员坐不住了。在他们看来，苏轼和苏辙兄弟二人如此把持朝政，如果将来真有一天当上了宰相，他们就没有出头之日了。为了掌握主动权，他们决定先下手为强。元祐八年（1093 年）三月至五月，御史黄庆基、董敦逸连上七道弹章，重提“洛蜀党争”的老话题。他们还从六七年前苏轼任中书舍人时撰写的制诰中摘录语句，断章取义地指责他谤讪先帝。最终，这场闹剧在高太后的支持下，以黄庆基、董敦逸二人被贬黜而宣告收场。

有高太后的信任支持，苏轼的事业正按他的设想有条不紊地进行着。却不料，天有不测风云，命运再一次将他抛入了低谷。

元祐八年（1093 年）秋天，苏轼生命中最重要的两个女人相继去世。这两个女人对苏轼的仕途和生活有着极大的帮助，她们的离世，改变了苏轼的命运。

八月初一日，与苏轼相濡以沫二十五年的第二任妻子王闰之因病去世，享年四十六岁。九月初三日，一直支持他、宠信他的高太后病逝。

夫人王闰之的去世，让苏轼悲痛万分。王闰之去世时，苏轼正值仕途得意，作为苏夫人，她生前享受到了苏轼人生中最辉煌的一段日子。苏轼一路升官，让王闰之的身价也不断跟着上涨，她曾以显赫的贵夫人身份，陪同皇太后祭拜皇陵，享受着她那个级别的所有荣耀。孩子们也都长大成人，苏迈已经三十四岁了，苏迨二十三岁，小儿子苏过二十一岁，各自娶妻生子，陪伴在他们身边。苏迨的妻子是欧阳修的孙女，可见两家的关系是多么亲密。

王闰之的丧礼很隆重，是按照她的身份举行的。她的灵柩停厝在京西的寺院里，十年后，在苏轼去世时，苏辙将她的遗骨与哥哥苏轼合葬在一个坟墓里。

王闰之善良质朴，知足惜福。她与苏轼一同走过了风风雨雨的二十五年，陪伴了苏轼的落寞，享受了苏轼的飞黄腾达。在黄州时那么穷，她布衣赤足耕作田间，毫无怨言，甚至想方设法让生活变得富有情趣。回到京城，身为显贵，她仍然保持低调，淡泊宁静，富而不骄。苏轼一直有个愿望，有一天能辞官归隐，与闰之回到故乡眉州，在山水田园间度过余生。如今，闰之却撒手西去，苏轼极为悲痛，亲自写下祭文《祭亡妻同安郡君文》，承诺“唯有同穴，尚蹈此言”。

维元祐八年，岁次癸酉，八月丙午朔，初二日丁未，具位苏轼，谨以家馔酒果，致奠于亡妻同安郡君王氏二十七娘之灵。呜呼！昔通义君，没不待年。嗣为兄弟，莫如君贤。妇职既修，母仪甚敦。三子如一，爱出于天。从我南行，菽水欣然。汤沐两郡，喜不见颜。我曰归哉，行返丘园。曾不少须，弃我而先。孰迎我门，孰馈我田。已矣奈何，泪尽目干。旅殡国门，我实少恩。惟有同穴，尚蹈此言。呜呼哀哉！

苏轼用妥帖含蓄的措辞，赞扬王闰之的端庄贤德，赞扬她视前妻的儿子如己出。闰之去世百日后，苏轼请当时的著名画家，也是他的好友李公麟画了十张罗汉像，在请大德高僧为她诵经超度往生乐土时，一同焚烧献与亡魂。

然而，厄运并没有就此打住，刚经历丧妻之痛的苏轼，不得不面对高太后突然病逝的噩耗。高太后的病逝，让苏轼政治上的靠山轰然倒塌。那些和苏轼一样，在高太后当政期间施展才华的贤臣，将迎来仕途上的低谷和没落。好在贤能的高太后生前即预见到了她身后朝政会有所改变，虽然哲宗在艺术上有着一定的天赋，但高太后对这个皇孙的品性非常了解。年轻的哲宗处事不但轻率鲁莽，而且脾气暴躁。高太后在世时他就对祖母多有反感，一旦执掌朝政，必定会将高太后的政令尽皆废去，自行其是。而他的性格又极易被那些老奸巨猾的大臣玩弄于股掌之上，甚至被王安石那帮新党所利用。

在高太后去世前十天，范纯仁、吕大防、苏辙等六位大臣进宫去探望病情，高太后说自己好不了了，嘱托他们要尽忠心扶保幼主。当大臣们准备退去时，她又留下丞相吕大防和范纯仁，当着哲宗的面，她说："我想当着你们的面，告诉皇帝几句话。我知道我死之后，大臣之中难免会有人要愚弄皇帝，皇孙，你可要提防那些人啊！"说完将脸转向吕大防和范纯仁二人说："我死之后，你二人最好辞官归隐，因为皇帝必然要启用一批新人。"她问内侍，有没有安排来探病的大臣用膳，让吕大防和范纯仁去用膳，并说："明年今日，莫忘老身。"

高太后临终前，苏轼被获准以端明殿学士兼翰林侍读学士、左朝奉郎、定州路安抚使兼马步军都总管、统领河北西部，知定州军事及管内劝农事、轻车都尉、赐紫金鱼袋。定州驻地离北京大名府不远，高太后去世后，由于有太多的事情需要处理，苏轼直到九月下旬才离开京城去赴任。按惯例，苏轼离京前要当面向皇帝辞行，可哲宗皇帝却找借口不见苏轼。无奈之下，苏轼只好留下一篇《朝辞赴定州论事状》给皇帝，权作最后的忠告。

元祐八年（1093 年）十月二十三日，苏轼上任定州。定州是大宋边陲，北临契丹（后称辽），管辖七县一寨，还要负责两州三军[①]的防务，军政责任重大。宋真宗景德元年（1004 年）秋，辽朝萧太后与辽圣宗亲率大军南下攻入宋朝境内澶州。御驾亲征的宋真宗被迫签订了《澶渊之盟》，以每年送给辽岁币银十万两、绢二十万匹为代价，宋辽两国以白沟河为边界，签订了丧权辱国的条约。宋仁宗庆历二年（1042 年），为了抵御辽国南侵，宋仁宗钦定大名府为北京，升大名府为北宋陪都——北京大名府。然而，朝廷并没有从中吸取教训，反以买得的暂时安宁苟且偷安，从此高枕无忧，军备日渐松懈。

苏轼作为文职官员，来到定州兼任军职，来之前，他向哲宗皇帝奏请李之仪为定州通判，获得准奏。苏轼到定州不久，李之仪就跟随而至。李之仪与苏轼共治定州期间，从苏轼身上学到了许多东西，特别在文学上受益匪浅。

苏轼上任伊始就发现，军中行政腐败，兵卒与军官皆沉溺于酗酒赌博。不但营房破败，军纪废弛，而且士兵衣食不保，军饷极低。这样的兵怎能上战场打仗御敌？遇到敌人不用打就得溃败逃跑了。苏轼当即决定整饬军纪，修葺营房，对腐败的军官予以

① 两州三军：即定州、保州，安肃军、广信军、顺安军。

处罚革职。李之仪协助苏轼整顿军纪，惩治军中腐败，又领兵演练，学习兵法布阵。作为地方军的长官，苏轼对自己的身份特别重视，他身着戎装，与将校副官按官阶站立，举行校阅。当时军中有一骄悍老将叫王光祖，在军中任统领多年，苏轼的到来，让他的权力被剥夺，所以心生不快。在一次校阅时，他找借口拒不参加，苏轼很严肃地让人传令给他，如不参加将按军纪处罚，王光祖只好服从命令。

定州的军队由于长时间缺乏艰苦训练，士兵懈怠涣散，体能极差，一旦遇上战事很难发挥作用。苏轼通过调查走访了解到，以前定州有个弓箭社，在保卫边境的军事活动中充分发挥了作用，后来因为管理不力而解散。苏轼决定整编一支三万人的民兵武装，重新组建弓箭社，在物质上给以优待，让他们配合官军防务。这一举措，极大地增强了边防的军事力量。

在苏轼的治理下，定州军政面貌焕然一新。虽然政务上取得了一定的成绩，苏轼的内心却有着隐隐的不安。实际上，主政定州，是苏轼一生中最艰难的时刻。痛失靠山，让他官场失意；贤妻亡故，让他心灵孤寂。这一切对他来说是极大的打击，他的心情极度悲凉。想到临行前弟弟苏辙在东府为他践行的一幕，更是顿生感慨，于是写下了《东府雨中别子由》一诗：

庭下梧桐树，三年三见汝。前年适汝阴，见汝鸣秋雨。
去年秋雨时，我自广陵归。今年中山去，白首归无期。
客去莫叹息，主人亦是客。对床定悠悠，夜雨空萧瑟。
起折梧桐枝，赠汝千里行。重来知健否，莫忘此时情。

虽然苏轼不能预知自己的未来，不知道定州将是他仕途的终点，但随着高太后的离世，一场政治风暴正暗流汹涌，即将以更加猛烈的态势向他袭来。

03. 再遭迫害

元祐八年（1093 年）九月，宋哲宗赵煦正式亲政。只有十八岁的哲宗不但脾气暴躁，懒于学习，而且好色成性。作为一国之君，如果不能以贤德才干服众，那么这个王朝的命运也就堪忧了。

很快，高太后临终前的担忧就变成了现实。哲宗不但被奸佞小人玩弄于股掌之上，还听信变法派一众人的挑唆，将太后摄政期间宠信的老臣都罢黜贬谪，给所有反对新政的大臣都贴上破坏先帝神宗德政的罪名。新皇帝的执政口号是“绍述”，即遵循前人的遗规事业。这无疑释放了一个信号，新朝要恢复神宗年间王安石变法的新政。

哲宗绍圣元年（1094 年）四月，变法派重新得势，章惇作为变法派的代表人物官拜宰相之位。据《宋史·卷四七一·奸臣传一·章惇传》载：“于是专以‘绍述’为国是，凡元祐所革一切复之。”章惇不但怂恿皇帝恢复了新政，为了让哲宗深信所有元祐诸臣都有破坏先王新政之罪，还对这些大臣进行了控告。为了造成铁证的事实，他们又策划阴谋，以子虚乌有的谣言，诬陷当年高太后曾与大臣密谋夺取哲宗的皇位给自己的儿子。

当年高太后摄政时，章惇与蔡确兄弟都不被重用，被任命的都是闲职。蔡确因此记恨太后，放出谣言，说高太后想让自己的儿子取代赵煦登上帝位。蔡确的阴谋败露后被流放，最后死于流放之地。如今高太后已去世，谣言在章惇的导演下又死灰复燃，成了重大的政治问题。他们咬定司马光和王珪都是太后的同党，是颠覆阴谋的共犯，并要求哲宗皇帝将高太后的灵位移除祖庙。好在年轻的皇帝还没昏庸透顶，没有答应章惇等人的游说。但是罢黜、监禁、贬谪的圣旨，却是一连串如疾风骤雨般砸落下来。苏轼首当其冲不可幸免，与他同时有三十多个元祐期间的大臣受到了降职或贬谪，惩处的人数之众之多，古来未有。

章惇与苏轼曾经是好朋友，两人年轻时就相识。嘉祐二年（1057年）三月，章惇与苏轼在宋仁宗亲自主持的崇政殿礼部进士考试中同榜高中。廷试高中的章惇因族中侄儿章衡高中状元，他没有考过晚辈而愤愤不平。最终，耻于在其侄后的章惇弃进士诏令于地，放弃了此次功名，回到家乡准备再考。后来，章惇在重考中果真考中甲科第五名。由此可见，章惇的性情与才华的确不凡，只要进考场，必然稳操胜券，如果是平常庸俗之辈，哪有这种魄力和胆识。

高中后，章惇被朝廷任命为商洛令，苏轼此时任凤翔府节度判官，二人的属地相邻，同属于陕西路管辖之地。嘉祐七年（1062年）秋天，陕西路在长安举行解试，章惇与苏轼都参加了试务，两人本是“同年”，这次又一起共事，负责陕西路的刘敞[①]爱惜二

① 刘敞（1019—1068年），北宋学者、史学家、经学家、散文家。字原父，一作原甫，临江新喻荻斜（今属江西省樟树市）人。庆历六年与弟刘攽同科进士，为人耿直，立朝敢言，为政有绩，出使有功。与弟刘攽合称为北宋“二刘”，著有《公是集》。

人才华，对他们“皆以国士遇之”“二人相得欢甚”。

两个相得甚欢的人，一次同去南山各大寺庙游玩。当来到仙游潭时，只见双峰耸峙，万丈渊深间只架着一根独木桥。章惇提议走独木桥到对岸，二人在山壁上留下笔墨。苏轼俯瞰脚下的沟壑，不禁毛骨悚然，战战兢兢不敢上前。章惇见苏轼如此胆怯，便推开苏轼，面无惧色地跨过独木桥到达对岸，并攫取山间的藤蔓编制成绳索，一头系在一旁的大树上，一头缠在自己的腰间，然后“蹑之上下，神色不动，以漆墨濡笔大书石壁上曰：‘章惇、苏轼来游’。”苏轼感叹说：“子厚（章惇字）必能杀人！”章惇问：“何也？”苏轼说：“能自拼命者，能杀人也！”一个人连自己的性命都不在乎，当然也就有杀人的胆量了。章惇听了，哈哈一笑，只当是朋友之间的戏言。

正当两个人在山寺中畅饮时，有人报说有老虎下山了。此时，苏轼与章惇都已经喝得微醺，借着酒劲，二人打马前去观望。当距离数十米远时，果然见到有一只老虎，马受到惊吓，已经蹶足不前了。苏轼的酒一下被吓醒了，心里害怕地说：“马受惊不敢往前，我们还是回去吧！”章惇则毫无惧色，继续打马往前走。眼见章惇距离老虎越来越近，苏轼正担心时，章惇停了下来，他取出一面铜锣，用石头“哐当哐当”猛击锣面，老虎被吓得转身逃遁，进了密林。章惇事后对苏轼说：“你这人啊胆子小，将来肯定不如我。”从这两件事可以看出苏轼与章惇性情上的差别。但是，这些事并没有影响二人的友情。在苏轼写给弟弟苏辙的诗《病中闻子由得告不赴商州三首》中，章惇的名字首次出现在苏轼的诗文中：

近从章子闻渠说，苦道商人望汝来。
说客有灵惭直道，逋翁久没厌凡才。
夷音仅可通名姓，瘿俗无由辨颈腮。
《答策》不堪宜落此，上书求免亦何哉？

诗中的“章子”即指“章惇”。苏辙中进士后，曾被任命为商州军事判官，但因多种缘由未去赴任。章惇任职的商洛是商州属地，所以苏轼在诗中写到章惇向他介绍商州一带的风土人情，并说缺少得力的治理人才，苏轼希望弟弟能尽快到任。

章惇的商洛令任期于宋英宗治平元年（1064 年）正月十三日届满，在离任前，他特意邀约友人苏旦、安师孟一同前往凤翔，拜访苏轼。苏轼为尽地主之谊，用了四天时间陪章惇等人游览终南山楼观、五郡、大秦寺、延生观、仙游潭等风景名胜。这次出游，苏轼和章惇都留下了诗文，一时传为佳话。

宋神宗元丰二年（1079 年），章惇因追随王安石变法开始平步青云，升任翰林学士，在最高殿堂为皇上起草制诰诏令，可谓春风得意。而苏轼此时仍在外地任下僚，两个人的仕途地位发生了巨大的落差。但地位的悬殊，并没有影响两人的友情，二人时常诗词唱和，在往来中友情不断加深。直到章惇因变法派内部产生矛盾冲突，被人弹劾后出知湖州，仕途上第一次遭受挫折。在赴任前，章惇曾作诗寄给当时任密州太守的苏轼，其中一首写道：

君方阳羡卜新居，我亦吴门葺旧庐。
身外浮云轻土苴，眼前陈迹付籧篨。
涧声山色苍云上，花影溪光罨画余。

他日扁舟约来往，共将诗酒狎樵渔。

“籧篨”是用笋衣或竹篾编制而成的粗草席，“阳羡”是古时宜兴的称谓，相传苏轼喜爱那里的山水风物，想在阳羡买田置地终老。章惇在诗中与苏轼期许：“他日扁舟约来往，共将诗酒狎樵渔。”可见二人情谊之深。苏轼收到章惇的诗，便次其韵作《和章七出守湖州二首》：

其一：

方丈仙人出渺茫，高情犹爱水云乡。
功名谁使连三捷，身世何缘得两忘。
早岁归休心共在，他年相见话偏长。
只因未报君恩重，清梦时时到玉堂。

其二：

绛阙云台总有名，应须极贵又长生。
鼎中龙虎黄金贱，松下龟蛇绿骨轻。
霅水未浑缨可濯，弁峰初见眼应明。
两卮春酒真堪羡，独占人间分外荣。

苏轼在诗中盛赞了章惇在任上所建立的功绩，也表达了自己对他放舟江湖、徜徉山水间的高雅情趣的极度欣赏。诗中“早岁归休心共在，他年相见话偏长”，既是对二人年轻时在长安、凤翔一起游览山川美景的回顾，也是对美好未来的憧憬。后来在“乌台诗案”中，李定等人欲置苏轼于死地，当时的宰相王珪也一向不喜欢苏轼，便不怀好意地在神宗面前推波助澜，诬陷苏轼有不恭之罪，想借机将苏轼“诛杀”。此时，章惇已经重返朝堂，担任翰林学士，关键时刻，章惇为朋友仗义执言，在神宗面前反驳王珪，为苏轼进行辩护。章惇讥刺王珪：“人之害物，无所忌惮，有如是也！”退朝后章惇继续质问王珪：“是不是想使苏轼家破人亡？”王珪推脱说：“此舒亶言也。”章惇反唇相讥：“舒亶的口水难道也可以吃吗？”作为变法派中的骨干人物，此时为苏轼进行辩护，对章惇来说是需要有超越党争和牺牲个人利益的巨大勇气的。章惇为苏轼免于治重罪而仗义执言，挺身而出，立场鲜明，是有恩于苏轼的。苏轼被贬谪到黄州后，章惇又写信表达关心和慰问，苏轼在回信中写道：

> 轼自得罪以来，不敢复与人事，虽骨肉至亲，未肯有一字往来。忽蒙赐书，存问甚厚，忧爱深切，感叹不可言也。恭闻拜命与议大政，士无贤不肖，所共庆快。然轼始见公长安，则语相识，云：“子厚奇伟绝世，自是一代异人。至于功名将相，乃其余事。”方是时，应轼者皆怃然。今日不独为足下喜朝之得人，亦自喜其言之不妄也。

苏轼在落难时章惇不离不弃，章惇在信中“存问甚厚，忧爱深切”，令苏轼感叹不已，两人之间可以说是患难之交了。

元丰八年（1085 年）宋神宗驾崩，年幼的哲宗由高太后垂帘听政辅佐，司马光、苏轼等一批旧党被重新起用。此时，新、旧两党就新法的存废展开了激烈的交锋，一度处于胶着状态。以司马光为首的旧党背后是反对变法的高太后，所以新法最后尽遭废弃，变法派人士纷纷被贬黜离京。章惇是被旧党围攻、弹劾的主要目标，在诸多弹劾攻击他的奏章中，用语极尽刻薄、恶毒，章惇被列为罪大恶极的“三奸”和“四凶”之一。但是，在所有的弹劾中，出乎章惇意料的是苏轼兄弟也加入了对他的“恶攻”行列中。

元祐元年（1086 年），初任右司谏的苏辙上《乞罢章惇知枢密院状》。苏辙在奏章中，指斥章惇在变更推行免疫法问题上，居心叵测，“巧加智数，力欲破坏”，并明确地提出罢免章惇枢密院职，“无使惇得行巧智，以害国事”。苏辙乞罢章惇有政治理念和党派不同的因素，但在章惇看来，自己作为苏轼的密友，且有恩于苏轼，苏辙如此无情无义，拔刀相向，那握着刀把的手也有苏轼。苏轼兄弟关系亲密，如穿“连裆裤”，苏辙在弹劾他前，按常理应该与作为兄长的苏轼通气。苏辙的翻脸不认人，也意味着苏轼的翻脸无情。即便苏辙上奏前苏轼不知，那么在苏辙上奏后，苏轼也没有任何补救的措施和安慰的言行，这让章惇觉得，苏轼默认弟弟苏辙的攻击是正确的。

苏辙的奏章夸大了章惇的恶行，力加挞伐，给了章惇致命的一击，目的只有一个，将章惇逐出朝廷。章惇自感愤恨不平，五天后被贬知汝州，随后又改提举杭州洞霄宫。从枢密院大臣一下子跌落为一个闲人，用章惇的话说是：“洞霄宫里一闲人，东府西枢老旧臣。”而在章惇已出知汝州后，苏轼又在上奏的《缴进沈起词头状》中，指控章惇附和王安石谋求边功，草菅人命：“臣伏见熙宁以来，王安石用事，始求边功，构隙四夷。王韶以熙河进，章惇以五溪用，熊本以泸夷奋，沈起、刘彝闻而效之，结怨交蛮，兵连祸结，死者数十万人……”

由这些，可以理解如今重新掌权的章惇为什么要置苏轼于死地了。高太后在临终前，已对执政大臣放口风，她死后，诸位大臣要提前考虑自己的后路。苏轼在诸臣中对政治风向的变化是敏感的，高太后驾崩前即上疏请求离京去外地任职。元祐八年（1093）六月二十日，苏轼被罢去礼部尚书、端明殿学士，改知定州，但他请求改知越州，最后未获许可。在赴定州前，苏轼请求面辞皇上，也没有获得允许。种种迹象让苏轼预感到祸患将至，只是不知即将到来的暴风雨会有多猛烈。

如同当年横过深涧独木桥一样，章惇一向是天不怕地不怕的，复仇的火焰始终在他胸间熊熊燃烧，即便把苏氏兄弟烧成灰烬也难解他的心头之恨。时任枢密大臣的曾布对哲宗说：“人主操柄，不可倒持，今自丞弼以至言者，知畏宰相，不知畏陛下。臣如不言，孰敢言者？”臣僚们只知道畏惧章惇，却不知道畏惧皇上，可见章惇在朝堂的威猛。“乌台诗案”中，他能为挽救苏轼免死在皇上面前仗义执言，顶撞当时的宰相王珪，可谓是“真君子”；而如今，他贬谪苏轼，想置苏轼于死地，也可谓是“真小人”。在持续打击元祐党人的“组合拳”中，章惇对苏轼下手最重、最狠，也最致命。

04. 贬谪惠州

在元祐群臣中，苏轼是最先遭受贬黜的。朝中的大臣都知道章惇与苏轼关系交恶，在章惇拜相前后，有些人为了讨好章惇，对苏轼交相弹劾，成为章惇打击、迫害苏轼的马前卒。侍御史虞策弹劾苏轼：“所作诰词，语涉讥讪。”殿中侍御史来之邵上奏称：“轼凡作文字，讥斥先朝，援古况今，多引衰世之事，以快忿怨之私。”范纯仁在苏轼危难之际，上书为苏轼辩护，求“宽贷”，但哲宗没有准奏。

范纯仁为名相范仲淹之子，还是接受太后遗诏的两位大臣之一，为官清白，年轻的哲宗皇帝知道他的名望，所以一直未予加害。在残酷的迫害阴影下，范纯仁能够为苏轼仗义执言，可见他性格人品的光明磊落。

苏轼遇见范纯仁比较早，还是在苏轼和父亲、弟弟三人进京赶考途中，在江陵小住休息时二人相遇，后来彼此敬慕，一直有往来。但是，苏轼与他的交情不像和范镇、范祖禹之间那么亲密。

哲宗绍圣元年（1094 年）三月，苏辙遭到罢黜。那时章惇尚未拜相，当时门下侍郎李清臣主持科考，出题批驳元祐政事。苏辙上书坚决反对哲宗尊回祖制的“绍述”政策，并以汉武帝统治下疆土的开拓为例，从历史引证前例，表明后代帝王往往修正前代帝王的政策。李清臣想把苏辙扳倒取而代之，就向年轻的哲宗皇帝说，苏辙把神宗比为汉武帝，是对神宗的大不敬。年轻昏庸的哲宗皇帝对历史无知，便信以为真，一怒之下削除了苏辙的官职，贬任汝州知州。几个月后，又贬苏辙为左朝议大夫、袁州知州。苏辙还没到任呢，又于七月被降为左朝议大夫、试少府监，分司南京，筠州居住。

四月，章惇拜相，他首先拿苏轼开刀，将苏轼与另外三十人同时流放，而苏轼是流放到广东大庾岭以南的第一人。苏轼被贬

岭南后，他的弟子——“苏门四学士”也被流放出去。这些人在流放中也不得消停，官位被一贬再贬，而且随时随地处于调动当中。其弟子黄庭坚有诗句称：“子瞻谪岭南，时宰欲杀之。”“平生人欲杀，耿介受命独。”说的都是章惇欲置苏轼于死地。

范纯仁在苏轼等人被贬谪后，也向哲宗请求辞官归隐。在他的力请之下，哲宗皇帝允许他退隐于京都附近的家中。但是，章惇想把他和那三十人一同流放。章惇对哲宗说：“他也属于那一党。”哲宗则说：“纯仁公忠体国，并非元祐党人；他只是要辞官退隐而已。”章惇认为范纯仁辞官就是对朝廷表示不服、不满，与“元祐党人”是一伙的。为了彻底迫害元祐大臣，在章惇建议下，朝廷特意设置了专门的机构，把神宗元丰八年（1085 年）五月到哲宗绍圣元年（1094 年）四月，十年间的官员资料全部予以归档管理，甄别对待。只要开口反对过王安石变法的，都以毁谤神宗治罪。元祐大臣无一人得以幸免，先后惩处的官员达八百三十人之多。为了发泄心中的愤恨，把反对党赶尽杀绝，章惇建议建立“元祐党人碑”，将元祐年间当政的三百零九位大臣的名字刻于碑上。碑上还刻有皇帝的圣旨，昭示这三百零九人及其子孙永远不得为官，不得与皇家子女联姻，如果有联姻的，也要奉旨取消。这种碑刻要在全国各县分别树立，以儆效尤。“元祐党人碑”的设立，是对苏轼等元祐大臣的极大羞辱，也让迫害毫无底线地达到了极点。

苏轼被剥夺了官阶，贬为英州太守。对这一任命，他并不感到意外。早在高太后去世之时，他就已经预感到了这场风暴的到来，已经做好了坦然面对的准备。宋朝的制度规定，被贬的官员不得耽搁，需马上启程奔赴属地，不像升迁，可以推迟一些时日到任。苏轼接到圣旨后，便收拾行囊，带领全家踏上了去往英州任上的路程。

五十七岁的苏轼，如今要跨越一千五百里的山长水阔，从中国的北部到南部。在过去的岁月里，他经历了命运的起伏，已经参悟透了世事的无常，无论前路如何，他都将勇敢地去前行，去面对。

苏轼一家沿着太行山一路南行。正值梅雨季节，连绵的阴雨天气就像一家人此时的心情，沉闷又沉重。一家人行至赵州临城时，天气突然放晴了，远远望去，青翠的太行山草木蓊郁，这让苏轼非常高兴。此时，苏辙已经在汝州上任，这里离京城很近，苏轼决定先去看弟弟苏辙。

苏辙知道哥哥苏轼不善于理财，这些年又四处调动，手里应该没有什么积蓄。在苏轼离开时，苏辙给哥哥拿了七千缗，以便于苏迈带领家人回宜兴安顿，靠几亩薄田维持生计，也免去苏轼的后顾之忧。因为苏轼现在是罪官的身份，兄弟二人只相聚了短短的两天就匆匆话别了。此时，由于反对派向皇帝上奏，说苏轼“罪大责轻”，苏轼又被降了一职，好在路线还是要经过南雄，地点并没改变。

一路上，由于天气炎热和长途颠簸，苏轼年近六旬的身体实在承受不了，他上书给哲宗皇帝，希望皇帝开恩，念在他们师生一场的情分上，能允许他从滑州乘船走水路。这次，哲宗很快就批准了他的请求。苏轼将三个儿媳和家人送到宜兴安顿下来，自己带着朝云和两个小儿子又出发了。

六月，苏轼到达了江宁对岸的仪真，政敌章惇、蔡京、来之邵等人又不断在哲宗皇帝面前攻击苏轼，说苏轼罪大恶极，贬谪英州的惩罚太轻了。于是，昏聩的哲宗皇帝又两次对苏轼加重处分。此时，苏轼已经没有了太守的资格，被改派到广州迤东七十里的惠州充任建昌军司马，不得签书公事。情况的突然转变，让苏轼感到了前路的凶险。他决定让次子苏追回宜兴家中，他只携带二十二岁的小儿子苏过和朝云，另外还有两个老仆人。他的学生张耒此时在靖州做太守，派了两个老兵一路护送照顾他同往。

对苏轼再贬惠州的制诰，奉“时相（章惇）风旨”，由林希起草，用语极其恶毒：

> 左承议郎新差知英州苏轼。元丰间，有司奏轼罪甚众，论法当死。先皇帝特赦而不诛，于轼恩德厚矣。朕初嗣位，政出权臣。引轼兄弟，以为己助。自谓得计，罔有悛心，忘国大恩，敢以怨报。若讥朕过失，亦何所不容。仍代予言，诬诋圣考。乖父子之恩，害君臣之义。在于行路，犹不戴天；顾我士民，复何面目！乃至交通阉寺，矜诧倖恩。市井不为，缙绅所耻。尚曲典章，但从降黜。今言者谓轼指斥宗庙，罪大罚轻。国有常刑，非朕可赦，宥尔万死，窜之遐服。虽轼辩足惑众，文足饰非，自绝君亲，又将奚怼！保尔余息，毋重后悔。可特责授宁远军节度副使，惠州安置。
>
> ——《苏轼荷倌惠州安置制》

林希也曾是苏轼的朋友，后来见章惇得势，便卖友求荣，投靠了章惇。林希为了讨好章惇，不惜颠倒黑白，丑化诋毁苏轼兄弟俩。当时有人称林希文采飞扬，苏轼看见诰词后，不禁揶揄道：“林大（林希别称）亦能作文耶！”语气中充满了轻蔑。

苏轼晚年凄惨命运，无论是贬黜惠州，还是后来再贬海南儋州，都是章惇在幕后导演策划的。在章惇独自担任宰相的七年里，所有贬放“元祐党人”的旨令，都要经过他的手。章惇在不断贬逐苏轼到更远的瘴疠蛮荒之地过程中，一旦发现沿途经过的州郡有郡守或其他臣僚对苏轼一行待之以礼，或提供生活便利时，他就要下令给予严惩。沿途很多州郡官员为了不惹祸上身，只好对苏轼避而远之。苏轼为了不连累朋友们，流放途中大多歇宿在寺庙里。章惇还派遣与苏轼有宿怨的官员或政敌，到苏轼的贬放地任职，进一步加重对苏轼身心的折磨。

经过长途跋涉，哲宗绍圣元年（1094 年）九月，苏轼跨越了有名的大庾岭，进入了岭南广东境内。大庾岭在当时是赴广州客商的必经关隘，既遥远又危险，有去无回是常事。过了大庾岭，便是另一番天地了。

当苏轼行至清远时，看见岭南到处是青山绿水，气候宜人，心情十分高兴。一位顾姓秀才还热情地向他介绍了惠州的情况，苏轼听后写下了《舟行至清远县，见顾秀才，极谈惠州风物之美》：

到处聚观香案吏，此邦宜著玉堂仙。
江云漠漠桂花湿，海雨翛翛荔子然。
闻道黄柑常抵鹊，不容朱橘更论钱。
恰从神武来弘景，便向罗浮觅稚川。

九月二十三日，苏轼从广州乘船沿东江向惠州进发。二十六日，他们的船停靠在泊头镇。第二天，苏轼与小儿子苏过早早起床，父子俩乘肩舆去游罗浮山。罗浮山在博罗县境内，素有“岭南第一山”之称。他们游览了长寿观、冲虚观，饮了卓锡泉，还为葛洪的丹灶题了字。晚上，父子二人住在宝积寺中阁，第二天早上吃完早餐才回到船上。

这次游罗浮山，苏轼父子二人收获颇多。苏轼写了六篇散文和一首诗，盛赞罗浮山“山不甚高，而夜见日，此可异也”。苏过也不甘落后，常与父亲同题赋诗。看到小儿子出语不凡，才华显露，苏轼心中无比高兴。回想三十四年前与父亲苏洵、弟弟苏辙出川还京，父子三人乘船江上，酬唱和答的情形，与现在多么的相似，只是物是人非。

苏过虽然年纪不大，但是特别懂事，陪伴父亲形影不离。他还跟父亲一样专注于养生之术，每天半夜起来打坐。苏轼在《游罗浮山一首示儿子过》一诗中，曾骄傲地写道：

小儿少年有奇志，中宵起坐存黄庭。
近者戏作凌云赋，笔势仿佛离骚经。
负书从我盍归去，群仙正草新宫铭。
汝应奴隶蔡少霞，我亦季孟山玄卿。

绍圣元年十月初二（1094 年 10 月 26 日），苏轼一行终于到达目的地惠州。

05. 友情相伴

惠州在古代有“岭南名郡”“粤东门户”之称。绍圣元年十月初二（1094 年 10 月 26 日）这天，苏轼走出船舱那一刻，看到码头上翘首以盼的人群，有些人还挥手向他打招呼问好，颠沛流离中的苏轼感动了。即便他已看透了人世间的冷暖，已经修炼到宠辱不惊，但他还是热泪盈眶了。

为了这份感动，苏轼写下了《十月二日初到惠州》：

仿佛曾游岂梦中，欣然鸡犬识新丰。
吏民惊怪坐何事，父老相携迎此翁。
苏武岂知还漠北，管宁自欲老辽东。
岭南万户皆春色，会有幽人客寓公。

虽然苏轼初来乍到，但对惠州却有似曾相识的感觉。他借用“鸡犬识新丰”这一典故，表明自己虽身在异乡，却有到家一样的感觉。他甚至想到，自己会像被匈奴单于流放到寒冷漠北的苏武一样，总有一天会回到中原去；或者像管宁那样老死在辽东，那又能怎样呢？惠州父老乡亲的热情，让苏轼如沐春风。

还是在南雄到广州期间，苏轼碰上了老友道士吴复古。此后，在他流放的岁月里，一直与吴复古交往密切。吴复古是一个怪人，过去，他曾在不同的处所突然出现在苏轼的生活里。苏轼第一次遇见他是在济南，后来又在京城碰见他。吴复古是真正的道士，他与苏轼交往，无论苏轼辉煌时还是落魄时，从来无所求。他追求身体与精神上的轻松自在，追求心无挂碍，抛弃名利，淡泊寡欲，这也是道家极其推崇的，由于身体强，欲望少，他过着为人所艳羡的自由自在的生活。他的出现，仿佛是在提醒苏轼，如果苏轼能抛开仕宦政治，就能过这种自由自在、毫无羁绊的生活。

广东属于亚热带，在惠州，苏轼看见橘林、甘蔗、荔枝树、香蕉园，还有槟榔树，这些都让他感到新奇而愉快，这里太适于生活了。在惠州府衙役的指引下，苏轼到惠州府办理了报到手续。

惠州府衙在梌山上，因山上多梌木而得名。这个小镇人口不多，但地理环境和风景却很独特。小镇有两条河自北流入，在城东汇合，城的四周是组成西湖的五个湖：南湖、丰湖、平湖、菱湖和鳄湖。

惠州太守詹范，字器之，他因久仰苏轼大名，对苏轼的人格和才华钦佩有加。苏轼报到后，詹范马上把苏轼一家安排到官府的驿馆——合江楼居住。合江楼是朝廷官员的驿馆，苏轼作为一名贬官是没有资格住进去的。詹范将苏轼一家安排住进合江楼，足见他人品的方正与对苏轼的敬仰。苏轼曾在《和陶贫士七首》诗中状其貌其情说：

老詹亦白发，相对垂霜蓬。
赋诗殊有味，涉世非所工。
杖藜山谷间，状类渤海龚。
半道要我饮，意与王弘同。
有酒我自至，不须遣庞通。
门生与儿子，杖屦聊相从。

苏轼感激詹太守的礼遇之恩，他站在两河汇合处的合江楼上，望着宽广的河流在城边流过。沿河巨大的岩石边有人在垂钓，城的正北方向是罗浮山和象头山，对岸归善县城就建在山坡上。这里就是中国的南方，和他以前想象的完全两样，到处是茂盛的草木和亚热带水果，优美的景色让苏轼赞叹不已，他在《寓居合江楼》

中写道：

海上葱昽气佳哉，二江合处朱楼开。
蓬莱方丈应不远，肯为苏子浮江来。
江风初凉睡正美，楼上啼鸦呼我起。
我今身世两相违，西流白日东流水。
楼中老人日清新，天上岂有痴仙人。
三山咫尺不归去，一杯付与罗浮春。

（注：罗浮春是自家酿的酒）

苏轼这首诗极赞合江楼所处环境的优美，把它比作蓬莱仙山。在这样怡人的环境中美美地睡上一觉，让人觉得有走进仙山之感，旅途的劳顿一扫而空。然而好景不长，当章惇通过布下的眼线得知詹范礼遇苏轼，苏轼过得很惬意时，就责令惠州府要对苏轼严加看管。

当时同惠州一样归广南东路管辖的循州太守，也曾多次向苏轼赠送粮米，章惇知道后，便将这位循州太守的官给罢免了。驿馆已无法再继续住下去，在合江楼住了十六天后，苏轼只好搬到郊外的嘉祐寺里暂住。

不管境况如何艰难，苏轼已能坦然面对了。住到嘉祐寺后，他曾幽默地说，不久“鸡犬识东坡”了。他常常在寺庙周围散步，到山顶的松风亭流连。他因偶然发现松风亭远远高出树顶之上而顿悟：只要心无挂碍，处处可以安歇。他见到山脚的梅花兀自开放，心生欢喜，不由得想起了贬谪黄州时在春风岭上遇见的那一簇梅花。于是写下了《十一月二十六日，松风亭下梅花盛开》：

春风岭上淮南村，昔年梅花曾断魂。
岂知流落复相见，蛮风蜒雨愁黄昏。
长条半落荔枝浦，卧树独秀桄榔园。
岂惟幽光留夜色，直恐冷艳排冬温。
松风亭下荆棘里，两株玉蕊明朝暾。
海南仙云娇堕砌，月下缟衣来叩门。
酒醒梦觉起绕树，妙意有在终无言。
先生独饮勿叹息，幸有落月窥清樽。

苏轼已然又恢复到在黄州时的淡泊，他写诗、游赏美景，与当地百姓话家常。不久，他采用同一韵脚，又写了《再用前韵》与《花落复次前韵》：

《再用前韵》：

罗浮山下梅花村，玉雪为骨冰为魂。
纷纷初疑月挂树，耿耿独与参横昏。
先生索居江海上，悄如病鹤栖荒园。
天香国艳肯相顾，知我酒熟诗清温。
蓬莱宫中花鸟使，绿衣倒挂扶桑暾。
抱丛窥我方醉卧，故遣啄木先敲门。
麻姑过君急洒扫，鸟能歌舞花能言。
酒醒人散山寂寂，惟有落蕊黏空樽。

《花落复次前韵》：

玉妃谪堕烟雨村，先生作诗与招魂。

人间草木非我对，奔月偶桂成幽昏。
暗香入户寻短梦，青子缀枝留小园。
披衣连夜唤客饮，雪肤满地聊相温。
松明照坐愁不睡，井花入腹清而暾。
先生年来六十化，道眼已入不二门。
多情好事馀习气，惜花未忍终无言。
留连一物吾过矣，笑领百罚空罍樽。

这些用韵巧妙、构思自然、情感真挚的诗，是苏轼晚年的得意之作。从诗中可以看出，他已经以一种清澈澄明的心态来看待世间的无常了。途经广州时，他曾买了些上好的檀香，如今，他喜欢焚上一炉香，闭门静坐，在檀香缭绕中追思往昔的过错。他常常在凉风徐来的下午酣睡，直到屋顶的乌鸦将他唤醒。苏轼突然觉得，这种无官一身轻的日子也很不错。他在给朋友的信中说：我来到这里已经半年了，水土已服，现在已经心无挂虑，因为已是乐天知命的年纪了。在黄州时的老朋友陈慥给苏轼写信，想要来惠州探望他。由汉口到惠州远隔千里，苏轼在回信中写道：

到惠将半年，风土食物不恶，吏民相待甚厚。孔子云“虽蛮貊之邦行矣”；岂欺我哉！自失官后，便觉三山跬步，云汉咫尺，此未易遽言也。所以云云者，欲季常安心家居，勿轻出入。老劣不烦过虑……亦莫遣人来，彼此须髯如戟，莫做儿女态也……长子迈作吏，颇有父风。二子作诗骚殊胜，咄咄皆有跨灶之兴。想季常读此，捧腹绝倒也。今日游白水佛迹，山上布水三十仞。雷辊电散，未易名状，大略如项羽破章邯时也。

自山中归来，灯下裁答，信笔而书，纸尽乃已。三月四日（绍圣二年）

现在，苏轼的生活绝不寂寞。四周相邻地区的官员，都利用这个难得的机会前来拜访结识这位天下闻名的杰出诗人。在惠州东、西、北三面，有五县的太守经常给苏轼送酒送食物。惠州太守詹范和博罗县令林抃，已经成了他最亲密的朋友。而远在杭州的至交僧人参寥子、常州的钱世雄等人，也不断派人带礼品、药物、书信来探望他。苏州有一个姓卓的佛教徒，步行七百里给太湖地区苏家与那里的朋友送信。苏轼在宜兴的两个儿子一直听不到父亲的消息，十分焦虑，姓卓的知道后说："这个容易！惠州也不是在天上，是不是？若是走着去，总可以找得到。"于是，这位卓姓佛教徒便步行出发，一路跋涉，走得满脸紫色，两脚厚茧皮，他横越大庾岭，终于走到了惠州。

正因为有一众朋友，苏轼即使贬谪惠州，仍没有中断和家里的联系。苏轼的道友、道教奇人吴复古和苏轼同住数月，在随后的两年时间里，一直在惠州和苏辙任职的高安之间往返，为兄弟二人传递信息。苏轼的同乡道士陆惟谦，甚至不惜风餐露宿，跋涉两千里特意来看他。

苏轼在惠州时发现，惠州的酒类没有官方专卖，每家都是各自的家酿。而他从中发现一种极不寻常的"桂酒"，不仅味道醇厚，而且甘甜清冽，不啻仙露。仿佛在遥远的他乡遇到了知己，苏轼开始品尝桂酒，享受这份甘饴。他在给朋友的很多书信里，都提到桂酒，并赞美此酒微微带甜而不上头，能益气补神，使人容光焕发，唇齿之间留有异香。他在给陆惟谦的信中开玩笑说，你若来惠州，只要端起酒杯喝上一杯桂酒，那么千里迢迢的跋涉之苦就都抵消了。没想到，陆惟谦接到信竟然真来了。

太守詹范已经和苏轼成了好朋友，每过几天，他就会派他家的厨子带着菜到苏轼家来做。苏轼有时也去岸边钓鱼，坐在巨大的卵石上，看鱼咬钩，他会孩子般的开心不已。他也会拎着钓到的大鳗鱼，兴冲冲地到詹范家去吃饭。苏轼也常常到城西湖边的朋友家喝几杯，湖依傍着山麓，旁边有两座寺庙和一个大佛塔。他还常去游白水山，有时由儿子陪着他，有时和詹范或新来到城中的朋友一起去。

在苏轼给弟弟苏辙的信中，已经看不到因贬谪带来的颓丧。他在一封信里甚至向苏辙谈到自己新发明的“烤羊脊”。

惠州市肆寥落，然日杀一羊。不与在官者争买，时嘱屠者，买其脊骨。骨间亦有微肉，煮熟热酒漉，随意用酒薄点盐炙，微焦食之，终日摘剔牙綮，如蟹螯逸味。率三五日一铺。吾子由三年堂庖，所饱刍豢灭齿而不得骨，岂复知此味乎？此虽戏语，极可施用。但为众狗待哺者不悦耳。

苏轼还写下了很多篇酒赋，其中一篇“酒颂”描写了陶然微醉后的快乐，即使不会饮酒之人，读完也会神往的。

《浊醪有妙理赋》

酒勿嫌浊，人当取醇。失忧心于昨梦，信妙理之疑神……伊人之生，以酒为命。常因既醉之适，方识此心之正。稻米无知，岂解穷理？麴蘖有毒，安能发性？乃知神物之自然，盖与天工而相并。得时行道，我则师齐相之饮醇；远害全身，我则学徐公之中圣。湛若秋露，穆如春风。疑宿云之解驳，漏朝日之暾红。初体粟之失去，旋眼花之扫空……兀尔坐忘，浩然天纵。如如不动而体无碍，了了常知而心不用。座中客满，惟忧百榼之空。身后名轻，但觉一杯之重。今夫明月之珠，不可以襦，夜光之璧，不可以铺。刍豢饱我而不我觉，布帛燠我而不我娱。惟此君独游万物之表，盖天下不可一日而无。在醉常醒，孰是狂人之乐；得意忘味，始知至道之腴。

在惠州，苏轼不但成了酒的鉴赏家和试验者，他还自己酿酒喝。他在定州时，曾试酿橘子酒和松酒，松酒甜而微苦，在他写的《松醪赋》里，曾提到松脂的蒸馏法，但是如何酿酒却并没有确切的说明。在惠州他酿了桂酒，而且生平第一次品尝了中国南方的特产“酒子”。酒子是在米酒还未曾充分发酵时取出来的，所以其中酒精成分特别少，实际上有些像稍带酸味的啤酒。有一次在一首诗前的小序中他写道，自己一面滤酒，一面喝个不停，直到醉得不省人事。

06. 冰释前嫌

哲宗绍圣二年（1095 年）正月，苏轼到惠州的第二年，他的“冤家”，也是他的原姐夫程之才被章惇派到广东，任职广南东路提刑官，巡视惠州。巡视官员有督查罪臣的职责。章惇与苏轼交往多年，深知苏家与程家视若仇敌的宿怨和往事。

苏轼的母亲程氏是眉山望族程家的女儿，苏、程两家因此有了姻亲关系。后来，苏洵将唯一的女儿，也就是苏轼的姐姐八娘嫁给了苏轼的表哥程之才。程之才是苏轼母亲程夫人的兄长程浚的儿子，苏轼、苏辙小时候经常和表哥在青神县程家嘴一起游玩。

在苏轼出生前，苏家已有一儿一女病逝，只剩下长苏轼一岁的姐姐苏八娘，被父母视为掌上明珠。北宋皇祐二年（1050 年），十六岁的八娘嫁给了程之才，程之才也从苏轼的表哥变成了他的姐夫。这本是“亲上加亲”的好事，也符合眉山当时“乡人婚姻重母族”的习俗。可是，婚后八娘因个性耿直，与公婆的关系水火不容，连带着丈夫程之才对她也冷眼相待。在程家饱受冷落虐待的八娘，连生病也得不到及时的医治，最后，郁郁而终，年仅十八岁。苏家人为此悲愤不已，苏洵更是撰文大骂程家“薄骨肉之亲，缺孝悌之行”，骂程之才的父亲是“贪财好色的卑鄙小人，多行不义的州里大盗”。苏轼也曾指斥程之才为“邪恶小人”，并与其断绝了往来。就连苏轼的母亲程夫人去世，苏洵也没有允许程家人前来祭悼。原本是亲上加亲的好事，最后却导致两家留下宿怨，成为仇人。

宋朝的官制，提刑即为巡按大臣，是代表朝廷巡察地方，有发奸擿伏、整肃官吏的大权。广东一带的地方官都知道程之才向来手段冷酷，铁面无私，敢作敢为，无不心下惶惶。这次，章惇特意派广南东路提刑官程之才巡视惠州，就是想借程之才的手，将苏轼置于死地，可见章惇用心的险恶。

苏轼得知程之才要来的消息，内心颇为紧张，一直处于焦虑之中。年近六十的苏轼，经历了人生的浮浮沉沉，早已放下了心中的怨恨。可他不知道时隔四十二年，这位一直没有往来的前姐夫，是否也放下了心中的仇恨。

为了探明虚实，苏轼委托好友广东程乡县令侯晋叔到广州向程之才问候，以便探听程之才的态度。侯晋叔回来说，程之才对苏轼目前的处境非常关心，并不见落井下石的意思。于是，苏轼给程之才写了封短信，表达了对程之才的问候：“长官来，伏承传道，倘获一见，慰幸可量……”此时，苏轼刚好收到一直关注他命运的弟弟苏辙的来信，苏辙在信中说，他在湖口见到了程之才的儿子和媳妇，知道程之才对苏家并没有恶意，而且还特别关心苏轼的处境。

苏轼到此时才算舒了一口气，心里有了底，他又给程之才写了第二封信。在信中，苏轼称程之才为“老兄”，表达了期盼相见之情，但又坦言，自己以罪臣之身，恐怕不便于出去迎接他，希望程之才出于骨肉亲情，“不责末礼而屈临之”。

程之才虽然以章惇特使的身份来到惠州，看似要对苏轼进行更残酷的迫害，但实际上，程之才却有心利用此次机会来化解两家数十年来的宿怨。他给苏轼回信说，两家陈年的嫌隙郁结在他的心中，多年来苦于无机会沟通，一直感到深深的遗憾。苏轼接到程之才的回信，读后大喜，当即回信写道：“老弟亦不免如此，蕴结之怀，非一见终不得解也。”

苏轼与程之才恢复了书简联系，知道了程之才将于三月初到达惠州，苏轼叫小儿子苏过代表自己到江边去迎接。程之才到惠州的第二天，就携带着丰厚的礼品，亲自到苏轼所住的嘉祐寺来探望。原是情同手足的童年玩伴、表兄表弟，曾经的姐夫和内弟，如今在远离故乡万里之遥的岭南，身经宦海浮沉后，终于再度执手，冰释前嫌。“世间谁似老兄弟，笃爱不复相疵瑕。”苏轼与程之才敞开心扉，彻夜长谈，这份血浓于水的亲情显得更加弥足珍贵。

程之才提刑广南东路的日子里，苏轼和他如胶似漆。两个年近六旬的人，一起游山玩水，酬唱往来，相处得十分愉快。在罗浮山东麓，有座白水山，山中早年间建有寺庙，以瀑布著名，又有佛迹岩、汤泉等名胜。《太平寰宇记》说：“广东增城县（今广东省增城区）东二十里，有山名泉山，盖即白水山，乃后人传写讹合‘白水’二字为一也，山有佛迹岩。”（《东坡志林》第7页）苏轼与程之才同游白水山，回忆过往，畅叙友情，共沐汤泉，兴起时写下了《同正辅表兄游白水山》《次韵正辅同游白水山》等诗：

《同正辅表兄游白水山》：

伟哉造物真豪纵，攫土抟沙为此弄。
劈开翠峡走云雷，截破奔流作潭洞。
因随化人履巨迹，得与仙兄蹑飞鞚。
曳杖不知岩谷深，穿云但觉衣裘重。
坐看惊鸟救霜叶，知有老蛟蟠石瓮。
金沙玉粒粲可数，古镜宝奁寒不动。
念兄独立与世疏，绝境难到惟我共。
永辞角上两蛮触，一洗胸中九云梦。
浮来山高回头失，武陵路绝无人送。
筠篮撷翠爪甲香，素绠分碧银瓶冻。
归路霏霏汤谷暗，野堂活活神泉涌。
解衣浴此无垢人，身轻可试云间凤。

《次韵正辅同游白水山》：

只知楚越为天涯，不知肝胆非一家。
此身如线自萦绕，左回右转随缫车。
误抛山林入朝市，平地咫尺千褒邪。
欲从稚川隐罗浮，先与灵运开永嘉。
首参虞舜款韶石，次谒六祖登南华。
仙山一见五色羽，雪树两摘南枝花。
赤鱼白蟹箸屡下，黄柑绿橘笾常加。
糖霜不待蜀客寄，荔支莫信闽人夸。
恣倾白蜜收五棱，细劚黄土栽三丫。
朱明洞里得灵草，翩然放杖凌苍霞。
岂无轩车驾熟鹿，亦有鼓吹号寒蛙。
仙人劝酒不用勺，石上自有樽罍洼。
径从此路朝玉阙，千里莫遣毫厘差。
故人日夜望我归，相迎欲到长风沙。
岂知乘槎天女侧，独倚云机看织纱。
世间谁似老兄弟，笃爱不复相疵瑕。
相携行到水穷处，庶几一见留子嗟。
千年枸杞常夜吠，无数草棘工藏遮。
但令凡心一洗濯，神人仙药不我遐。
山中归来万想灭，岂复回顾双云鸦。

程之才，字正辅，《苏轼文集·尺牍》中有《与程正辅七十一首》，可见当时二人关系的亲密和诗词唱和的频繁。

苏轼陪程之才游览当地的西湖时指出，西湖因没有桥，给惠州百姓生活、出行带来很多不便。他向程之才畅谈了自己的治理方案：从湖对面孤山脚下筑一条长堤，把西湖一分为二，划为两片，这样既可以抬高上游的水位，起到灌溉千顷良田的作用，又可以控制下游水位。苏轼同时提出在西湖与惠州城之间架设一座桥，在惠州东门外的东江上架设一座桥，以便解除惠州的交通障碍。

程之才听后感动不已，他没有想到，苏轼自己身陷囹圄，还能如此忧国忧民。他握着苏轼的手说："表弟身处逆境，心系国家百姓，我难道还能推辞吗？"苏轼真诚地说："这也是兄长为国分忧的大业啊！"后来，苏轼亲自前往程之才下榻的三司行衙回拜，二人在合江楼相叙。苏轼以拳拳为民之心，再次向程之才提出为西湖筑堤修桥，解决农民饥年生活困难的要求。

程之才来广东前，章惇有明确的指示，叮嘱他到广东后，要加紧处理苏轼"谤讪先帝"一事。程之才没有想到，苏轼此刻心中牵挂的仍是百姓苍生。为了了却苏轼"两桥一堤"的宏愿，程之才写信给惠州知州詹范，督促惠州官府加紧西湖堤、桥的修建。詹范本来就与苏轼要好，加上有巡按大人的旨意，惠州府拨府库三千万钱，启动了堤桥修建工程。

苏轼与程之才能化解仇恨，重拾亲情，与彼此年纪老大了，仇怨之念随着时间的流逝慢慢消散，渐渐感受到了亲情的可贵不无关系。尤其是他们都感怀一个共同的亲人——程夫人，她是苏轼的母亲，也是程之才的姑妈兼岳母，更是苏轼与程之才共同敬爱的长辈；苏轼用对亲人的坦诚，对国家的忠诚，对百姓的感情，感动了程之才，同时化解了两家四十二年的宿怨，也成就了他和程之才的人生高度。

章惇的设计，促成了苏轼与程之才重修旧好，再拾骨肉之情，恢复了苏、程两家的亲情关系。

程之才在离开惠州时，还关照惠州官员请苏轼搬到三司行衙合江楼居住，为此，苏轼多次致书表达谢意。

程之才最终因化解旧怨、善待苏轼而遭到章惇的打压，不久便被调离广南东路。此后，章惇不再重用程之才，他的仕途也从此一蹶不振。

07. 惠泽民生

宋哲宗绍圣元年（1094年）四月，苏轼贬知英州（今广东英德）。还没等到任，八月又被贬为宁远军节度副使，惠州安置。虽然他是谪官，不得签署公文，没有任何权力，但有冰释前嫌的前姐夫加表兄程之才任广南东路提刑官，凭借他们的友情，苏轼在惠州得以为地方做些实事，也算颇有建树。

闲下来的苏轼，平日无事就到处去了解惠州的风俗民情。他发现，惠州城四面环水，居民出行非常不方便，还经常发生落水事件，遂萌生了改善惠州城现状的念头。

在苏轼看来，惠州城被西枝江分为两半，两岸百姓往来十分不便。他经过与程之才和几位太守、县令反复商讨，提出了“两桥一堤”计划。两座桥一座在江中，一座在惠州湖上。经过反复考证，苏轼认为，建在江中的桥用船只串联起来的船桥比较可行。用四十只小船，每两船为一舫，连成二十舫，再用锁石碇把它们固定在江中，这样，不管江水如何变化，行人都可以从舟桥上往来通过；他还建议在平湖门和西山两端各筑一段堤坝，中间造飞楼九间作桥，木料全部采用罗浮山上坚硬如铁的盐木，以免像从前的普通木桥那样发生腐烂。苏轼的“两桥一堤”建议，得到了众人的支持。

哲宗绍圣二年（1095年）十月，“两桥一堤”工程正式开工。苏轼请来罗浮山冲虚观的道士邓守安，由他亲自来督办建造船桥之事；请来栖禅院僧人希固，由他来督办建造西湖楼桥和筑堤之事。作为工程的倡导人，苏轼每天都要到工地上走走看看，了解一下工程的进度，研究解决一些施工中的实际问题。苏轼的行为引得当地百姓也纷纷走出家门，到工地上来看热闹。

工程进行到一半的时候，资金出现了不足，苏轼为了让工程正常运行，不但把家中皇帝赏赐的一条犀牛皮腰带捐了出来，还写信给弟弟苏辙，向他求助。苏辙接到信后，与史夫人商量，决定将从前宫内赏赐给史夫人的数千两黄金捐赠出来，以成全兄长为民办事的心愿。惠州各界得知情况后，也纷纷捐款资助。

绍圣三年（1096年）六月，“两桥一堤”大型水利工程，历时八个月终于建成。湖水清波浩渺，绿柳拥岸，舟楫穿梭于堤孔，如同画中美景，不但成了西湖的一个景点，还作为一条交通要道，方便了居民到西山去砍柴、割草和耕作。惠州城百姓欢欣鼓舞，纷纷表达对太守和苏轼的感激之情。为了铭记苏轼的功德，惠州百姓把它命名为“苏公堤”，作为永久纪念。苏轼兴奋之余，挥毫写下《两桥诗（并引）》：

惠州之东，江溪合流，有桥，多废坏，以小舟渡。罗浮道士邓守安始作浮桥，以四十舟为二十舫，铁锁石矴，随水涨落，榜曰东新桥。州西丰湖上有长桥，屡作屡坏，栖禅院僧希固筑进两岸，为飞阁九间，尽用石盐木，坚若铁石，榜曰西新桥。皆以绍圣三年六月毕工，作二诗落之。

其一：东新桥

群鲸贯铁索，背负横空霓。
首摇翻雪江，尾插崩云溪。
机牙任信缩，涨落随高低。
辘轳卷巨绠，青蛟挂长堤。
奔舟免狂触，脱筏防撞挤。
一桥何足云，欢传广东西。
父老有不识，喜笑争攀跻。
鱼龙亦惊逃，雷雹生马蹄。
嗟此病涉久，公私困留稽。
奸民食此险，出没如凫鹥。
似卖失船壶，如去登楼梯。
不知百年来，几人陨沙泥。
岂知涛澜上，安若堂与闺。
往来无晨夜，醉病休扶携。
使君饮我言，妙割无牛鸡。
不云二子劳，叹我捐腰犀。
我亦寿使君，一言听扶藜。
常当修未坏，勿使后噬脐。

其二：西新桥

昔桥本千柱，挂湖如断霓。
浮梁陷积淖，破板随奔溪。
笑看远岸没，坐觉孤城低。
聊因三农隙，稍进百步堤。
炎州无坚植，潦水轻推挤。
千年谁在者，铁柱罗浮西。
独有石盐木，白蚁不敢跻。
似开铜驼峰，如凿铁马蹄。
岌岌类鞭石，山川非会稽。
嗟我久阁笔，不书纸尾鹥。
萧然无尺箠，欲构飞空梯。
百夫下一杙，椓此百尺泥。
探囊赖故侯，宝钱出金闺。
父老喜云集，箪壶无空携。
三日饮不散，杀尽西村鸡。
似闻百岁前，海近湖有犀。
那知陵谷变，枯渎生茭藜。
后来勿忘今，冬涉水过脐。

在绍圣三年（1096 年）正月，博罗发生大火，全城在大火中化为灰烬，这让苏轼十分震惊。为了安抚无家可归的百姓，官府展开了救济行动，临时搭建了很多帐篷供灾民居住。官衙在大火中也被夷为平地，急需重建。危难时刻，苏轼没有坐视不管，他将灾情视为己任。为了避免官府在重建城镇的过程中，以征用物资和民工为借口，趁机剥削百姓，他向程之才建议：禁止在民间征用物资、征用民工，所有需求应由地方政府在市场公开购买。否则，“害民又甚于火灾矣”。

苏轼发现惠州城外有很多无主野坟。有些枯骨暴露在外，这让苏轼深感不安。他相信，那些死者不是平民百姓就是兵卒，那些残缺不全的尸骨，只能合葬在一处。为此，他和太守詹范商量，筹集经费，捡拾枯骨，重新建一座大冢，将他们合葬在一处。为此，他亲自写了一篇《惠州祭枯骨文》：

> 尔等暴骨于野，莫知何年。非兵则民，皆吾赤子。恭惟朝廷法令，有掩骼之文，监司举行，无吝财之意。是用一新此宅，永安厥居。所恨犬豕伤残，蝼蚁穿穴。但为冢，罕致全躯。幸杂居而靡争，义同兄弟；或解脱而无恋，超生人天。

苏轼希望那些阴魂在这个大冢中能够和睦相处，就像在一个大家庭中一样。这件事，让他在当地百姓中的威望再次提高，深得百姓的敬仰。他又在城西修建了一座放生池，直到清末，当地士绅和百姓还经常在节日去那里放生。

苏轼在惠州街头看到推着满车稻谷去向府衙缴纳捐税的农民，因为丰收，谷价下跌而被拒收时，同情心和正义感让他决定管管这件事。他经过探寻得知，因为谷价太低，官府不要粮只要现银。农民只有在市场将稻谷低价卖了，才能换得银两，但要缴纳的捐税却还是以粮价高时计算。这样下来，农民交一斗粮税，必须要卖出两斗稻谷才够。为了减轻农民的负担，苏轼给程之才写了一封长信，言辞恳切，直击弊端，将府衙的弊病揭露无遗，并指出这种行为是公然向农民勒索。他建议程之才与当地税吏和运输官员进行商议，能否依据当地谷价向农民征税。后来，他听说当地官员已经联名向朝廷奏请此事，颇感欣慰。

苏轼在关心农业生产的同时，也非常关心农具的改进。还是在赴惠州途中，行船停泊在江西太和县时，当地一位退休官吏曾安止拿着一本自己编撰的《禾谱》书稿来向苏轼请教。苏轼认为《禾谱》对各种农作物的生长特点、生产管理方法都做了介绍，写得很翔实，对农民很有参考价值。但美中不足，书稿没有介绍耕作农具和改良农具的内容。在苏轼看来，生产工具的改良和进步，相当于种植技术的提高。看完书稿后，他想起了自己被贬黄州时见过的一种插秧工具——秧马。插秧是件很累的农事，农夫要在水田中整天弯着腰劳作，累得腰酸背痛，而秧马就像漂浮在水面上的一只小船，农夫可以坐在上面插秧，用腿当作桨来前后移动。秧马既可以增进插秧速度，又可以节省劳动力，苏轼向曾安止介绍了秧马，并决定在南方推广。他在《秧马歌并引》中极力赞美秧马的好处：

> 过庐陵，见宣德郎致仕曾君安止，出所作《禾谱》，文既温雅，事亦详实，惜其有所缺，不谱农器也。予昔游武昌，见农夫皆骑秧马。以榆枣为腹，欲其滑，以楸桐为背，欲其轻；腹如小舟，昂其首尾；背如复瓦，以便两髀。雀跃于泥中，系束藁其首以缚秧，日行千畦。较之伛偻而作者，劳佚相绝矣！《史记》禹乘四载，泥行乘橇。解者曰："橇形如箕，擿行泥上。"岂秧马之类乎？作《秧马歌》一首：
>
> 春云蒙蒙雨凄凄，春秧欲老翠剡齐。
>
> 嗟我父子行水泥，朝分一垅暮千畦。

腰如箜篌首啄鸡，筋烦骨殆声酸嘶。
我有桐马手自提，头尻轩昂腹胁低；
背如复瓦去角圭，以我两足为四蹄。
耸跃滑汰如凫鹥，纤纤束藁亦可赍；
何用繁缨与月题，揭从畦东走畦西。
山城欲闭闻鼓鼙，忽作的卢跃檀溪。
归来挂壁从高栖，了无刍秣饥不啼。
少壮骑汝逮老黧，何曾蹶轶防颠隮。
锦鞯公子朝金闺，笑我一生蹋牛犁，
不知自有木駃騠。

苏轼在给一位太守朋友送行时，不但极力推广秧马，还说，太守的成功之道，在于“使民不畏吏”。他现在虽然失去了权力，只是惠州的一个贬官，与之相交往的除了道士吴复古、陆惟谦，罗浮的僧人，邻居翟姓秀才，会酿酒的林氏夫人外，他在太守和县令、学者中也有很多朋友。

广州作为广南东路的治所，与惠州近在咫尺，太守王古也是苏轼的好朋友之一，两人经常有书信往来。当苏轼得知广州也在闹瘟疫，就写信给王太守，建议他筹措一笔基金，用来创建一家公立医院，就如苏轼当初在杭州城治理瘟疫一样。广州人和杭州人一样，也深受饮水问题的困扰。苏轼认为，瘟疫、疾病的发生，多与饮用水有关。在广州城内有一口甘甜的好井，只供官府的人享用，百姓是不能用的。通过多方考察，苏轼得知，在距广州城七里之外，有一处高于广州城的地方，有一眼上好的泉水。苏轼此时结交的朋友中有一位道士邓守安，他有一套引山泉水入广州城的完整计划，苏轼赶紧将邓守安的计划推荐给王古，并建议用大竹管做水管，引山泉水进广州城。

广州北靠越秀山，南濒珠江和南海，地下水多为咸苦的海水，对健康极为不利。王古也是一个实干型的好官，他采纳了苏轼的建议，马上派人实地测量，并着手施工，在山泉旁修建了一座石头水库，用来蓄水。然后，用五根大竹管，从这里抽水，引到广州城内另一座石头水库中。他又在苏轼的指导下，有效解决了如何对付自来水管堵塞的办法。这种做水管的大竹子，在广东东部多有种植。引蒲涧山泉水入广州，解决了广州城居民的饮水卫生问题，从此后，广州百姓都喝上了清凉甘甜的山泉水，广州也因此成了全国最早有“自来水”的城市之一。

为了不给朋友惹麻烦，不让章惇的人知道是他的主意，他叮嘱王古不要对人提起他，但王古最终还是因“妄赈饥民”之罪被章惇革职。

08. 痛失朝云

作为贬官，苏轼在惠州的生活实际上并不好过，经常处于缺米少酒的状态。好在有朝云一直陪伴在他身边，不但照顾他的饮食起居，还带给他心灵上的慰藉。惠州太守詹范和循州太守周文之等人也经常派人给他们送些薪米接济生活。

生活的窘困并没有打垮苏轼，他效仿在黄州的经历，向一位王姓参军借了半亩田来种菜，还种些用来滋补的中草药，以备不时之需。

苏轼不知道未来的日子会如何，刚到惠州时，他五十七岁，朝云三十一岁，他在心里决定把惠州当家。如果能在惠州一直住下去，他会把孩子们自宜兴迁居到这里，可他不知道，下一步自己又会被派往哪里。

绍圣二年（1095 年）九月，朝廷举行了皇家祭祖大典，按惯例，此时朝廷应该大赦天下。苏轼期盼着，却一直没有等来喜讯。直到年终，他才听说，元祐诸臣并不在大赦之列。这个消息，让苏轼一直悬着的心最终放了下来，也让他的心情安定下来。他给程之才写信说："某睹近事，以绝北归之望，然心中甚安之。未话妙理达观，但譬如原是惠州秀才，累举不第，有何不可？"他在给至交孙勰的信中说："今者北归无日，因遂自谓惠人。"

朝云与苏轼虽然年龄相差二十六岁，但两人琴瑟和鸣，情爱有加。朝云聪慧漂亮，勤劳能干，活泼而充满朝气，被苏轼引为知己。秦观曾写诗赞美朝云"美如春园，目似晨曦"。在苏轼不断外放的过程中，家中的姬妾有些已陆续离开。等到苏轼接到贬谪岭南的谕旨后，姬妾和侍女只剩下三两个。苏轼心肠慈善，认为南蛮瘴疠之地，正常男人生存都很艰难，更何况是弱女子？所以，他决定将所有的姬妾全部遣散，唯独朝云不肯离去。朝云的执着坚定，使苏轼大为感动。苏轼把对朝云陪伴他颠沛流离的感激之情，化为文字，用诗词来赞美、感谢朝云。初到惠州半月后，他就忍不住写下了《朝云诗（并引）》：

世谓乐天有《鬻骆马》《放杨柳枝》词，嘉其主老病，不忍去也。然梦得有诗云："春尽絮飞留不住，随风好去落谁家。"

乐天亦云：（小蛮）“病与乐天相伴住，春随樊子一时归。”则是樊素竟去也。予家有数妾，四五年相继辞去，独朝云者，随予南迁。因读乐天集，戏作此诗。朝云姓王氏，钱塘人。尝有子曰幹儿，未期而夭。

不似杨枝别乐天，恰似通德伴伶玄。
阿奴络秀不同老，天女维摩总解禅。
经卷药炉新活计，舞衫歌扇旧因缘。
丹成逐我三山去，不作巫阳云雨仙。

白居易曾有家姬樊素、小蛮，一个擅唱杨柳词，一个擅舞杨柳风，二人深得白居易的宠爱。后来，白居易年老体衰，就将二人与坐骑一起放走了。白居易在诗中说：“春随樊子一时归。”苏轼在诗中用白居易与樊素、小蛮的最终别离，和晋人刘伶元与小妾樊通德的情深意笃、老来相伴做对比，用这两个典故，来说明朝云与他生死相随、不离不弃、心意相通，就像刘伶元与小妾樊通德一般。

苏轼颇以朝云的孩子夭折为恨事，称朝云是纯净圣洁的“天女维摩”，抛却了从前的长袖舞衫，远离了歌板，一心诵经礼佛。待有朝一日，仙丹炼成，将与他一同登仙山，再也不为尘世所羁绊了。

绍圣二年（1095 年）端午节，正逢王朝云生日。苏轼为了感谢王朝云的不离不弃，又写了一首《殢人娇·或云赠朝云》：

白发苍颜，正是维摩境界。空方丈、散花何碍。朱唇箸点，更髻鬟生彩。这些个，千生万生只在。　好事心肠，著人情态。

闲窗下、敛云凝黛。明朝端午，待学纫兰为佩，寻一首好诗，要书裙带。

苏轼似乎觉得这首词仍不足以表达自己对朝云的感激和赞美，于是，又写下一首《浣溪沙·端午》：

轻汗微微透碧纨，明朝端午浴芳兰。流香涨腻满晴川。　彩线轻缠红玉臂，小符斜挂绿云鬟。佳人相见一千年。

在惠州，朝云为了排遣苏轼心中的落寞，时常会为他唱些词曲。他们来到惠州的第二年秋天，天气已经开始转凉，嘉祐寺一带树木的叶子有些已开始变黄脱落了。面对凄凉的秋景，苏轼顿觉心情烦闷，便央求朝云为他唱一阕他贬谪惠州之前填写的《蝶恋花·春景》：

花褪残红青杏小，燕子飞时，绿水人家绕。枝上柳绵吹又少，天涯何处无芳草。　墙里秋千墙外道，墙外行人，墙里佳人笑。笑渐不闻声渐悄，多情却被无情恼。

这是苏轼最喜欢的一阕词，朝云站起来清清嗓子，却愣是一个字也没唱出来。苏轼低声问她怎么了，朝云低下头，眼泪簌簌地掉了下来，低声说："奴不能歌者，是因为'枝上柳绵吹又少，天涯何处无芳草'这两句。"朝云这样一说，苏轼更加感到朝云对自己的理解和关心，人生得此一知音足矣。

这首词苏轼化用了屈原《离骚》中"何所独无芳草兮，又何怀乎故宇”的诗句，表达了自己坎坷失意的人生际遇，这也是苏轼与朝云两人的共同感受和体悟。

朝云对道家的长生术也颇感兴趣，在惠州，苏轼与朝云一起开始认真炼丹。在苏轼看来，吸收饮食的元气、草木的精华，再藉铅汞之助，辅以日精月华的吸取，就可以培养元力，他要炼制“思无邪丹”。此时的苏轼，思想已然发生了很大的变化，不但喜爱淳朴的生活和纯洁的思想，而且他相信，纯洁的思想才是淳朴生活的基础。他无论居住合江楼还是嘉祐寺，在哪里都将书斋命名为“思无邪斋”。

朝云此时也极力配合苏轼，以求长生之术。从绍圣二年（1095年）开始，两人就各自独眠，不再互相亲近。苏轼曾在写给朋友的信中说：“养生亦无他术，安寝无念，神气自复。”他在给张耒的信里说，自己已经独宿一年半了，感觉颇有益处。他还说，节欲之难，就像弃绝肉食开始吃素。但在决定不吃肉时，不要一开始就完全杜绝，要慢慢来，先试着戒三个月，这样易于实行。三个月后，可再延长三个月，如此继续下去就好。

朝云在尼姑义冲的教导之下已经皈依佛教，佛教对男女云雨之事有其独特的态度。按佛教所示，人凭感官所见的世界都属于虚幻，只有“佛”是真实的。人的意识常被知觉习性包围，若想解脱，必须打破知觉的习惯，逃避感官世界的幻觉。如今，苏轼与朝云可以说都是佛教徒了，他俩一同创建了放生池，根据苏轼所记，朝云乐于行善，这都是佛教影响的结果。

当北归的希望破灭后，苏轼决定在惠州终老一生。一切已成定局，他决定自己盖房子住。年底，他给王巩写了一封长信，他说：“某到此八月，独与幼子三庖者来，凡百不失所。某既弃绝世故，身心俱安，小儿亦超然物外。非此父不生此子，呵呵！子由不住得书，极自适，余无足道者。南北去住定有命，此心亦不念归。明年筑室作惠州人矣。”

哲宗绍圣三年（1096年）三月，苏轼买下了白鹤峰上的几亩空地。这里离归善城的城墙很近，原是白鹤观的旧址，环境优美，出入方便。苏轼依地就势，在这里建造新居，取名“白鹤居”。

“白鹤居”北面可以看见河上风光，河水在这里折向东北。苏轼盖的房子共有二十间，占地约半亩宽。因为后面有山受到限制，前面地势又陡然下陷，因此在设计时，必须考虑有限的地皮，所以房子一头宽，一头窄。此前，城墙边早已有两家房屋，一个是翟秀才，一个是酿酒的林夫人。苏轼的房子盖好后，他们成了邻居，也是好朋友。两家的房子在苏轼房子后面的东北处，苏轼打了一座四丈深的水井，两家都跟着受益。苏轼的前门向北，正对着河流，可以欣赏数里的乡野美景，也可以望见白水山和远处罗浮山的庞大山脉。他还在南边的一小块空地上种了橘子树、柚子树、杨梅、荔枝、批把等果树。

房子上梁时，附近的邻居带着鸡和猪肉前来道喜。苏轼自己作诗，一共六节，描写房子四周的景色，供百姓唱喜歌。他祈求上苍降福，祈求农民粮食丰收，祈求海上风平浪静，乡间空气洁净，农民可以长寿健康，祈求林夫人能够赊酒给他喝。苏轼为苍生祈福，为所有朋友祈福，但他自己却再次经历了痛彻心扉的打击。

绍圣三年（1096年）七月，苏轼的新居还没竣工，他的爱妾王朝云就因染上瘟疫不治病逝了，年仅三十四岁。

朝云病逝时，小儿子苏过去山中运送木材并没在家，朝云直到八月三日才下葬。按照朝云生前的心愿，苏轼将她葬于城西丰湖边的小山上，离一座佛塔和栖禅寺不远。坟墓后的山冈如衣服的褶皱，分数条自高而下，还有一大片松林，山溪落下的瀑布，水流直入湖中。站在坟墓旁，可以看见西面山岭后的塔尖，左右两三里有几座大的寺院。邻近寺院的僧人还筹集资金，在朝云的墓上建了一座亭子，表示对她的纪念。

朝云的离世，让苏轼悲痛不已。多年来，他们已不止于夫妻，而是挚友、知己，是伴儿。朝云一生向佛，很有悟性和灵性，这也是她与苏轼心灵一致的重要基础。早在苏轼任徐州太守时，朝云就习学了《金刚经》，到惠州后，又拜当地名僧为师。痛失朝云的苏轼，亲笔为朝云写下墓志铭：

> 东坡先生侍妾曰朝云，字子霞，姓王氏，钱塘人。敏而好义，侍先生二十有三年，忠敬若一。绍圣三年七月壬辰卒于惠州，年仅三十四。八月庚申，葬之丰湖之上，栖禅山东南。生子遯，未期而夭。盖尝从比丘尼义冲学佛法。亦粗识大意。且死诵金刚经四句偈以绝。铭曰：浮屠是瞻，伽篮是依，如汝宿心，惟佛止归。

苏轼对朝云的爱，不仅记在墓志铭上，为了表达思念之切，苏轼又依《朝云诗（并引）》韵写了一首《悼朝云》：

> 苗而不秀岂其天，不使童乌与我玄。
> 驻景恨无千岁药，赠行惟有小乘禅。
> 伤心一念偿前债，弹指三生断后缘。
> 归卧竹根无远近，夜灯勤礼塔中仙。

朝云下葬三天后的八月六日夜里，突然天降暴雨。第二天，有农夫说看见朝云的墓旁有巨大的脚印，闻者都相信，那是佛来陪她同往西天极乐世界去了。八月九日夜里，要为亡魂念经做超度道场。在仪式未开始之前，苏轼和小儿子苏过一起去看了那巨大的脚印，他认为是朝云感动了上苍，回来后写下了《惠州荐朝云疏》：

轼以罪责，迁于炎荒。有侍妾朝云，一生辛勤，万里随从。遭时之疫，遘病而亡。念其忍死之言，欲托栖禅之下。故营幽室，以掩微躯。方负浼渎精蓝之愆，又虞惊触神只之罪。而既葬三日，风雨之余，灵迹五显，道路皆见。是知佛慈之广大，不择众生之细微。敢荐丹诚，躬修法会。伏愿山中一草一木，皆被佛光；今夜少香少花，遍周世界。湖山安吉，坟墓永坚……

没有了朝云的日子，苏轼无限悲凉。绍圣三年（1096年）十月，松风阁畔的梅花又开了。苏轼此前曾写过三首词来赞美梅花，如今睹物思人，看到梅花让他想起了长眠地下的朝云。月下盛放的梅花如一位超凡脱俗的白衣仙子，让他恍惚间觉得是朝云站在那里，于是，他写下了《西江月》：

玉骨那愁瘴雾？冰肌自有仙风，海迁时过探芳丛，倒挂绿毛么凤。　　素面反嫌粉涴，洗妆不褪唇红，高情已逐晓云空，不与梨花同梦。

为了表示对朝云的怀念，苏轼还在墓上的六如亭两侧亲手写下楹联：

不合时宜，惟有朝云能识我；
独弹古调，每逢暮雨倍思卿。

这副联，不仅是苏轼一生坎坷际遇的感叹，更饱含着他对朝云这位红颜知己的无限深情。

丰湖过去曾是苏轼最喜欢去的地方，自打朝云埋葬在那里之后，他不忍故地重游。当初二人共同修建的放生池就在下面，如果朝云有知，想那一缕芳魂，举目下望，也可以安慰了吧。

自此，苏轼一直鳏居，未再续娶。朝云去世半年后，苏轼建造的白鹤新居竣工，他终于在惠州有了自己的安居之处。

哲宗绍圣四年（1097 年）二月初，苏迈携自己和苏过两房家小来到惠州。次子苏迨因为苏轼对他寄予厚望，希望他专心准备参加科举考试，便和妻儿留在了宜兴。苏迈的大儿子箪，字楚老，已经二十岁并成家；次子符，字仲虎，也已十八岁到了该娶妻的年龄，苏轼便安排他娶了弟弟苏辙的外孙女。

苏迈、苏过两家的到来，冲淡了苏轼失去朝云的哀伤。白鹤新居内，一家人笑声盈室，其乐融融。苏轼在《和陶时运四首》诗中写道："旦朝丁丁，谁款我庐。子孙远至，笑语纷如。"一家人得以团聚，实现了苏轼来到惠州后一直渴望的"明年更有味，怀抱带诸孙"。

白鹤新居从买地到落成，足足费时一年，其间经历了朝云的离世，可谓历尽艰辛，但总算有了一个属于自己的家，实在是不容易。苏轼抚今追昔，禁不住老泪纵横，在绍圣四年（1097年）三月二十九日这一天，感慨万千的他写下了在惠州的最后一首诗：

南岭过云开紫翠，北江飞雨送凄凉。
酒醒梦回春尽日，闭门隐几坐烧香。
门外橘花犹的皪，墙头荔子已斓斑。
树暗草深人静处，卷簾依枕卧看山。

经过万般劫难的苏轼，此时已经把人生和官场看透彻了。他对一家人团聚在一起，能住上自己建造的房子，已经感到非常满足。平时，他可以和邻居翟秀才聊聊天，到林夫人家去赊酒喝，还可以到白鹤峰下的东江边去钓鱼。他在《与毛泽民推官三首（之三）》中说：“新居在大江上，风云百变，足娱老人。”

正当苏轼满足于平和、与世无争的日子，以为可以在惠州安定下来时，一道圣旨又把他贬往海南岛的天涯海角——儋州（今海南省儋州市）。从此，他再也没有回过白鹤峰的居所。在他去世后，后人将白鹤峰的居所辟为“朝云堂”。

第八章　此心安处是吾乡

01. 再贬海南

苏轼一生坎坷，多次被贬，但心态却在贬谪中越来越平和。他已然看透了世态炎凉，只想平平淡淡地生活，不再苛求其他。在他被贬到岭南惠州，吃到荔枝时，马上写下了名句：

罗浮山下四时春，卢橘杨梅次第新。
日啖荔枝三百颗，不辞长作岭南人。

为了做个岭南人，苏轼花光积蓄盖了白鹤居，将家人迁徙过来。他写诗句“为报先生春睡美，道人轻打五更钟”，来描绘自己每天听着钟声，悠闲自在的生活。没想到，这种苦难中的自我安慰却惹恼了章惇。原本想让苏轼吃尽苦头的章惇，得知苏轼在岭南过得很安逸，就向皇帝进谗言，在苏轼新居落成两个月后，又一纸圣命，将他贬谪到了当时的荒蛮之地——海南岛。苏轼在六十一岁的年纪，被贬到海南儋州。当时的海南岛自然条件比惠州还要恶劣，夏天潮湿闷热，冬天雾气很重，阴雨连绵的天气，让一切东西都会发霉，非常不适合居住。那里的居民大多是黎族人，只有在北部沿岸有少数的汉族人。苏轼就是被贬到北部沿岸一带，成为那少数人中的一分子。

哲宗绍圣四年（1097 年），在章惇、蔡卞对“元祐党人”加重惩处的新一轮打击中，苏轼兄弟受贬最重。章惇等人为了防止元祐诸臣卷土重来，在那一年以及之后数年里，加大了惩处与前朝有关联大臣的力度。在苏轼被贬到海南岛不久，朝廷就削除了司马光后代子孙的官爵。好多官员都被调职，其中就有范纯仁和苏辙。苏辙从筠州再被贬到岭南雷州，就连九十一岁高龄的老臣文彦博都没能幸免，被削除了几个爵位。在这次惩处中，还加进了一条：凡受到贬谪的大臣，其亲戚家族中人，不得在其附近县域内就任官职。这条对苏轼打击很大，因为之前苏轼的长子苏迈在南雄附近求得了官职，现在看，苏迈这个官职也保不住了。

在这一拨贬谪中，还是由章惇主导，来之邵、张商英等人再次充当了打手。

接到贬谪令的苏轼，此时除了一栋房子，几乎一无所有。在惠州三年来，朝廷欠他的官俸，按他名义上的官阶计算，也有一百五十贯，可惜一直没有下发。为此，他写信给广州太守王古，求他帮忙跟税吏通融一下，发给他。王古作为苏轼的好朋友，曾听他的建议，在广州建立医院，赈济灾民。就是因为他做了这些，被章惇以“妄赈饥民”的罪名予以罢免。所以苏轼的请求，也就没有了下文。

儋州在宋朝时，是没有开化的荒蛮之地。《儋县志》中说：“盖地极炎热，而海风苦寒。山中多雨多雾，林木荫翳，燥湿之气不能远，蒸而为云，停而为水，莫不有毒。”

为了减轻家人的流离之苦，苏轼这次只让小儿子苏过伴随自己，渡海去往儋州，令长子苏迈仍在惠州照料家眷。

四月二十九日，苏轼带着小儿子苏过匆匆赶到惠州码头。想到小儿子苏过一家刚刚团聚又要匆匆分别，跟随自己漂泊海外，苏轼的心情非常沉重。长子苏迈坚持要送他们到广州。

到广州后，苏轼特意看望了已下令降调到袁州的王古，千言万语，难以表达两位好友互相安慰的心情。第二天一早，苏轼与苏迈等人在广州江边诀别。在写给王古的信中苏轼说：

> 某垂老投荒，无复生还之望，昨与长子迈诀，已处置后事矣。今到海南，首当作棺，次便作墓，乃留手疏与诸子，死则葬于海外，庶几延陵季子嬴博之义。父既可施之子，子独不可施之父乎？生不挈棺，死不扶柩，此亦东坡之家风也。此外宴坐寂照而已。所云途中邂逅，意谓不如其已，所欲言者，岂有过此者乎？故视缕此纸，以代面别尔。

此去儋州，苏轼必须要溯西江而上。船行数百里后，于绍圣四年（1097年）五月抵达梧州（今广西壮族自治区梧州市），然后从这里南转，在雷州半岛渡海。苏轼一到梧州，就听说弟弟苏辙已经由此赶往雷州半岛的贬谪之地，现已到达藤州，两地相距不过二百五十里。

事先苏轼并不知道弟弟苏辙也被贬谪到此，兄弟俩接到谪命来不及互通信息就都匆匆启程。现在听到消息，苏轼悲喜交加。他以为此生再也见不到弟弟苏辙了，没想到天意让他们在此相见。

苏轼于是题诗《吾谪海南，子由雷州，被命即行，了不相知，至梧乃闻其尚在藤也，旦夕当追及，作此诗示之》代柬，派人快速送给苏辙。他在诗中写道：

> 九疑联绵属衡湘，苍梧独在天一方。
> 孤城吹角烟树里，落月未落江苍茫。
> 幽人拊枕坐叹息，我行忽至舜所藏。
> 江边父老能说子，白须红颊如君长。
> 莫嫌琼雷隔云海，圣恩尚许遥相望。
> 平生学道真实意，岂与穷达俱存亡。
> 天其以我为箕子，要使此意留要荒。
> 他年谁作舆地志，海南万里真吾乡。

苏轼加快行程赶到藤州，这对患难兄弟终于在藤州再次相聚。苏辙身边只带着史夫人与幼子苏远一家随行，长子苏迟与次子苏适留在颍川，守着原来置下的田产。藤州是个比较贫困的小县城，兄弟二人找了一家小饭馆，边吃边畅叙别后的情形。吃惯了精细饭菜的苏辙，面对粗粝的糙麦面饼难以入口。苏轼见了，笑着将自己面前的饼几口吃光，说："这等美味，你还要细嚼慢咽吗？"

走出饭馆，兄弟二人带着家人，又启程慢慢向前走。他们都非常珍惜这难得的相伴，跟少年求学时一样，同睡同起，形影不离。兄弟二人有意放慢行程，尽量延续这难得的团聚时光，因为一到雷州，苏轼就要渡海而去了。

六月，苏轼兄弟二人一行抵达雷州。雷州太守张逢一直仰慕苏家兄弟，与海康县令陈谔一起出城迎接，并为兄弟二人举行了盛大的欢迎宴会，安排他们住进行馆。结果在第二年，张逢就因此事遭到弹劾，被调往别处。

苏轼在雷州只做了短暂的停留，三日后便出发了。苏辙送哥哥过徐闻至海边。离别前夕，两家人在船上过了一夜。当晚，苏轼痔疮发作，痛苦不已，苏辙陪着他一夜未睡。苏辙劝哥哥戒酒，并诵读陶渊明的《止酒》诗来相劝。兄弟二人谈诗赋句，苏轼也由此试探出最小侄子苏远的诗才。苏轼和陶渊明《止酒》诗并作序，作为与弟弟的临别留言：

丁丑岁予谪南海，子由亦贬雷州。五月十一日相遇于藤，同行至雷。六月十一日相别渡海。余时病痔呻吟，子由亦终夕不寐，因诵渊明诗，劝余止酒。乃和原韵，因以赠别，庶几真止矣！

时来与物逝，路穷非我止。
与子各意行，同落百蛮里。
萧然两别驾，各携一稚子。
子室有孟光，我室惟法喜。
相逢山谷间，一月同卧起。
茫茫海南北，粗亦足生理。
劝我师渊明，力薄且为己。
微疴坐杯酌，止酒则瘳矣。
望道虽未济，隐约见津涘。
从今东坡室，不立杜康祀。

绍圣四年（1097年）六月十一日，苏轼与弟弟苏辙一家依依不舍地在海边分别。相对泪眼中，兄弟二人或许已经预料到了这是两人最后的诀别。

苏轼带着小儿子苏过和雷州太守派来沿途照顾他的几个兵卒上了小船，航程并不是很长。此时，天气晴朗，苏轼坐在船头可以看见岛上山峦的轮廓矗立在天际。小船在波涛中颠簸，苏轼的心中也是波涛汹涌。大海对他并没有那么柔情，他已在颠簸中“眩怀丧魄”了，好在最后一路平安，顺利登岸。苏轼父子二人稍作休息，就向着西北岸的儋州目的地赶去。

02. 赴任儋州

绍圣四年（1097年）七月二日，苏轼与小儿子苏过到达儋州。

不久之后，儋州太守兼任昌化军使张中也到了这里。张中从小就对苏轼佩服得五体投地，而今苏轼落难来到他的辖区，他深感荣幸，将苏轼奉为上宾，盛情款待。

苏轼来儋州虽然挂着“琼州别驾”的头衔，但那不过是个虚职。当权的章惇一派恨不能将他置于死地，因此，对他设了“三不”禁令：不得食官粮、不得住官舍、不得签公事。

张中凭着自己对苏轼的崇拜，又很快与苏过成为莫逆之交，所以并没有理会朝廷的禁令。张中不仅好酒好肉款待苏轼，还经常向苏轼请教公务之事。苏轼在张中的优待下，住进了张中府衙旁的一处官舍里。官舍不大，刮风下雨天房顶会漏雨，苏轼要不停地将床挪来挪去。因为房子是官府的，张中就用公款进行了修缮。张中的做法，让落魄中的苏轼感到了人世上的温暖，却为他自己带来了后患。那时期，只要是善待苏轼兄弟的官员，都将遭到章惇一派的打击报复。

张中酷爱下棋，是个围棋高手，苏过也颇谙棋道，两个人经常通宵对弈。每到这时，苏轼就在一旁观战。黑白棋子落在棋盘上的清脆声响，常使他回想起宋神宗元丰八年（1085 年），他独自游览庐山白鹤观时的情景。他后来在《观棋》一诗中写道：

五老峰前，白鹤遗址。
长松荫庭，风日清美。
我时独游，不逢一士。
谁欤棋者，户外屦二。
不闻人声，时闻落子。
纹枰坐对，谁究此味。
空钩意钓，岂在鲂鲤。
小儿近道，剥啄信指。
胜固欣然，败亦可喜。
优哉游哉，聊复尔耳。

海南岛上的原住民黎族人，与内地移民来的汉人交流并不频繁。他们本地人不读书写字，住在热带雨林的山中，不喜欢耕种，以打猎为生。在这里，所有的金属用具和生活用品，比如斧子、刀戟、粮食、布匹、咸盐、咸菜等都是从内地运来的。他们用乌龟壳和沉水香来进行交换，沉水香在内地是上好的有名薰香。

儋州的生存环境比黄州、惠州更为荒凉，当地人平时只吃芋头，喝白开水。当冬季运输船不能及时到达时，苏轼也靠芋头、白开水来维持生活。他曾在《纵笔三首》中用“北船不到米如珠”来形容儋州生存环境的恶劣，他“尽卖酒器，以供衣食”。为了能让日子过下去，苏轼向张中要了一块官地，开始了自给自足的耕作生活。

儋州没有医生，当地人相信神祇，患病时常找术士来诊治。术士治病的唯一方法，就是杀牛宰牲，供于庙堂，然后跪拜祷告。每年由内地运来的大量活牛，成为祭祀的专用物品。作为佛教徒的苏轼，设法想要改变这种风俗，但对于累积日久的习俗，改变起来谈何容易。苏轼为此曾抄下柳宗元的《牛赋》，并写了一篇杂记《书柳子厚〈牛赋〉后》附在后面，赠给海南海口的僧人道赟，让他借此劝喻乡人，请他们不要再干那种“以巫为医，以牛为药”的蠢事。

岭外俗皆恬杀牛，而海南为甚。客自高化载牛渡海，百尾一舟，遇风不顺，渴饥相倚以死者无数。牛登舟，皆哀鸣出涕。既至海南，耕者与屠者常相半。

病不饮药，但杀牛以祷，富者至杀十数牛。死者不复云，幸而不死，即归德于巫。以巫为医，以牛为药。间有饮药者，巫辄云神怒，病不可复治。亲戚皆却药禁医，不得入门，人牛皆死而后已。

地产沉水香，香必以牛易之黎。黎人得牛，皆以祭鬼，无脱者；中国人以沉水香供佛燎帝求福。此皆烧牛肉也，何福之能得？哀哉！予莫能救，故书柳子厚《牛赋》，以遗琼州僧道赟，使以晓喻其乡人之有知者，庶几其少衰乎！

庚辰三月十五日记。

从苏轼的这篇杂记中，我们所感受到的是作者连遭政治迫害后，依然对海南愚昧迷信，落后风俗的忧虑，对民生疾苦的深切关心。

内地人在儋州经常与那些丛林中的原住民发生冲突。有时双方发生纠纷，官兵来，他们就退居山林，官兵走走过场，根本无人愿意深入，待官兵一撤，他们复又发生冲突。在苏轼看来，只能公平相待，公正治理。这些原住民是老实规矩的，因为官府的不作为、不公平，才迫使他们用自己的方法自行解决。

苏轼以老迈之躯被流放到此荒岛，不得不说章惇达到了他折磨苏轼的目的。用苏轼的话说，岛上要什么没什么，“此间食无肉，病无药，居无室，出无友，冬无炭，夏无寒泉，然亦未易悉数，大率皆无尔。惟有一幸，无甚瘴也。”即便这样，苏轼也把日子过得有声有色。他修身养性，读书作文，把儋州当成了自己的另一个故乡，写出了“我本儋耳氏，寄生西蜀州”的诗句。他还在儋州办学堂，致使很多人不远千里慕名而来，跟随苏轼学习。在宋朝之前的一百多年里，海南从没有人考中过进士，但是，苏轼北归不久，这里的姜唐佐就举乡贡，为此，苏轼高兴地题诗赞叹：“沧海何曾断地脉，珠崖从此破天荒。”

苏轼写信给朋友说：“尚有此身付与造物者，听其运转流行坎止无不可者，故人知之，免忧煎。”

然而，好景不长。苏轼不屈不挠的精神和乐观豁达的人生态度，让章惇等人很是苦恼。这时，神奇道士吴复古又出现在海南岛，他陪苏轼住了几个月，并带来消息说，朝廷要派董必来视察受贬大臣的情况，如有必要，再进行弹劾。那时，儋州归属广南西路，章惇又故技重演，企图派苏轼的仇敌，酷吏吕升卿按察广南西路，以逼苏轼自裁。这期间，已经有好几位元祐大臣在贬谪中无故死去，甚至他们的家人也遭到了监禁。吕升卿是臭名昭著的吕惠卿的亲弟弟，他若来，苏轼兄弟俩不死也得被扒层皮。曾布、陈次升等人赶紧上疏哲宗皇帝进行劝阻，说吕升卿去了必不能秉公办理，这样会激起更大的私仇，那样，朝廷必将处于众矢之的。哲宗听后觉得有理，就罢此诏令，将吕升卿改派到广东，另派董必到广西。

董必到广西后，果然找出纰漏。他首先查办了苏辙，说他强占民房，而雷州太守也受到牵累，说他厚待罪臣苏辙并予以照顾，太守遭到撤职处分，苏辙则被调派到惠州以东，就是当年苏轼谪居的地方。

董必欲乘船自雷州半岛渡海去查办苏轼，他的手下有个叫彭子明的劝他说："别忘记大人也有子孙。"董必听后，便打消了亲自去海南的念头，只派下属去查看。那个下属回来后禀报说，苏轼住在官舍里，张中对苏轼父子很是善待。于是，董必立即遣使者渡海，将苏轼父子从官舍中逐出，随后又罢了张中的官。

苏轼不怕自己遭受责罚，他早已习惯了人生的低谷，但连累张中丢了官，让他心中颇感愧疚。张中临别前，苏轼写了一首《和陶与殷晋安别》赠送给他：

孤生知永弃，末路嗟长勤。

久安儋耳陋，日与雕题亲。

海国此奇士，官居我东邻。

卯酒无虚日，夜棋有达晨。
小瓮多自酿，一瓢时见分。
仍将对床梦，伴我五更春。
暂聚水上萍，忽散风中云。
恐无再见日，笑谈来生因。
空吟清诗送，不救归装贫。

哲宗元符元年（1098 年）九月十二日，苏轼在日记中记录自己的坎坷，写道：

吾始至南海，环视天水无际，凄然伤之曰：“何时得出此岛耶？”已而思之：天地在积水之中，九州在大瀛海中，中国在少海之中，有生孰不在岛者？覆盆水于地，芥浮于水，蚁附于芥，茫然不知所济。少焉，水涸，蚁即径去，见其类，出涕曰：“几不复与子相见。”岂知俯仰之间，有方轨八达之路乎？念此可以一笑。戊寅九月十二日，与客饮薄酒小醉，信笔书此纸。

不管命运如何多舛，苏轼从未失去对生活的乐趣和他那份独有的诙谐轻松。参寥子曾派一个小沙弥渡海到海南岛去看望他，给他带来信件和礼品，并在信中表示要亲自来看他。苏轼回信说：

某到贬所半年，凡百粗遣，更不能细说，大略只似灵隐、天竺和尚退院后，却住在一个小村院子，折足铛中，罨糙米饭吃，便过一生也得。其余瘴疠病人，北方何尝不病，是病皆死得人，何必瘴气。但若无医药，京师国医手里，死汉尤多。参寥子闻此一笑，当不复忧我也。相知者即以此语之。

03. 市井为伴

苏轼曾对弟弟苏辙说：“我上可以陪玉皇大帝，下可以陪卑田院乞儿。在我眼中，天下没有一个不是好人。”

现在，他被逐出了官舍，没有了落脚之处。好在苏轼人缘不错，在当地官员和百姓的帮助下，他在城南的椰子林边盖了五间茅草屋，勉强能遮风挡雨。苏轼以他一贯的乐天派作风，为草屋起了个名字：桄榔庵。

桄榔庵后面是一片槟榔林，夜里躺在床上，可以听见黎族人猎鹿的声音。苏轼父子与当地百姓，尤其是黎族人相处得非常融洽，他们常常给父子俩送来芋头、蚶蛤、时鲜蔬菜、槟榔、木棉等等，对父子俩关怀备至。有时一大早就有人敲门，为父子二人送来新猎得的鹿肉。苏轼在给朋友的信中说：“初至僦官屋数椽，近复遭迫逐。不免买地结茅，仅免露外，而囊为一空。困厄之中，何所不有？直之不足道，聊为一笑而已。”

现在，苏轼和那些默默无名的读书人、匹夫匹妇互相往来。和这些淳朴之人相处，他不必在意言语是否妥当，他可以完全放任自己的随性性格，可以本色示人，不必谨小慎微。像以前在黄州时一样，苏轼与身份高低的各色人交往。他常常在田间与农夫席地而坐闲谈，并以闲谈为乐。他也愿意听别人说话，常带着一条海南种的大狗“乌嘴”随意到处游逛，和村民在槟榔树下一坐就是半天时间。那些纯扑的穷庄稼汉面对学识渊博的苏轼，只会说：“我们不知道说什么。”“那就谈鬼好了，告诉我们几个鬼故事。”每到这时，苏轼总是宽容地鼓励那些人说话。庄稼人并不会讲什么有趣的鬼故事，苏轼就说：“没关系，随便说你们听到的就行。”后来苏过告诉他的朋友说，父亲若一天没有客人来，就觉得不舒服。

苏轼一生没有恨过什么人，但对将他赶出屋的董必他是不喜欢的，所以，他要捉弄一下这个朝廷的命官。“必”在中文里音同“鳖”，苏轼于是写了一篇寓言，在最后提到一位鳖相公。他说：有一次自己醉酒，被鱼头水怪拉入海中。待他醒来，发现自己穿着道袍，头戴黄帽，足登道履站在水晶宫中。水晶宫里都是琳琅满目的珠宝玛瑙，龙王在美艳宫女的服侍下，递给他一块长绢，让他在上面题诗一首。作诗对苏轼来说太轻松了，他先在绢上画好水国风光和水晶宫金碧辉煌的瑞霭之气，又题上赞美的诗句，虾兵蟹将围着绢赞不绝口。此时，在场的鳖相公上前指出诗中有一个字是龙王的名讳，应当避之。龙王闻听，龙颜大怒，苏轼无奈叹息说：“到处被鳖相公使坏！”

苏轼在盖了茅草屋之后的两年半时间里，除了贫穷，过得倒是轻松自在。他有两个颇为不俗气的朋友，一个是为他传信的广州道士何德顺，另一个是供给他食物、药物、米、咸菜的读书人。夏天的热带海岛上，潮湿让人很受煎熬，苏轼只好到椰林中静坐，一天天地挨，直到秋天到来为止。这里的秋季多雨，因为风雨太多，自广州、福建来的船只常常处于停航状态。没有吃的，甚至连稻米都找不到，到这时，苏轼也是一筹莫展。哲宗元符元年（1098

年）冬天，他给朋友写信说，他和儿子“相对如两苦行僧尔”。由于一点食物接济也没有，父子二人直饿得饥肠辘辘。无奈之下，苏轼又采用煮青菜的老办法，开始煮苍耳为食。

实际上，苏轼也不必挨饿，因为他的好朋友好邻居都不会看着他们挨饿。住在城东南的黎子云兄弟俩，对苏轼父子就很照顾。父子俩也真心喜欢黎家兄弟，愿意亲近他们，也非常喜欢他们居住的地方，愿意与他们成为邻居。苏轼向他们学说儋州话，努力让自己融入他们当中，成为黎族百姓中的一员。他们常常在一起共饮椰子酒，在《和陶田舍始春怀古二首（其一）》中，苏轼曾写道：

退居有成言，垂老竟未践。
何曾渊明归，屡作敬通免。
休闲等一味，妄想生愧腼。
聊将自知明，稍积在家善。
城东两黎子，室迩人自远。
呼我钓其池，人鱼两忘反。
使君亦命驾，恨子林塘浅。

黎家兄弟居临大池，水木茂盛，只可惜兄弟二人家中清贫，房屋破陋。为了朋友们相聚方便，大家提议一起凑钱重新建一个新屋，苏轼非常赞同，并取《汉书·扬雄传》中“载酒问字”的典故，将新建的陋室取名为“载酒堂”，并作诗《和陶田舍始春怀古二首（其二）》记之：

茅茨破不补，嗟子乃尔贫。
菜肥人愈瘦，灶闲井常勤。
我欲致薄少，解衣劝坐人。
临池作虚堂，雨急瓦声新。
客来有美载，果熟多幽欣。
丹荔破玉肤，黄柑溢芳津。
借我三亩地，结茅为子邻。
鴃舌倘可学，化为黎母民。

一天，苏轼头上顶着一个大西瓜，在田地里边走边唱。一个七十多岁的老太婆问他说："翰林大人，你过去在朝中当大官，现在想来，是不是像一场春梦？"苏轼此后就称她为"春梦婆"。有时苏轼去朋友家拜访，遇到下雨，就借那家庄稼汉的斗笠蓑衣木屐，在泥水路上啪叽啪叽溅泥蹚水而归，惹得邻人大笑不止。苏轼还保持着月下漫步的老习惯，有时他和儿子苏过到六里以外的西北海边，那里有一块巨大的岩石，像一个和尚站在那里，面海而望。船只行到那里经常失事，本地人就说，那块岩石是有灵异的。在岩石下面，长了许多荔枝树和橘子树，可以摘下果实来吃，但是不能带走。倘若有人打算将摘下来吃不完的带走，立刻就会风涛大作。苏轼对此不置可否，但他会摘果子来吃，且绝不带走。

苏轼看到儋州的黎族百姓生产生活还处于原始阶段，就下决心，要不遗余力地向他们传播中原文明。为了改变黎族人祖祖辈辈直接饮用沟塘里积水的弊病，苏轼指导当地人勘察水脉，掘土打井。从此，人们开始饮用清澈甘甜的井水，并亲切地把这些水井称为"东坡井"。

此外，因为岛上难得好墨，苏轼还亲自参与墨的制作。苏过曾说，他父亲为了制墨，险些将房子烧掉。苏轼在小品文《书潘衡墨》中记载，金华墨商潘衡来儋州制墨，得到的松烟很多，但是墨的质量却很差。苏轼教他把炉灶与烟囱之间的距离拉大一些，让炉灶再宽大一些，结果得到的松烟虽然只有原来的一半，但是墨却比以前更黑，质量更好，这就是著名的“海南松煤，东坡法墨”的由来。

苏轼空闲无事时，养成了去乡野间采挖药材的习惯。他在这里发现了一种古书上有记载，但一直没人发现的草药。作为一位天才美食家，苏轼更是有办法把最普通的食材做成美味。山芋是当地人的主食，苏轼父子俩经过研究实践，自创了一道美食“玉糁羹”。苏轼用诗《过子以山芋作玉糁羹》记之：

香似龙涎仍酽白，味如牛乳更全清。
莫将北海金齑鲙，轻比东坡玉糁羹。

在吃的问题上，苏轼还是一位不折不扣的冒险家。他在《闻子由瘦？儋耳至难得肉食？》一诗中写道：

五日一见花猪肉，十日一遇黄鸡粥。
土人顿顿食薯芋，荐以薰鼠烧蝙蝠。
旧闻蜜唧尝呕吐，稍近虾蟆缘习俗。
十年京国厌肥羜，日日烝花压红玉。
从来此腹负将军，今者固宜安脱粟。

俗谚云：大将军食饱扪腹而叹曰：我不负汝。左右曰：将军固不负此腹，此腹负将军，未尝出少智虑也。

人言天下无正味，蝍蛆未遽贤麋鹿。
海康别驾复何为，帽宽带落惊僮仆。
相看会作两臞仙，还乡定可骑黄鹄。

在儋州，苏轼父子入乡随俗，什么都敢吃，有一次，当地的百姓送来一些生蚝，父子俩把它们剖开，把肉放进锅里，又突发奇想，倒进一些酒煮了起来。结果大出父子二人的意料，味道十分鲜美。苏轼一边吃，一边嘱咐苏过不要对外人说起这件事，免得北方人听说后争相求谪海南，来分我的美味。他在给长子苏迈的信中也说："己卯冬至前二日，海蛮献蚝。剖之，得数升。肉与浆入与酒并煮，食之甚美，未始有也。又取其大者，炙熟，正尔啖嚼……每戒过子慎勿说，恐北方君子闻之，争欲为东坡所为，求谪海南，分我此美也。"为了一道美食而求贬海岛，估计也只有苏轼想得出来。

苏轼还结合气候条件与生活起居，发明了"养生三法"，即：晨起梳头，中午坐睡，夜晚濯足，并写成了《谪居三适》。虽然写的都是生活琐事，却因体悟颇深，给人以启迪。

除了忙一些琐事外，苏轼在儋州还以著书写诗为乐。据考证，苏轼在儋州共写了一百二十七首诗、四首词，各种表、赋、颂、碑铭、论文、书信、杂记等一百八十二篇。在儿子苏过的帮助下，整理成《东坡志林》。此前，他曾和弟弟苏辙分别为"五经"作注，其中《易经》《论语》他在黄州时就已经完成，现在在海南岛，他又注完了《尚书》。这期间，他还写了和陶渊明诗一百二十四首。在苏轼心里，自己的生活与陶渊明的生活可谓无独有偶，极其相似。他此时的作品，已经没有了大江东去那样博大的精神，也不再指点江山、激扬文字，而是在大量田园生活的真实写照中，追求陶渊明式悠然自乐的隐逸生活。

在儋州的三年里，苏轼不遗余力地传播中原文化。载酒堂就是他实现中原文明和海南文化的有效对接，是海南文明进程的重要标志。在这里，他亲手培养了笃学上进、侠义好客的黎子云兄弟，词义兼美、忠厚正直的琼州佳士姜唐佐等优秀的本土学子。

姜唐佐是琼山学子，也是海南当地小有名气的文人，只是由于当地交通闭塞、信息不灵，又没有名师指点，在科举考试中一直没能考中。当他得知大学士苏轼落难儋州，便携母亲来到载酒堂拜苏轼为师，并侍奉苏轼达八个月之久。儋州当地学子符确也是苏轼的学生，后来，二人先后成为第一个中举和进士及第的海南人。此前，在隋、唐两朝长达三百二十六年的历史中，海南没有出过一个举人或进士。而此后，经宋、元、明、清几代，海南共出举人七百六十七人，进士九十七人。这样的结果，与苏轼当初的教化不能说没有关系。

在姜唐佐去广州应考时，苏轼在他的扇面上题写了两句诗：沧海何曾断地脉，白袍端合破天荒。并说，待你中举后再续完。姜唐佐果然没有辜负恩师苏轼的期望，一考成名，成为海南第一个举人。当他光宗耀祖地回到故里，要去儋州拜谢恩师时，却听说恩师已然获赦北归，他只好悻悻地回到琼山，潜心温习功课，以备来年的会试。

崇宁二年（1103 年），姜唐佐北上参加会试，途经河南汝州时拜见了苏辙，才知道恩师苏轼在北归后已经仙逝。姜唐佐悲痛不已，默默拿出苏轼的题扇。苏辙见亡兄遗作，沉痛片刻，便在扇子上挥毫题上：

生长茅间有异芳，风流稷下古诸姜。
适从琼管鱼龙窟，秀出羊城翰墨场。
沧海何尝断地脉，白袍端合破天荒。
锦衣不日千人看，始信东坡眼力长。

04. 徽宗即位

元符三年（1100 年）正月，二十四岁的宋哲宗赵煦驾崩。由于哲宗没有儿子，便由弟弟赵佶接续帝位，是为徽宗。神宗皇后向氏以皇太后身份垂帘听政。

此时的大宋朝，国家元气已衰，朝政奢靡腐败。那些德才兼备的大臣，惨遭流放迫害，很多被谋害而死，在世的已所剩无几。那种清议批评、风清气正的朝议之风早已荡然无存，至大至刚的思想与文学氛围再无处寻觅。一切的政治生活全已经污染腐坏，歪风邪气与苏轼等人的浩然正气格格不入。像苏轼一样抱有雄心壮志，想为国效力的人早已没了从政之心。皇帝若还想像从前那样，凭借自己一道圣旨就能选拔出一位博学多才又正直不阿的贤臣，恐怕也并非易事。而章惇等把持朝政八年之久的一帮佞臣，也不可能轻易就放下手中的权力。

不过，好在一切还有个缓冲的时间。因为在徽宗刚刚即位的前半年，要由神宗皇后向氏以皇太后身份来摄政，管理朝中事务。向太后同她的婆婆高太后一样，具有女性特有的智慧，天生就懂得识别善恶之人。在这一点上，她远远高于她的儿子宋哲宗。这年四月，她将遭到放逐的元祐大臣一律给予特赦。那些大臣蒙受她的恩典，或由流放之地内迁，或改为回京任职，或重新获得行动的自由。形势向着有利于元祐诸臣的方向发展。虽然向太后在七月将政权还给了徽宗，但是，直到建中靖国元年（1101 年）正月她去世之前，她始终以自己的力量保护着元祐大臣。

元符三年（1100 年）五月，苏轼的好朋友，闲云野鹤般的吴复古又来到了海南儋州，他带来了苏轼遇赦的喜讯。他告诉苏轼，朝廷要将他调往雷州半岛西边的一个县城去。不久，秦观给苏轼写信，证实了这一消息的真实性。谪居在雷州的秦观，也是刚刚接到朝廷的特赦令，就急忙写信告诉了苏轼。

很快，朝廷的特赦令就下到了儋州。苏轼被任命以琼州别驾，廉州（今广西壮族自治区合浦县）安置，仍是不得签书公事。苏轼要走的消息在当地很快就传开了，周围的左邻右舍、远近的新交故友，都纷纷来苏家探望、祝贺。人们真心地为苏轼高兴，在他们的认知里，朝廷终于开眼了，同时，大家也表现出不舍，毕竟苏轼在这里待他们像亲人一样。

六月，苏轼要离开谪居三年的海南岛，开始新的漂泊生活了，当地的朋友都赶来送行。此时，苏轼的心情异常复杂。他曾盼着早日回到中原与家人团聚，而当这一切成为现实时，他心中又充满了对儋州父老的不舍。为了表达自己对儋州这片土地的热爱和对父老乡亲的不舍之情，他写下了《别海南黎民表》：

我本海南民，寄生西蜀州。
忽然跨海去，譬如事远游。
平生生死梦，三者无劣优。

知君不再见，欲去且少留。

实际上，苏轼离开海南岛并不是很顺利。他原本准备搭一艘福建的大船过海，怎奈等了好久都没等到，只好和吴复古、小儿子苏过以及他的大狗“乌嘴”一起乘小船渡海。几天后，苏轼一行到达了海南岛北面的澄迈。在澄迈的通潮阁上，苏轼眺望着眼前碧波荡漾的大海，心潮澎湃。对面就是他日思夜想的中原大地，越过这湾海峡，就可以与亲人团聚了。他没想到自己还能活着离开儋州。在此，苏轼写下了《澄迈驿通潮阁二首》来表达自己激动的心情：

其一：

倦客愁闻归路遥，眼明飞阁俯长桥。
贪看白鹭横秋浦，不觉青林没晚潮。

其二：

余生欲老海南村，帝遣巫阳招我魂。
杳杳天低鹘没处，青山一发是中原。

六月二十日夜，苏轼终于登上了渡海北归的大船。他倚着船舷一夜未合眼，怀着复杂的心情，欣赏着这最后的海上夜色，写下了他此生在海南的最后一首诗《六月二十日夜渡海》：

参横斗转欲三更，苦雨终风也解晴。

云散月明谁点缀？天容海色本澄清。
空余鲁叟乘桴意，粗识轩辕奏乐声。
九死南荒吾不恨，兹游奇绝冠平生。

元符三年（1100年）六月二十一日，苏轼一行人渡过琼州海峡到达徐闻，准备去探望秦观。此时，秦观早已等在那里。在苏轼获赦的同时，“苏门四学士”也被重新启用。张耒通判杭州，晁补之签书武宁军判官，黄庭坚差鄂州盐税。他们三人的贬谪之地均在岭北，此时相继赶赴新的任上，只有秦观编管雷州，与苏轼仅一海之隔。

苏轼与秦观志趣相投、情感深挚，可谓亦师亦友。两人都以为此生无缘再相见，却在契阔流离了整整七年之后再次执手相见，不禁悲喜交加。短暂的欢聚之后，秦观又奉诏量移衡州，苏轼也要尽快赶往廉州，两人同行到雷州后分别，各奔任上。临别之即，生性敏感的秦观竟自作挽词，言辞极为凄婉。苏轼对人生的祸福早已参透，见秦观如此，竟也不以为怪。谁也没想到的是，两人在此一别竟成了永诀。

还是苏轼探望秦观之时，好友吴复古已经自己离去，飘然不见了。苏轼与吴复古一生足迹遍布全国，所不同的是，吴复古是自由自在地按照自己的心意行走，苏轼则是受别人命令的驱使。如果苏轼也像吴复古一样，那他一定会更快乐。

不管怎么说，苏轼与元祐诸大臣还是应该感谢新登基的宋徽宗。徽宗能书善画，在艺术上的造诣极高。他画美丽的花鸟，交颈的鸳鸯，论艺术绝对是个称职的书画家。他利用皇权推动绘画，使宋代的绘画艺术有了空前发展。他还自创了一种书法字体，被后人称之为“瘦金体”。徽宗是古代少有的艺术型皇帝，与哲宗没有子嗣不同，徽宗身后遗有三十一个儿子、几幅名画。但是，在治理国家上，徽宗则成了千古罪人。

在向太后去世后，徽宗还是任用了原来朝中的那些人，依然遵行那些政策。在丰裕国库与北方辽、金兵戎相见这两件事上，徽宗也步王安石的后尘，集中财富于国库、于皇家。这个政策，也许是每个坐江山的帝王都无法割爱的吧。但是，每一个帝王，如果不管百姓的死活，只知道为自己建筑琼楼玉阁，那么他一定会为此付出代价。宋徽宗付出的代价就是，不但丢了皇位，使国都沦陷于金人之手，最终更是作为俘虏，死在了遥远的五国城。

05. 遇赦北上

元符三年（1100 年）六月，苏轼与秦观相别于雷州。别后，秦观一路向北，行到藤州，因感染暑热，竟卧床不起，熬到了八月十二日，不治身亡。

此时，刚到廉州一个月的苏轼又接到朝廷的命令，授予他舒州团练副使，永州（今湖南省永州市零陵区）安置。苏轼只好改变路线，重新上路。在赶往永州的途中，他收到了两个消息，一个是朝廷允许他可以随意到任何地方居住，另一个是秦观病逝的噩耗。苏轼悲痛不已，两日粒米未进，无限悲痛地说：“少游不幸死道路，哀哉！世岂复有斯乎！”他还说：“少游已矣，虽万人何赎！”

苏轼派人去打听，知道秦观的女婿范温与他的兄长范冲在藤州料理秦观的后事，便决定绕道前往拜祭。苏轼本想再见好友最后一面，在灵前放声一哭，以解心中的哀思。可是，等他不分昼夜赶到藤州时，范氏兄弟已于半个月前扶柩离去了。苏轼只好望着秦观灵柩离去的方向，迎风洒泪，遥寄感伤。

苏轼重新启程北上时，心内不免多了几许悲凉。如果朝廷一开始就允许他自由定居，他就可以到广州与弟弟苏辙相聚，二人结伴北归了。苏辙接到的特赦令是调往湖南洞庭湖边的一个地区任职。因为苏辙的家人一直住在惠州苏轼的房子里，所以，他已经携带家眷踏上北归的路程了。那时，苏轼的诏令还是移居海南岛对面的廉州，离广东很远。

苏辙携家眷到达汉口附近时，朝廷又传来诏令，他又升官了，可以“任便居住”。恢复了行动自由的苏辙，决定回颍昌定居，因为他在那里置有田产，而且孩子们也都住在那里。他写信给哥哥苏轼，劝他同自己一起住在颍昌，安度晚年。苏轼也想和弟弟住在一起，来实现多年“夜雨对床”的夙愿。但是，苏轼心中的安居之地一直是常州，在那里，他早已置下田产，家人又大多住在那里。在他接到改任湖南的诏命，从廉州北上前往梧州时，就已经捎信让住在惠州的苏迈一家以及苏过的家眷赶往梧州等他了。

北上的苏轼，一路春风得意马蹄疾，每到一座城市，都受到热烈的欢迎和盛情的款待。人们以喜悦的心情恭喜他胜利归来，友人则带着他游览当地的山水庙宇，并请他题字留念。

苏轼到达梧州时，孩子们还没有赶到。秋季的贺江，水很浅，如果乘船航行一路到湖南，恐怕非常困难。苏轼决定弃船上岸，走一条曲折的弯路回广州。然后，再往北过大庾岭，由江西往西再到湖南。

即将与家人相聚的喜悦，让苏过抑制不住兴奋的心情，挥毫写下《将至五羊（广州）先寄伯达仲豫二兄》一诗：

人皆有离别，我别不忍道。
惟应付梦幻，事已共一笑。
忆昔与仲别，秦淮汇秋潦。
相望一叶舟，目断飞鸿杳。
伯兄阳羡来，万里踰烟峤。
未温白鹤席，已饯罗浮晓。
江边空忍泪，我亦肝肠绕。
崎岖七年中，云海用浩渺。
岂知羌村晚，惊拜杜陵老。
干戈虽事异，欢喜动夷獠。
山川旧悽惨，云物今清好。
不似玄都桃，秋风不堪扫。

苏轼贬谪海南这些年，苏过是父亲时刻不离的伴侣。苏轼曾对友人说，像苏过那样的好儿子实在是至矣尽矣，蔑以加矣。苏过不但做一切家中琐事，也是苏轼的好秘书。在父亲的指导下，苏过已然是一位才华横溢的诗画家了。在苏轼的三个儿子中，只有苏过的文学地位能与父亲苏轼相媲美，人称“小坡”，并有作品流传至今。他遵守父命，接受了父亲当年在祖父教导下接受的教育。他不但将《唐书》抄写一遍，以便增加记忆，还抄写了《汉书》。苏轼的博闻强记是有名的，他读过的古史每一行都记得。有时他倚在躺椅上听小儿子诵读这些书，偶尔会指出书中的某些细节，加以评论。

苏过的诗勾起了父亲的诗情，于是，苏轼步其韵，写下了《将至广州，用过韵，寄迈迨二子》：

皇天遣出家，临老乃学道。
北归为儿子，破戒堪一笑。
披云见天眼，回首失海潦。
蛮唱与黎歌，余音犹杳杳。
大儿牧众稚，四岁守孤峤。
次子病学医，三折乃粗晓。
小儿耕且养，得暇为书绕。
我亦困诗酒，去道愈茫渺。
纷纷何时定，所至皆可老。
莫学柳仪曹，诗书教氓獠。
亦莫事登陟，溪山有何好。
安居与我游，闭户净洒扫。

苏轼在诗中，祈望一家人从此安安稳稳地在一起，过平常人的日子，不要再分离。

元符三年（1100 年）十月，苏轼到了广州。此时，次子苏迨也已携家人从北方常州赶来探望父亲。一家人在此团聚，苏轼心中除了高兴，更有对如梦人生的感慨。

在广州，每天都有人为苏轼设宴接风，甚至有人早早就与苏轼预约。在苏轼到海南岛的第二年，曾有谣传，说他已经死亡了。有次宴席上，一个朋友开玩笑地说：“我当时真以为你死了呢。”

苏轼大笑说：“我的确死了，只是到了阴曹地府遇见章惇，我又决定还阳了。”

苏轼带着一家三十余口人乘船北赴永州，还没走出多远，吴复古和一群和尚就追上了他们，这些人与苏轼在船上又相聚了数日。突一日，吴复古生了病，竟毫无征兆地死去了。临死前，苏轼问他有什么嘱托，他轻轻微笑着闭上了眼睛，就那么简单省事地离去了。

离开广东前，苏轼又一次接到朝廷的诏命：复朝奉郎，提举成都府玉局观，外军州任便居住。半生飘零，过着颠沛流离生活的苏轼，终于可以安定下来了。

宋徽宗建中靖国元年（1101 年）正月，苏轼北返穿越大庾岭。苏轼在绍圣元年（1094 年）九月经此赴惠州，没想到七年后，又经此岭北还。伫立岭上，苏轼更加感到人生如梦，遂写下了《过岭二首》：

其一：

暂著南冠不到头，却随北雁与归休。
平生不作兔三窟，今古何殊貉一丘。
当日无人送临贺，至今有庙祀潮州。
剑关西望七千里，乘兴真为玉局游。

其二：

七年来往我何堪，又试曹溪一勺甘。
梦里似曾迁海外，醉中不觉到江南。

波生濯足鸣空涧，雾绕征衣滴翠岚。
谁遣山鸡忽惊起，半岩花雨落毵毵。
投章献策谩多谈，能雪冤忠死亦甘。
一片丹心天日下，数行清泪岭云南。
光荣归佩呈佳瑞，瘴疠幽居弄晚岚。
从此西风庾梅谢，却迎谁与马毵毵。
山林瘴雾老难堪，归去中原茶亦甘。
有命谁怜终返北，无心却笑亦巢南。
蛮音惯习疑伧语，脾病萦缠带岭岚。
赖有祖师清净水，尘埃一洗落毵毵。

苏轼没想到，自己以六十多岁的高龄渡海南迁后，还能活着北归。死里逃生令他感慨万千，一家人在岭北赣县停留了七十多天，等待船只。这期间，每天都有人来找苏轼题字作画，有些朋友还约他一起游山玩水。他的行动总是被人打探得清清楚楚，每到目的地，就会看到一大堆人拿着绫绢纸笔，请他在上面题诗作画。苏轼每次都是欣然应允，有时天色晚了，就写上几个大字。所有去向他求墨宝之人，都能得到满足。一位白发苍苍的老者问随行的仆人："这位官人就是鼎鼎大名的苏子瞻先生？"仆人点头称是。老人赶忙来到苏轼面前，拱手施礼说："我听说有人千方百计地想陷害您，今日北归，真是天佑善人啊！"老人质朴的话语，让苏轼十分感慨，于是题诗《赠岭上老人》来表达自己的心情：

鹤骨霜髯心已灰，青松合抱手亲栽。
问翁大庾岭头住，曾见南迁几个回。

这时，镇上发生瘟疫，家中很多孩子得了病，有六个仆人也染上瘟疫死去了。苏轼只要不忙着题字，就给市镇上的人看病配药，以解瘟疫带来的病痛。

06. 祭悼堂妹

苏轼在赣县停留时，遇到了同样遇赦北归的刘安世。

刘安世，字器之，号元城，官号刘待制，宋神宗熙宁六年（1073年）中进士，但未就选。元祐元年（1086年），司马光入朝拜相后，推荐刘安世为秘书省正字，后来被提拔为右正言。苏轼曾经与他同朝为官，当时，刘安世的名声远在苏轼之上。

刘安世在朝多年，于朝堂之上敢于主持公道，当面诤谏。有时碰上皇上大怒，他就握着手板退立一旁，等皇上怒气消了，再上前进谏。旁边陪侍的人远远地看着他，吓得缩着头直冒冷汗。大臣们都称他“殿上虎”，无不对他敬仰有加。

因为他曾屡次上书禀奏章惇品性不端，所以在章惇掌握大权后，他一再遭到贬谪。为了报复，章惇想方设法要将他在贬谪途中置于死地。不过，每次他都能阴差阳错地逢凶化吉。

宋徽宗建中靖国元年（1101年）寒食节这一天，苏轼邀请刘安世游南塔寺寂照堂。此季山中新笋刚刚出土，苏轼想上山吃新笋，又怕不喜欢游山玩水的刘安世不肯同往，便骗说邀请喜欢理经谈禅的刘安世一同去拜访玉版和尚。刘安世听说有禅可参，欣然同往。等到了寺院，遍地都是鲜嫩的竹笋，在苏轼的建议下，大家烧笋野炊，很快，空气中就都是扑鼻的笋香了。吃得津津有味的刘安世问苏轼：“此笋何名？”

苏轼笑着回答说：“这就是玉版啊！此老僧善说法要，令人得禅悦之味。”

刘安世闻听，知道上了苏轼的当，两人相视哈哈大笑。苏轼随即作诗一首《器之好谈禅，不喜游山。山中笋出，戏语器之，可同参玉版长老，作此诗》：

丛林真百丈，法嗣有横枝；
不怕石头路，来参玉版师。
聊凭柏树子，与问箨龙儿。
瓦砾犹能说，此君那不知。

饱餐之后，二人又游览了南塔寺寂照堂，苏轼为此次出游留下了一首《寒食与器之游南塔寺寂照堂》：

城南钟鼓斗清新，端为投荒洗瘴尘。
总是镜空堂上客，谁为寂照境中人。
红英扫地风惊晓，绿叶成阴雨洗春。
记取明年作寒食，杏花曾与此翁邻。

苏轼北归，沿途一路走来受到大家的热情款待。京城便有传闻，说他即将入京拜相，很多好朋友专门写信来求证这一消息。章惇的儿子章援也写来一封言辞恳切的长信，希望苏轼登相位后，放过他们父子。苏轼回复他说：“轼与丞相定交四十年，虽中间出处稍异，交情固无所增损也。闻其年高寄迹海隅……”书信背面还写了专治瘴毒的药方，荐与章惇备用。

建中靖国元年（1101 年）五月，苏轼一行到了金陵。此前，他已经写信给好友钱世雄，请求他帮忙在常州城内找房子居住。此时，他又有些犹豫不决，拿不定主意了。因为弟弟苏辙已经回到颍昌的农庄，并一再邀请他去同住。常州地处太湖之滨，风光秀美，物产丰富，并且苏轼在那里置有田产，可以供给日常生活之需。虽然他很想与弟弟住在一起，但苏辙也有一大家子人，而且家境也不富裕，若自己再带着一家三十几口人前去，定会给弟弟增加负担。

但人到了一定年纪，也许都会更加看重亲情。苏轼左思右想，经过一番思想斗争，最后决定还是去颍昌和苏辙同住。他让大儿子苏迈、次子苏迨回常州搬家，然后到仪真会合，随他一起定居颍昌。

在这期间，苏轼得空与表弟程德孺、好友钱世雄二人一起前往金山寺游览，登妙高台。在金山寺，苏轼看到多年前李公麟为他画的一幅画像，于是在画像上自题六言绝句一首：

心似已灰之木，身如不系之舟。
问汝平生功业？黄州惠州儋州。

金山寺之行，苏轼从时任浙江转运使的表弟程德孺口中，听到了一些不利于元祐诸臣的消息。由于这年正月向皇太后不幸去世，一些迹象显示政权又要恢复原来的旧貌。苏轼于是打消了去颍昌定居的念头，他写信告诉弟弟苏辙：“兄近已决计从弟之言，同居颍昌，行有日矣。适值程德孺过金山，往会之，并一二亲故皆在座。颇闻北方事，有决不可往颍昌近地居者。事皆可信，人所报，大抵相忌安排攻击者众，北行渐近，决不静尔。今已决计居常州，借得一孙家宅，极佳。”由于颍昌离京城太近，加上政局不稳，苏轼最后决定，还是不去与弟弟同住了。

五月下旬，苏轼从金山返回仪真，等苏迈兄弟前来。由于长途跋涉，又居于船上，天气越来越炎热，苏轼身体微感不适，但他没太放在心上。苏轼在仪真曾购置过一些田产，他打算趁此机会将这些田产变卖出去。没想到，在这里他遇到了老朋友米芾。米芾在仪真办了一个西山画院，得知苏轼北归路过这里，特意前来相见。故友重逢，苏轼喜出望外，二人席地而坐就开始了畅谈。

苏轼与米芾相交二十年，一直将米芾看作晚辈，米芾对他也是敬仰有加。但当此次苏轼读了米芾所作的一篇赋后，觉得自己对米芾所知还是不够深刻。他预言，米芾的名声已经无人能动摇。六月十一日，苏轼与米芾作别，准备前往靖江，他堂妹的坟墓就在靖江，苏轼准备前去祭悼。

在苏轼一生的感情生活中，除了王弗、王闰之、王朝云三任妻子之外，还罕为人知地有过一场暗恋，对象是他的堂妹。可惜的是，她的名字没有人知道，苏轼只称她为“堂妹”或“小二娘”。

苏轼与堂妹青梅竹马，所以感情很深。苏轼年轻时离开四川去求取功名，回来后得知堂妹已经嫁人，嫁的是靖江附近的柳仲远。因为是堂兄妹，他们之间的感情显然是不合伦理的，也不可能被接受。所以，苏轼一直将这份纯真而深刻的感情压抑在心底。

熙宁六年（1073 年），苏轼曾去靖江的妹夫家住过三个月。妹夫柳仲远是一个方正的贫儒，并没有考取任何功名，但特别喜欢收藏字画。苏轼在京城为官时，他曾前去看望过，苏轼以书画相赠。堂妹的公公柳瑾也是一个大文人，和苏轼很是投缘。期间，苏轼写了大量的诗歌、游记，有一篇是专门写妹夫家的家宴，里面写了众多的人物，唯独没有妹夫柳仲远的名字；他还送书法作品给堂妹的两个儿子，唯独没有给过妹夫柳仲远一纸片字。

苏轼曾经给杭州太守陈襄写过一首诗，诗前有一段很长的前言，用了大量的笔墨描写牡丹。说是那个春天，因为自己归来太迟，错过了牡丹的花季。待他看到牡丹的时候，牡丹已经落花结子了。有人猜测，苏轼诗中极力描写的牡丹，极有可能就是借喻他的堂妹。归来太迟错过了花季、落花结子是在暗指自己错过了堂妹，再见堂妹之时，她已是人妻人母。诗写道：

羞归应为负花期，已是成阴结子时。
与物寡情怜我老，遣春无恨赖君诗。
玉台不见朝酣酒，金缕犹歌空折枝。
从此年年定相见，欲师老圃问樊迟。
莫负黄花九日期，人生穷达可无时。
十年且就三都赋，万户终轻千首诗。
天静伤鸿犹戢翼，月明惊鹊未安枝。
君看六月河无水，万斛龙骧到自迟。

这首诗从内容看，不论是赠朋友或者咏牡丹，都让人感觉毫不相干，甚至有些莫名其妙。特别是“金缕”与“空折枝”的典故，是出自唐代杜秋娘所写的《金缕衣》一诗：“劝君莫惜金缕衣，劝君惜取少年时，花开堪折直须折，莫待花落空折枝。”这是女子用诗来警醒她的恋人，该告白的时候就要坦率地大声说出来，该相爱的时候就要热切地表达出来，否则错过了一人，就错过了一生。如果把这些典故和诗的内容联系到苏轼对堂妹的感情上，则一切的毫不相干似乎就都变得通达顺遂，所有的莫名其妙都变得理所当然了。

苏轼的堂妹于哲宗绍圣三年（1096 年）四月十九日去世。她的丈夫写信给苏轼，向他报告这个噩耗。苏轼收到信时，已是三个月之后了。苏轼非常伤心，他对堂妹的钟爱没有因她的离世而减少半分。他曾写信给一个亲戚，在信里他说，有一次旅行时，他未能到常州去看望堂妹，始终引以为憾。苏轼的堂妹在世的最后一年，与丈夫迁到了苏轼为官的定州居住。

苏轼在给表哥程之才的信里提到堂妹的死讯时，说自己“情怀割裂”，在给堂妹儿子的信中，他说“此心如割”，表示了他深深的伤怀。在他为堂妹写的祭文里，他说，祖父所有的孙子中，只有四个尚在。即东坡、子由、子安[①]，另一个便是这位堂妹。他说堂妹“慈孝温文，事姑如母，敬夫如宾”。在谈到私人的感受时，他盼堂妹的两个儿子能长大成人，能够光耀门楣。祭文上说：“一秀不实，何辜于神，谓当百年，观此胜振。云何俯仰，一鞫再呻。救药靡及，庵为空云。万里海涯，百日计闻。拊棺何在，梦泪濡茵。长号北风，寓此一樽。”

苏轼的堂妹去世一年之后，她的丈夫柳仲远也去世了。他们的儿子将二人的灵柩南运回靖江附近的老家安葬。

如今，北归途经靖江的苏轼，似乎预感到了自己已时日不多，

---

① 子安，苏轼伯父的儿子，在家乡为弟兄们照料祖茔。

六月十二日，他不顾自己身体的虚弱，仍然坚持和三个儿子、一个侄子一起去到堂妹夫妻的墓前祭拜。此时，堂妹的儿子柳闳住在靖江城内，闻讯赶来，苏轼在他父母的坟前，再次为亡者写下了祭文。第一篇《祭柳仲远文》中，先提到的是他的妻子，苏轼的堂妹，然后才说："矧我仲远，孝友恭温。"而在第二篇祭文里，苏轼更是流露出无法掩饰的真情，其中写道：

> 我厄于南，天降罪戾。方之古人，百死有溢。天不我亡，亡其朋戚。如柳氏妹，夫妇连璧，云何两逝，不慭遗一。我归自南，宿草再易。哭堕其目，泉壤咫尺。闳也有立，气贯金石。我穷且老，似舅何益……

祭拜堂妹夫妻回来的第二天，有客人去探望苏轼，发现他侧着身面向墙壁而卧，哽咽抽搐不止，竟到不能起床接待他们的地步。来访的客人中有已故宰相苏颂的儿子，见苏轼如此情形，还以为是因他父亲的亡故而伤心哭泣呢。

苏颂去世时八十二岁，虽然与苏轼同姓，却不是同一籍贯。苏轼与苏颂相识已经有三四十年，但是，若说他听到老友的死讯会伤心到如此程度，却让人难以置信。况且在前一天，苏轼听到苏颂的死讯时，并没有亲自到墓前去祭奠，只是派长子苏迈过去祭拜。因此，能让苏轼这么悲伤的原因，只能是去祭拜他的堂妹引起的。

07. 身染沉疴

宋徽宗建中靖国元年（1101年）六月，苏轼在仪真等待长子苏迈前来会合。由于一直住在船上，天气又特别的炎热，苏轼身感不适，但他没太在意，他觉得自己是从热带回来的，怎么反倒不适应内地的炎热了呢。太阳照在水面上，蒸腾的湿气由水面升起，令苏轼十分难受。不久，他就患上了痢疾，浑身瘫软无力，甚至不能吃任何东西。苏轼以为是自己喝了太多的冷水造成的，因为他自己就懂医术，所以给自己的病开了一个药方，买黄耆来吃。黄耆入药，具有补气固表、利尿、抗菌、托毒、生肌等功效，中医认为，黄耆是衰弱病症的很好补药，但它并不能专治一种病。

喝了几服药，苏轼感觉自己的症状有所减轻，可实际上，他的消化系统已经出了毛病，导致他夜里无法安睡。他在仪真给米芾写了九封信，详细地描写了自己的病情。在一封信中他这样写道："昨夜通旦不交睫，端坐饱蚊子尔。不知今夕如何度？"米芾送来一种药——麦门冬汤，具有清养肺胃、降逆下气的功效。

河边的潮湿闷热，让苏轼的病时而觉得好些，时而又软弱疲乏。为了让自己能好受些，他让船夫将船转移到凉爽的地方。当他拖着病弱之躯到靖江祭拜完堂妹后，也许是病毒的入侵，也许是情感的折磨，苏轼的病越来越重。为了让他安心养病，家人只好闭门谢客。

进入六月中旬，天气越来越酷热，这让已六十多岁高龄，刚从瘴疠之地返回，早已身染瘴毒的苏轼病情加重了。他预感到自己将不久于人世，便强撑着给弟弟苏辙写了一封信，嘱托后事："即死，葬我嵩山下，子为我铭。”

六月十五日，苏轼的症状似乎稍稍好转了一些，一家人于是离开仪真，沿运河自靖江北归常州。沿途运河两岸的百姓得知苏轼归来的消息，纷纷来到岸边与他打招呼，表达自己真诚的欢迎。此时，苏轼已经能起身坐在船里。他头上戴着小帽，穿着长袍，因为炎热，他将两只手臂露在了外面。面对百姓的热情，他对船上的人说：“这样欢迎，折煞人也。”

船到奔牛埭时，苏轼的好友钱世雄已经等候在那里了。苏轼强撑着病体坐起来说：“不料万里生还，却将后事相托，只是我和子由，自从贬往海南之后，不得再见一面，倘若从此永诀，此痛难堪，其余皆无足言矣。”

航程并不是很长，很快苏轼一行人就到达了常州。钱世雄已经在东门外为苏轼租了一座小院，苏轼一家人便直接住了进去。待一切安顿好后，苏轼做的第一件事，就是给徽宗皇帝上表，请求允许他完全隐退。

在宋朝的制度中，官员退休后，朝廷会将他们任命为寺院的管理者，相当于一种半退休的状态。苏轼现在被朝廷任命管理四川故乡的一座寺院，当时有一种迷信的说法，如果官员身患重病，辞去官职有利于疾病的痊愈，并能够延年益寿。身为大儒的苏轼也不能免俗，他宁愿一试，希望病痛能够有所好转。

但即便他这样做了，病也是时好时坏，未见彻底好转。因为吃不下东西，虚弱的苏轼只能躺在床上。这种状态大约过了一个月的光景，苏轼预感到自己距大限不远了。家人不离左右的伺候着，好友钱世雄每隔一天就会去探望他。还是苏轼在海南时，钱世雄就不断给他写信，捎寄药材。每当苏轼感觉身体稍微好一些，就

写个便条，让儿子苏过去请钱世雄来相聚。一天，钱世雄来了之后发现，苏轼已经不能坐起来了，多年的老友不觉泪湿眼眶。苏轼说："我得由南方迢迢万里，生还中土，十分高兴。心里难过的是，归来之后，始终没看见子由。在雷州海边分手后，就一直没得再见一面。"稍事休息后他又说："我在海外，完成了《论语》《尚书》《易经》三书的注解，我想以此三本书托付你。把稿本妥为收藏，不要让人看到。三十年之后，会很受人重视。"

苏轼想打开箱子，却没有找到锁匙。钱世雄安慰他不要着急，等病好了也不迟。在苏轼生命的最后一个月里，钱世雄经常去探望他。苏轼一生最初的喜悦与最后的欣慰，都在他的写作上。他把在南方写的诗稿拿给钱世雄看，两眼炯炯有神，似乎忘了病痛的折磨。身体好的几天里，他还能勉强坐起写些小文题跋等，其中有一篇是《桂酒颂》：

中原百国东南倾，流膏输液归南溟。
祝融司方发其英，沐日浴月百宝生。
水娠黄金山空青，丹砂晨暾朱夜明。
百卉甘辛角芳馨，旃檀沈水乃公卿。
大夫芝兰士蕙蘅，桂君独立冬鲜荣。
无所摄畏时靡争，酿为我醪淳而清。
甘终不坏醉不醒，辅安五神伐三彭。
肌肤渥丹身毛轻，冷然风飞罔水行。
谁其传者疑方平，教我常作醉中醒。

苏轼将这首诗送给钱世雄，他知道好友会细心珍藏。

建中靖国元年（1101 年）七月十五日，苏轼的病情恶化。夜里高烧不退，第二天早晨牙龈出血，整个人已经极端虚弱。他作自我分析，认为自己的病是来自“热毒”，也就是所谓的传染病。他拒绝吃饭，只是感到口渴时，喝一点儿人参、麦门冬、茯苓熬成的浓汤。他强撑病体，给好友钱世雄写了封信《与钱济明书》：

某一夜发热，不可言。齿间出血如蚯蚓者无数。细察疾状，专是热毒，根源不浅，当专用清凉药，已令人用人参、茯苓、麦门冬三味煮浓汁。渴则少啜之，余药皆罢也。庄生闻在宥天下，不闻治天下也。三物，可谓在宥矣。此而不愈，则天也，非吾过也。

钱世雄给苏轼拿来几种药，据说颇有奇效，但是，苏轼拒绝服用。他觉得这种病用什么药都是没用的，不会有效果，只有等病毒自行消散，没有别的更好办法。

到了七月十八日，苏轼将三个儿子叫到床前，叮嘱说：“吾生不恶，死必不坠。”他嘱咐孩子们不用担心，他平生未曾做过恶事，所以自信也不会堕入地狱。他告诉孩子们，他去后，墓志铭要由弟弟苏辙来写，将他与妻子王闰之合葬在苏辙家附近的嵩山山麓。

此番叮嘱后，又过了几天，苏轼的身体似乎有了些许好转。他由两个儿子扶着由床上坐起，还下地走了几步，但是，终究还是不能久坐。这种情形持续到七月二十五日，苏轼在杭州期间的老友之一维琳方丈前来探望他。维琳方丈看苏轼的病情康复已然无望，就一直在身边陪伴着他。苏轼此时虽然已经不能坐起来，但他愿意让维琳方丈在他屋里陪着，跟他说说话。第二天，苏轼写下了生命中最后一首诗《观潮》：

庐山烟雨浙江潮，未到千般恨不消。
到得还来别无事，庐山烟雨浙江潮。

苏轼的这首临终绝笔，写出了他一路走来的人生感悟和人生的三重境界。诗中一、二句是人生第一境界，庐山烟雨和钱塘江潮水都是名震天下的奇观，世人皆慕名前往，觉得平生若不能看上一眼就会有千般遗恨；第三句是第二层境界，写若真到了心中向往的地方才发现，眼前的山水也不过如此，并没有自己想的那么好；最后一句是人生第三境界，是说不管你是欣赏还是失望，山还是那个山，水还是那个水，它们不会因为你的喜恶而改变。也就是所谓的“见山是山，见水是水”的道理。苏轼在诗中以山水来比喻世人心中的种种执念，到了生命的最后尽头，他已经看透了一切，放下了所有的执念。

在苏轼弥留之际，维琳方丈一直和他谈论着今生与来世，并劝他念几首偈语。苏轼只是笑了笑说：“鸠摩罗什呢？他也死了，是不是？”鸠摩罗什为印度高僧，在汉朝末年来到中国，独自将三百卷左右的印度佛经翻译成中文，很多人都将他奉为奠定大乘佛法的高僧。在鸠摩罗什去世之前，几个由天竺同来的僧友替他念梵文咒语，祈望能帮他转危为安。可最终鸠摩罗什的病情还是恶化，不久便死去了，所以苏轼不信念偈语一说。苏轼曾在《后秦书》中读过他的故事，所以他把这件事记得很清楚。

七月二十八日，苏轼的身体机能迅速地衰弱下去，气若游丝，呼吸已经十分微弱。

08. 巨星陨落

宋徽宗建中靖国元年（1101 年）七月二十八日，苏轼已经病入膏肓。家人为了更容易察看他的情况，按照习俗，要在他鼻尖放一块棉花，以便能够看到他的呼吸情况。这时候，全家人都守在屋子里，以防万一。维琳方丈走到苏轼身旁，贴着他的耳朵告诉他："现在，你要想来生。"

苏轼用微弱的声音说："西天也许有。空想前往，又有何用？"钱世雄这时也站在旁边，他也对苏轼说："现在，你最好还是要做如是想。"苏轼用尽最后的力气看了看两位老朋友，说道："勉强想就错了。"这就是苏轼的旷达之处。他一生信奉道教，而道教阐释的道理就是：解脱之道在于自然，在不知善而善。苏轼即使在临终弥留之际，仍然用行动践行着道法自然的道理。

小儿子苏迈走上前向父亲请示遗嘱，苏轼已经挑不动眼皮，一言未发，便闭眼而去，享年六十四岁，一代巨星就这样陨落了。

旷世奇才、大文豪苏轼的离去，就像一枚石子落入了水中，并没给政局动荡的北宋朝廷带来什么影响。消息传出去，只有他的弟子、好友、他曾任职地方的百姓唏嘘不已，悲痛万分，大家自发地举行各种哀悼活动。

此时在荆州的黄庭坚刚刚大病初愈，得知苏轼去世的消息后，悲痛难忍。苏轼去世前，黄庭坚刚收到他寄来的《寒食帖》，黄庭坚还为《寒食帖》写了跋文：东坡此诗似李太白，犹恐太白有未到处。可惜苏轼还没等见到这篇跋文，两人就再无相见之时。为了表达自己的思念之情，黄庭坚将苏轼的画像悬挂在家中的正厅，每天早起后都要整肃衣冠，焚香供拜。在当地文人士大夫为苏轼举行哀悼仪式时，黄庭坚拖着病体坚持前往参加。

苏轼去世后，黄庭坚每到名胜古迹、风景胜地，总会不自觉地念叨说：可惜东坡不在。宋徽宗崇宁元年（1102 年），苏轼去世的第二年，黄庭坚与朋友同游鄂城樊山，途经松林间一座亭阁，不觉触景生情，悲从中来，于是写下了名传千古的《松风阁诗帖》：

依山筑阁见平川，夜阑箕斗插屋椽。我来名之意适然。
老松魁梧数百年，斧斤所赦今参天。风鸣娲皇五十弦，
洗耳不须菩萨泉。嘉二三子甚好贤，力贫买酒醉此筵。
夜雨鸣廊到晓悬，相看不归卧僧毡。泉枯石燥复潺湲，
山川光辉为我妍。野僧早饥不能饘，晓见寒溪有炊烟。
东坡道人已沉泉，张侯何时到眼前。钓台惊涛可昼眠，
怡亭看篆蛟龙缠。安得此身脱拘挛，舟载诸友长周旋。

在《松风阁诗帖》中，黄庭坚歌咏了当时所看到的景物，并表达了对苏轼的怀念，一句“东坡道人已沉泉”，可见其中的苦涩和惆怅。苏轼和黄庭坚一朝相知，终生知己，欢时同乐，低落时共浮沉。黄庭坚自己曾说：“恰如灯下故人，万里归来对影；口不能言，心下快活自省。”

张耒在颍州，得知恩师苏轼仙逝，白衣素帽，举哀祭奠，并拿出自己多年积攒下来的俸禄，在寺庙为恩师做了一场佛事，来寄托内心的哀思。未曾想，张耒此举竟触怒了朝廷，崇宁元年（1102 年），张耒被贬为房州（今湖北省房县）别驾，安置在黄州。

张耒在黄州先后住了七八年，作为贬谪之臣，他不能住官舍

和佛寺，只能在柯山旁租一处小屋栖身。虽处荒树枯木，蓬蒿满眼之境，但“江上鱼肥春水生，江南秀色碧云鬟”，给张耒贫瘠的生活带来很多安慰。在柯山脚下，张耒与苏轼的弟子潘大临结为近邻，两人因对恩师苏轼的深挚感情而彼此安慰，共守大节。当时的太守瞿汝文可怜张耒家境太过贫寒，就想为他购买一份田产，以便种植一些日常所需的豆粟蔬菜等来贴补家用，但张耒婉言谢绝，坚辞不受。

在京城，数百名太学生自发地前往慧林僧舍，向和尚布施斋饭。他们希望通过自己布施僧侣的行为，来为一代文坛巨星苏轼的陨落祈福。

李廌的父亲李敦与苏轼为同科进士。元丰四年（1081 年），苏轼被贬谪到黄州时，二十三岁的李廌带着对苏轼的仰慕与尊重，专程赴黄州拜谒苏轼，并送上自己的文章求苏轼指点。苏轼阅读后，对他的文章极为赞赏，认为他的文章“笔墨翻澜，有飞沙走石之势”。他拍着李廌的后背说：“子之才，万人敌也。抗之以高节，莫之能御矣。”因为深受苏轼的赏识，李廌与秦观、黄庭坚、张耒、晁补之、陈师道一起被时人称为“苏门六君子”。得知恩师离世，李廌悲怆痛哭，为感念苏轼的知遇之恩，他作祭文曰：

端明尚书德尊一代，名满五朝。道大不容，才高为累。惟行能之盖世，致忌之为仇。久蹭蹬于禁林，不遇故云；遂飘零于障海，卒老于行。方幸赐环，忽闻亡鉴。识与不识，罔不尽伤；闻所未闻，吾将安仿？皇天后土，知一生忠义之心；名山大川，还千古英灵之气。系斯文之兴废，占吾道之盛衰。兹乃公议之共忧，非独门人之私议。

李廌祭文一出，立刻传遍大江南北，“人无贤愚皆诵之”。

苏轼在去世半个月前，曾写信给维琳方丈说：“岭南万里不能死，而归宿田野，遂有不起之忧，岂非命也夫！然生死亦细故尔，无只道者。”

遵照苏轼生前的遗嘱，苏过将其安葬于汝州郏城（今河南省郏县）莲花山的箕形山坳里，郏城离洛阳不远。之所以没有将苏轼归葬四川眉山，而是葬于汝州郏城，在很大程度上与苏辙有关。哲宗绍圣元年（1094年），苏辙因为上书朝廷反对宋哲宗恢复熙宁新法，被贬谪为汝州知州，在汝州居住、工作了几个月。期间，苏轼由定州南迁英州，经过汝州时与苏辙久别重逢，留下来居住了一段时间。苏辙带着哥哥每日游览于汝州的风景名胜，一天，兄弟两人来到汝州郏城时，双双登临著名的钧天台。在钧天台的北面，有一座莲花山。苏轼见莲花山的余脉绵绵不绝，青翠秀美，可媲美四川老家的峨眉山，而且“土厚水深”，风水绝佳，遂产生了将这里作为归宿之地的想法。

苏轼离去时，曾写下三首诗《别子由三首兼别迟》。在第二首诗里，苏轼写道：

先君昔爱洛城居，我今亦过嵩山麓。
水南卜宅吾岂敢，试向伊川买修竹。
又闻缑山好泉眼，傍市穿林泻冰玉。
遥想茅轩照水开，两翁相对清如鹄。

伊川、缑山都位于郏城附近，由此可见苏轼对郏城的好感。苏轼病逝于常州时，苏辙正居住在颍川（今河南省禹州市境内）。

苏轼儿子苏过则居住在斜川（今河南省许昌市境内），另外，也有不少苏氏子弟散居在郏城附近。颍川、斜川距离郏城不远，苏轼安葬于郏城，可以方便子孙后代祭祀扫墓。当苏轼安葬于郏城十年后，宋徽宗政和二年（1112 年）十月二十五日，苏辙病逝，也安葬在了郏城苏轼墓旁。尽管苏洵早已安葬在四川眉山，但后来元惠宗至正十年（1350 年）冬，郏城县尹杨允在苏轼、苏辙墓旁修建了苏洵的衣冠冢，让父子三人团聚于小峨眉山下，后人称其为“三苏坟”。

苏轼的一生大起大落，但在多舛的仕途命运面前，他却从未消沉，而是以超然的旷达笑对世间万象。他对名利看得很淡，在《谢监司荐举启》中写道：“不以利禄为意，而已仁厚为心”；在《送仲伯遣》中写道：“功名如幻何足计，学到有涯真可喜”；在《后杞菊赋并叙》中他说：“人生一世，如屈伸肘。何者为贫？何者为富？何者为美？何者为陋？卒同归于一朽。”这些都是他淡泊功名利禄思想的真实表达。正如孔子所言:“求仁而得仁，又何怨？”

苏轼在潮州韩文公庙碑中曾说：“浩然之气，不依形而立，不恃力而行，不待生而存，不随死而亡矣。故在天为星辰，在地为河狱，幽则为鬼神，而明则复为人。”随着苏轼的离去，他今生的浩然之气已用尽，但他高尚的人品、横溢的才华却罕有人匹，无人能够比拟。他的才华、他的忧国忧民、他的多舛命运，将永载史册，流芳千古！

苏轼去世一年后，发生了一件历史上的大事——建立“元祐党人碑”。元祐是宋哲宗的年号（1086—1093 年），“元祐党人碑”是哲宗元祐年间当政的三百零九人的黑名单，以苏轼为首，也是宋朝朋党之争的一个总结。但立碑者可能万万没想到，一百多年间，碑上人的子孙都以碑上有他们祖先的名字而感到自豪，并向人夸耀，这也是“元祐党人碑”在历史上出名的缘故。

宋徽宗崇宁五年（1106 年）正月，天空出现了彗星，在文德殿东墙上的“元祐党人碑”也突然遭到雷电的袭击，碎裂为两截。有大臣趁机上奏说，这是上天降怒了。宋徽宗听后心里十分恐惧，为了不给宰相反对的机会，徽宗叫人在夜深人静的时候偷偷把端门的党人碑给毁坏了。当宰相发现碑被毁时，十分懊恼，只好大言不惭地说：“此碑可毁，但碑上人名则当永记不忘！”

石碑遭雷电击毁一事，让苏轼身后的名气越来越大。他死后的前十年间，凡石碑上刻有苏轼诗文或他字的，都奉令销毁，他的著作严禁印行，他在世时一切官衔也全予剥夺。当时有人在杂记中曾记下：“东坡诗文，落笔辄为人所传诵。崇宁、大观间，海外苏诗盛行。是时朝廷禁止，赏钱增至八十万。禁愈严而传愈多，往往以多相夸。士大夫不能诵东坡诗，便自觉气索，而人或谓之不韵。”

雷击石碑后的第五年，一个道士向徽宗上奏，称曾见苏轼在玉皇大帝驾前为文曲星，掌管诗文。徽宗听后越发害怕，急忙恢复了苏轼在世时的最高官爵，后来又另封苏轼高位，亦是他在世时所未有的。

还是在徽宗政和七年（1117 年）之前，皇室就已经开始搜集苏轼的手稿，悬价每一篇赏制钱五万文。太监梁师成则付制钱三十万文购买颍州桥上雕刻的苏轼碑文，这笔钱按当时的生活来说已经是很高的价钱了。另外，有人出五万制钱，购买一个学者书斋上苏轼题匾的三个字。此时，苏轼的诗文字画在交易上极为珍贵，不久后，这些宝贵的手稿不是进入皇宫成了御览之宝，便成了富有的收藏家手中的珍品。在金兵攻下京城后，作为战利品的一部分，他们特意索取苏轼和司马光的书画。因为苏轼的名气在他在世时就已经传到了塞外，他们将苏轼手稿书画中的精品用车装运到塞外，同时，徽、饮二帝也随车北掳，最后竟至客死他乡。

随着南宋的建立，苏轼遗留下来的文物未遭毁灭的，都由收藏家运送到了江南，得以保存于天地之间。当所有关于时政的争斗风暴都已过去，南宋高宗皇帝赵构坐在新都杭州，开始阅读苏轼的遗著。他越读越敬佩苏轼的谋国之忠，越敬佩苏轼的至刚大勇，尤其是那些有关国事的文章。为了追念苏轼，高宗把苏轼的一个孙子苏符赐封高官，这些举动令苏轼身后的名气地位越发达到巅峰。到孝宗乾道六年（1170年），皇帝赐他谥号“文忠”，又赐太师官阶。在各种版本的《苏文忠公全集》上的卷首，都印有皇帝的圣旨和皇帝钦赐的序言。封他为太师之位的那道圣旨写道：

敕。朕承绝学于百圣之后，探微言于六籍之中。将兴起于斯文，爰缅怀于故老。虽仪刑之莫睹，尚简策之可求。揭为儒者之宗，用锡帝师之宠。故礼部尚书端明殿学士赠资政殿学士谥文忠苏轼，养其气以刚大，尊所闻而高明；博观载籍之传，几海涵而地负；远追正始之作，殆玉振而金声；知言自况于孟轲，论事肯卑于陆贽。方嘉祐全盛，尝膺特起之招；至熙宁纷更，乃陈长治之策。叹异人之间出，惊谗口之中伤。放浪岭海，而如在朝廷；斟酌古今，而若斡造化。不可夺者峣然之节，莫之致者自然之名。经纶不究于生前，议论常公于身后。人传元祐之学，家有眉山之书。朕三复遗编，久钦高躅。王佐之才可大用，恨不同时。君子之道暗而彰，是以论世。

说九原之可作，庶千载以闻风。惟而英爽之灵，服我衮衣之命。可特赠太师。余如故。

苏轼在中国历史上的特殊地位和他死后之所以能产生如此巨大的影响，一是由于他对自己主张原则的坚定不移；二是由于他在诗文书画艺术上的卓绝成就。苏轼的人品道德构成了他名气的骨干，他的书画文章构成了他精神之美的骨肉。我们不会从内心爱慕一个品格低劣无耻的文人，他的文字再富有才华，也终归无用。孝宗赵昚在赐予《苏东坡集》的序言里，盛赞苏轼浩然正气的伟大，这种正气使苏轼的作品不同于那些华丽柔靡之作，并且使他的名气流芳千古，屹立如山，不可动摇。

主要参考书目

[1] 林语堂．苏东坡传 [M].1. 天津：百花文艺出版社，2000.

[2] 郭宏文，陈艳婷．苏轼：他曾把酒问青天 [M].1. 北京：团结出版社，2019.

[3] 苏轼．苏轼诗文集 [M].1. 北京：中华书局，2018.

[4] 苏轼．东城题跋 [M]. 浙江：浙江人民美术出版社，2016.